MOVIMIENTO, FUERZAS Y ENERGÍA

Anthea Maton
Ex coordinadora nacional de NSTA
Alcance, secuencia y coordinación del proyecto
Washington, DC

Jean Hopkins
Instructora de ciencias y jefa de departamento
John H. Wood Middle School
San Antonio, Texas

Susan Johnson
Profesora de biología
Ball State University
Muncie, Indiana

David LaHart
Instructor principal
Florida Solar Energy Center
Cape Canaveral, Florida

Charles William McLaughlin
Instructor de ciencias y jefe de departamento
Central High School
St. Joseph, Missouri

Maryanna Quon Warner
Instructora de ciencias
Del Dios Middle School
Escondido, California

Jill D. Wright
Profesora de educación científica
Directora de programas de área internacional
University of Pittsburgh
Pittsburgh, Pennsylvania

Prentice Hall
Englewood Cliffs, New Jersey
Needham, Massachusetts

Motion, Forces, and Energy

Student Text and Annotated Teacher's Edition
Laboratory Manual
Teacher's Resource Package
Teacher's Desk Reference
Computer Test Bank
Teaching Transparencies
Product Testing Activities
Computer Courseware
Video and Interactive Video

The illustration on the cover, rendered by David Schleinkofer, shows a soccer ball after it has been struck. It depicts motion, forces, and energy.

Credits begin on page 160.

SECOND EDITION

ISBN 0-13-402041-3

1 2 3 4 5 6 7 8 9 10   97 96 95 94 93

Prentice Hall
A Division of Simon & Schuster
Englewood Cliffs, New Jersey 07632

STAFF CREDITS

Editorial:	Harry Bakalian, Pamela E. Hirschfeld, Maureen Grassi, Robert P. Letendre, Elisa Mui Eiger, Lorraine Smith-Phelan, Christine A. Caputo
Design:	AnnMarie Roselli, Carmela Pereira, Susan Walrath, Leslie Osher, Art Soares
Production:	Suse F. Bell, Joan McCulley, Elizabeth Torjussen, Christina Burghard
Photo Research:	Libby Forsyth, Emily Rose, Martha Conway
Publishing Technology:	Andrew Grey Bommarito, Deborah Jones, Monduane Harris, Michael Colucci, Gregory Myers, Cleasta Wilburn
Marketing:	Andrew Socha, Victoria Willows
Pre-Press Production:	Laura Sanderson, Kathryn Dix, Denise Herckenrath
Manufacturing:	Rhett Conklin, Gertrude Szyferblatt

Consultants

Kathy French	National Science Consultant
Jeannie Dennard	National Science Consultant

Prentice Hall Ciencia

Movimiento, fuerzas y energía

Student Text and Annotated Teacher's Edition
Laboratory Manual
Teacher's Resource Package
Teacher's Desk Reference
Computer Test Bank
Teaching Transparencies
Product Testing Activities
Computer Courseware
Video and Interactive Video

La ilustración de la cubierta, realizada por David Schleinkofer, representa una pelota de fútbol que acaba de recibir un puntapié. Representa movimiento, fuerzas y energía.

Procedencia de fotos e ilustraciones, página 160.

SEGUNDA EDICIÓN

ISBN 0-13-802299-2

1 2 3 4 5 6 7 8 9 10   97 96 95 94 93

 Prentice Hall
A Division of Simon & Schuster
Englewood Cliffs, New Jersey 07632

PERSONAL

Editorial:	Harry Bakalian, Pamela E. Hirschfeld, Maureen Grassi, Robert P. Letendre, Elisa Mui Eiger, Lorraine Smith-Phelan, Christine A. Caputo
Diseño:	AnnMarie Roselli, Carmela Pereira, Susan Walrath, Leslie Osher, Art Soares
Producción:	Suse F. Bell, Joan McCulley, Elizabeth Torjussen, Christina Burghard
Fotoarchivo:	Libby Forsyth, Emily Rose, Martha Conway
Tecnología editorial:	Andrew G. Black, Deborah Jones, Monduane Harris, Michael Colucci, Gregory Myers, Cleasta Wilburn
Mercado:	Andrew Socha, Victoria Willows
Producción pre-imprenta:	Laura Sanderson, Kathryn Dix, Denise Herckenrath
Manufactura:	Rhett Conklin, Gertrude Szyferblatt

Asesoras

Kathy French	National Science Consultant
Jeannie Dennard	National Science Consultant

Contributing Writers

Linda Densman
Science Instructor
Hurst, TX

Linda Grant
Former Science Instructor
Weatherford, TX

Heather Hirschfeld
Science Writer
Durham, NC

Marcia Mungenast
Science Writer
Upper Montclair, NJ

Michael Ross
Science Writer
New York City, NY

Content Reviewers

Dan Anthony
Science Mentor
Rialto, CA

John Barrow
Science Instructor
Pomona, CA

Leslie Bettencourt
Science Instructor
Harrisville, RI

Carol Bishop
Science Instructor
Palm Desert, CA

Dan Bohan
Science Instructor
Palm Desert, CA

Steve M. Carlson
Science Instructor
Milwaukie, OR

Larry Flammer
Science Instructor
San Jose, CA

Steve Ferguson
Science Instructor
Lee's Summit, MO

Robin Lee Harris
Freedman
Science Instructor
Fort Bragg, CA

Edith H. Gladden
Former Science Instructor
Philadelphia, PA

Vernita Marie Graves
Science Instructor
Tenafly, NJ

Jack Grube
Science Instructor
San Jose, CA

Emiel Hamberlin
Science Instructor
Chicago, IL

Dwight Kertzman
Science Instructor
Tulsa, OK

Judy Kirschbaum
Science/Computer Instructor
Tenafly, NJ

Kenneth L. Krause
Science Instructor
Milwaukie, OR

Ernest W. Kuehl, Jr.
Science Instructor
Bayside, NY

Mary Grace Lopez
Science Instructor
Corpus Christi, TX

Warren Maggard
Science Instructor
PeWee Valley, KY

Della M. McCaughan
Science Instructor
Biloxi, MS

Stanley J. Mulak
Former Science Instructor
Jensen Beach, FL

Richard Myers
Science Instructor
Portland, OR

Carol Nathanson
Science Mentor
Riverside, CA

Sylvia Neivert
Former Science Instructor
San Diego, CA

Jarvis VNC Pahl
Science Instructor
Rialto, CA

Arlene Sackman
Science Instructor
Tulare, CA

Christine Schumacher
Science Instructor
Pikesville, MD

Suzanne Steinke
Science Instructor
Towson, MD

Len Svinth
Science Instructor/
Chairperson
Petaluma, CA

Elaine M. Tadros
Science Instructor
Palm Desert, CA

Joyce K. Walsh
Science Instructor
Midlothian, VA

Steve Weinberg
Science Instructor
West Hartford, CT

Charlene West, PhD
Director of Curriculum
Rialto, CA

John Westwater
Science Instructor
Medford, MA

Glenna Wilkoff
Science Instructor
Chesterfield, OH

Edee Norman Wiziecki
Science Instructor
Urbana, IL

Teacher Advisory Panel

Beverly Brown
Science Instructor
Livonia, MI

James Burg
Science Instructor
Cincinnati, OH

Karen M. Cannon
Science Instructor
San Diego, CA

John Eby
Science Instructor
Richmond, CA

Elsie M. Jones
Science Instructor
Marietta, GA

Michael Pierre
McKereghan
Science Instructor
Denver, CO

Donald C. Pace, Sr.
Science Instructor
Reisterstown, MD

Carlos Francisco Sainz
Science Instructor
National City, CA

William Reed
Science Instructor
Indianapolis, IN

Multicultural Consultant

Steven J. Rakow
Associate Professor
University of Houston—
Clear Lake
Houston, TX

English as a Second Language (ESL) Consultants

Jaime Morales
Bilingual Coordinator
Huntington Park, CA

Pat Hollis Smith
Former ESL Instructor
Beaumont, TX

Reading Consultant

Larry Swinburne
Director
Swinburne Readability
Laboratory

Autores contribuyentes

Linda Densman
Instructora de ciencias
Hurst, TX

Linda Grant
Ex–instructora de ciencias
Weatherford, TX

Heather Hirschfeld
Escritora de ciencias
Durham, NC

Marcia Mungenast
Escritora de ciencias
Upper Montclair, NJ

Michael Ross
Escritor de ciencias
New York City, NY

Revisores de contenido

Dan Anthony
Consejero de ciencias
Rialto, CA

John Barrow
Instructor de ciencias
Pomona, CA

Leslie Bettencourt
Instructora de ciencias
Harrisville, RI

Carol Bishop
Instructora de ciencias
Palm Desert, CA

Dan Bohan
Instructor de ciencias
Palm Desert, CA

Steve M. Carlson
Instructor de ciencias
Milwaukie, OR

Larry Flammer
Instructor de ciencias
San Jose, CA

Steve Ferguson
Instructor de ciencias
Lee's Summit, MO

Robin Lee Harris Freedman
Instructora de ciencias
Fort Bragg, CA

Edith H. Gladden
Ex–instructora de ciencias
Philadelphia, PA

Vernita Marie Graves
Instructora de ciencias
Tenafly, NJ

Jack Grube
Instructor de ciencias
San Jose, CA

Emiel Hamberlin
Instructor de ciencias
Chicago, IL

Dwight Kertzman
Instructor de ciencias
Tulsa, OK

Judy Kirschbaum
Instructora de ciencias y com-putadoras
Tenafly, NJ

Kenneth L. Krause
Instructor de ciencias
Milwaukie, OR

Ernest W. Kuehl, Jr.
Instructor de ciencias
Bayside, NY

Mary Grace Lopez
Instructora de ciencias
Corpus Christi, TX

Warren Maggard
Instructor de ciencias
PeWee Valley, KY

Della M. McCaughan
Instructora de ciencias
Biloxi, MS

Stanley J. Mulak
Ex–instructor de ciencias
Jensen Beach, FL

Richard Myers
Instructor de ciencias
Portland, OR

Carol Nathanson
Consejera de ciencias
Riverside, CA

Sylvia Neivert
Ex–instructora de ciencias
San Diego, CA

Jarvis VNC Pahl
Instructor de ciencias
Rialto, CA

Arlene Sackman
Instructora de ciencias
Tulare, CA

Christine Schumacher
Instructora de ciencias
Pikesville, MD

Suzanne Steinke
Instructora de ciencias
Towson, MD

Len Svinth
Jefe de Instructores de ciencias
Petaluma, CA

Elaine M. Tadros
Instructora de ciencias
Palm Desert, CA

Joyce K. Walsh
Instructora de ciencias
Midlothian, VA

Steve Weinberg
Instructor de ciencias
West Hartford, CT

Charlene West, PhD
Directora de Curriculum
Rialto, CA

John Westwater
Instructor de ciencias
Medford, MA

Glenna Wilkoff
Instructora de ciencias
Chesterfield, OH

Edee Norman Wiziecki
Instructora de ciencias
Urbana, IL

Panel asesor de profesores

Beverly Brown
Instructora de ciencias
Livonia, MI

James Burg
Instructor de ciencias
Cincinnati, OH

Karen M. Cannon
Instructora de ciencias
San Diego, CA

John Eby
Instructor de ciencias
Richmond, CA

Elsie M. Jones
Instructora de ciencias
Marietta, GA

Michael Pierre McKereghan
Instructor de ciencias
Denver, CO

Donald C. Pace, Sr.
Instructor de ciencias
Reisterstown, MD

Carlos Francisco Sainz
Instructor de ciencias
National City, CA

William Reed
Instructor de ciencias
Indianapolis, IN

Asesor multicultural

Steven J. Rakow
Professor asociado
University of Houston–Clear Lake
Houston, TX

Asesores de Inglés como segunda lengua (ESL)

Jaime Morales
Coordinador Bilingüe
Huntington Park, CA

Pat Hollis Smith
Ex–instructora de inglés
Beaumont, TX

Asesor de lectura

Larry Swinburne
Director
Swinburne Readability Laboratory

Revisores del texto en español

Teresa Casal
Instructora de ciencias
Miami, FL

Victoria Delgado
Directora de programas bilingües/multiculturales
New York, NY

Delia García Menocal
Instructora bilingüe
Englewood, NJ

Consuelo Hidalgo Mondragón
Instructora de ciencias
México, D.F.

Elena Maldonado
Instructora de ciencias
Río Piedras, Puerto Rico

Estefana Martínez
Instructora de ciencias
San Antonio, TX

Euclid Mejía
Director del departamento de ciencias y matemáticas
New York, NY

Alberto Ramírez
Instructor bilingüe
La Quinta, CA

CONTENTS
MOTION, FORCES, and ENERGY

CONTENIDO

MOVIMIENTO, FUERZAS Y ENERGÍA

Activity Bank/Reference Section

Features

Pozo de actividades/Sección de referencias

Artículos

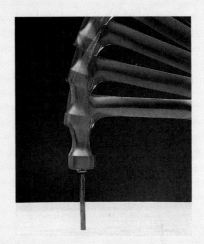

CONCEPT MAPPING

Throughout your study of science, you will learn a variety of terms, facts, figures, and concepts. Each new topic you encounter will provide its own collection of words and ideas—which, at times, you may think seem endless. But each of the ideas within a particular topic is related in some way to the others. No concept in science is isolated. Thus it will help you to understand the topic if you see the whole picture: that is, the interconnectedness of all the individual terms and ideas. This is a much more effective and satisfying way of learning than memorizing separate facts.

Actually, this should be a rather familiar process for you. Although you may not think about it in this way, you analyze many of the elements in your daily life by looking for relationships or connections. For example, when you look at a collection of flowers, you may divide them into groups: roses, carnations, and daisies. You may then associate colors with these flowers: red, pink, and white. The general topic is flowers. The subtopic is types of flowers. And the colors are specific terms that describe flowers. A topic makes more sense and is more easily understood if you understand how it is broken down into individual ideas and how these ideas are related to one another and to the entire topic.

It is often helpful to organize information visually so that you can see how it all fits together. One technique for describing related ideas is called a **concept map**. In a concept map, an idea is represented by a word or phrase enclosed in a box. There are several ideas in any concept map. A connection between two ideas is made with a line. A word or two that describes the connection is written on or near the line. The general topic is located at the top of the map. That topic is then broken down into subtopics, or more specific ideas, by branching lines. The most specific topics are located at the bottom of the map.

To construct a concept map, first identify the important ideas or key terms in the chapter or section. Do not try to include too much information. Use your judgment as to what is

really important. Write the general topic at the top of your map. Let's use an example to help illustrate this process. Suppose you decide that the key terms in a section you are reading are School, Living Things, Language Arts, Subtraction, Grammar, Mathematics, Experiments, Papers, Science, Addition, Novels. The general topic is School. Write and enclose this word in a box at the top of your map.

SCHOOL

Now choose the subtopics—Language Arts, Science, Mathematics. Figure out how they are related to the topic. Add these words to your map. Continue this procedure until you have included all the important ideas and terms. Then use lines to make the appropriate connections between ideas and terms. Don't forget to write a word or two on or near the connecting line to describe the nature of the connection.

Do not be concerned if you have to redraw your map (perhaps several times!) before you show all the important connections clearly. If, for example, you write papers for Science as well as for Language Arts, you may want to place these two subjects next to each other so that the lines do not overlap.

One more thing you should know about concept mapping: Concepts can be correctly mapped in many different ways. In fact, it is unlikely that any two people will draw identical concept maps for a complex topic. Thus there is no one correct concept map for any topic! Even though your concept map may not match those of your classmates, it will be correct as long as it shows the most important concepts and the clear relationships among them. Your concept map will also be correct if it has meaning to you and if it helps you understand the material you are reading. A concept map should be so clear that if some of the terms are erased, the missing terms could easily be filled in by following the logic of the concept map.

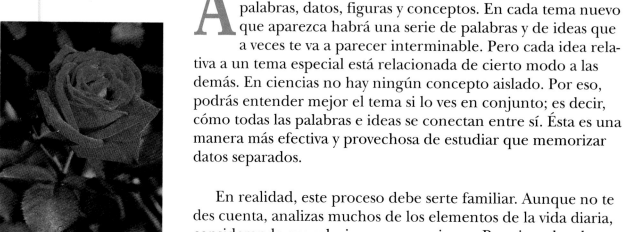

Al estudiar temas científicos, aprenderás una variedad de palabras, datos, figuras y conceptos. En cada tema nuevo que aparezca habrá una serie de palabras y de ideas que a veces te va a parecer interminable. Pero cada idea relativa a un tema especial está relacionada de cierto modo a las demás. En ciencias no hay ningún concepto aislado. Por eso, podrás entender mejor el tema si lo ves en conjunto; es decir, cómo todas las palabras e ideas se conectan entre sí. Ésta es una manera más efectiva y provechosa de estudiar que memorizar datos separados.

En realidad, este proceso debe serte familiar. Aunque no te des cuenta, analizas muchos de los elementos de la vida diaria, considerando sus relaciones o conexiones. Por ejemplo, al mirar un ramo de flores, lo puedes dividir en grupos: rosas, claveles y margaritas. Después, asocias colores con las flores: rojo, rosado y blanco. Las flores serían el tema general. El subtema, tipos de flores. Un tema tiene más sentido y se puede entender mejor si comprendes cómo se divide en ideas y cómo las ideas se relacionan entre sí y con el tema en su totalidad.

A veces es útil organizar la información visualmente para poder ver la correspondencia entre las cosas. Una de las técnicas usadas para organizar ideas relacionadas es el **mapa de conceptos**. En un mapa de conceptos, una palabra o frase recuadrada representa una idea. La conexión entre dos ideas se describe con una línea donde se escriben una o dos palabras que explican la conexión. El tema general aparece arriba de todo. El tema se divide en subtemas, o ideas más específicas, por medio de líneas. Los temas más específicos aparecen en la parte de abajo.

Para hacer un mapa de conceptos, considera primero las ideas o palabras claves más importantes de un capítulo o sección. No trates de incluir mucha información. Usa tu juicio para decidir qué es lo realmente importante. Escribe el tema general arriba

de tu mapa. Un ejemplo servirá para ilustrar el proceso. Decides que las palabras claves de una sección son Escuela, Seres vivos, Artes del lenguaje, Resta, Gramática, Matemáticas, Experimentos, Informes, Ciencia, Suma, Novelas. El tema general es Escuela. Escribe esta palabra en un recuadro arriba de todo.

ESCUELA

Ahora, elige los subtemas: Artes del lenguaje, Ciencia, Matemáticas. Piensa cómo se relacionan con el tema. Agrega estas palabras al mapa. Continúa así hasta que todas las ideas y las palabras importantes estén incluídas. Luego, usa líneas para marcar las conexiones apropiadas. No dejes de escribir en la línea de conexión una o dos palabras que expliquen la naturaleza de la conexión.

No te preocupes si debes rehacer tu mapa (tal vez muchas veces), antes de que se vean bien todas las conexiones importantes. Si, por ejemplo, escribes informes para Ciencia y para Artes del lenguaje, te puede convenir colocar estos dos temas uno al lado del otro para que las líneas no se superpongan.

Algo más que debes saber sobre los mapas de conceptos: pueden construirse de diversas maneras. Es decir, dos personas pueden hacer un mapa diferente de un mismo tema. ¡No existe un único mapa de conceptos! Aunque tu mapa no sea igual al de tus compañeros, va a estar bien si muestra claramente los conceptos más importantes y las relaciones que existen entre ellos. Tu mapa también estará bien si tú le encuentras sentido y te ayuda a entender lo que estás leyendo. Un mapa de conceptos debe ser tan claro que, aunque se borraran algunas palabras se pudieran volver a escribir fácilmente, siguiendo la lógica del mapa.

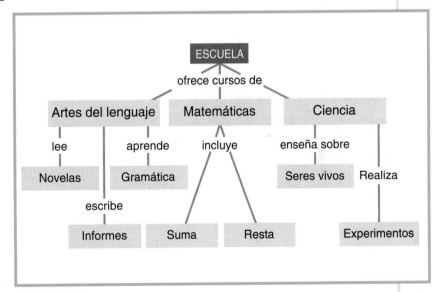

MOTION, FORCES AND ENERGY

Although this volcanic eruption may look like a fireworks display, it is actually an extremely violent release of energy.

Poised high upon the edge of a jagged rock, the cheetah seems almost motionless. Yet every muscle is tensed and ready to spring into action. A gentle breeze blows the familiar scent of an antelope toward the cheetah's quivering nostrils. Its head turns. The prey is in sight. The cheetah silently readies itself for attack, while the unsuspecting antelope calmly grazes on the plain just below.

With one swift leap, the cheetah pounces forcefully on the ground and sets into motion. The antelope takes off fast and furiously to spare itself an untimely death at the paws of the cheetah. The powerful cheetah can run as fast as 155 kilometers per hour. The antelope seems doomed. Speeding across the grassy plain with the cheetah at its tail, the antelope suddenly darts into the bush. The cheetah lags behind. The antelope escapes— this time. A meal of antelope would have given the cheetah its fill of energy.

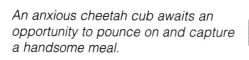

An anxious cheetah cub awaits an opportunity to pounce on and capture a handsome meal.

CHAPTERS

But for tonight, the cheetah will go hungry.

The interaction of forces that made this motion-packed scene possible is not limited to the jungle. Almost everything you do every day of your life involves the same basic characteristics of motion, forces, and energy that spared this antelope's life. In this book you will learn all about motion and forces and the relationship between them. You will also learn how forces are altered by machines to make them more helpful to you. Finally, you will learn about energy and its role in motion, forces, and machines.

This pipeline wave may give the surfer the ride of his life or a crushing blow. Where do you think the wave gets its energy?

Discovery Activity

Tabletop Raceway

1. On a smooth surface such as a floor or long tabletop, make a ramp by placing one end of a sturdy piece of cardboard on one textbook. Make another ramp using three or four textbooks.

2. Release a small toy car from the top of the low ramp. Do not push it. Observe how far and how fast the car travels.

3. Repeat step 2 using the high ramp.

4. Tape a stack of washers to the car. Repeat steps 2 and 3. Observe the movement of the car.

   What effect does the height of the ramp have on the movement of the car?

   How would the movement of the car have changed if you had pushed it down the ramp?

   How do the washers affect the movement of the car?

   ■ Is it more difficult to stop a heavily loaded truck or a compact car?

MOVIMIENTO, FUERZAS Y ENERGÍA

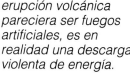

A pesar de que esta erupción volcánica pareciera ser fuegos artificiales, es en realidad una descarga violenta de energía.

Un leopardo parece estar inmóvil sobre la escarpada roca, listo para entrar en acción. La brisa lleva hasta su nariz el olor familiar de un antílope. La presa está a la vista. El leopardo se prepara en silencio para el ataque, mientras el antílope desprevenido pasta en la llanura cercana.

Con un ágil salto el leopardo se lanza al ataque. El antílope huye para evitar una muerte prematura en las garras del leopardo que puede correr hasta 155 kilómetros por hora. El antílope parece condenado. Corriendo a toda velocidad por la llanura, seguido por el leopardo se lanza de pronto hacia unos matorrales. El leopardo queda atras. El antílope escapa—por ahora. Unos bocados de antílope le hubieran dado al leopardo su carga de energía.

Un cachorro de leopardo, aguarda ansioso la oportunidad de abalanzarse sobre una buena comida.

CAPÍTULOS

Pero esta noche el leopardo se quedará con hambre.

No sólo en la jungla existe la interacción de fuerzas que posibilitó esta escena. Básicamente las mismas fuerzas, el movimiento y la energía que le salvaron la vida al antílope se encuentran en todo lo que tú haces. En este libro estudiarás el movimiento, así como las fuerzas, y las relaciones entre ambos. También llegarás a saber cómo las máquinas alteran las fuerzas, poniéndolas a tu servicio. Y sabrás también cómo funciona la energía, y qué papel desempeña en el movimiento, en las fuerzas y en las máquinas.

Una ola en forma de tubería puede darle al surfista el viaje de su vida o un golpe demoledor. ¿De dónde crees que la ola saca su energía?

Para averiguar *Actividad*

Una pista de carreras en la mesa

1. Sobre una mesa larga o en el piso, haz una rampa poniendo un extremo de un pedazo de cartón grueso sobre un libro. Haz otra rampa con tres o cuatro libros.

2. Haz rodar un auto de juguete por la rampa baja. No lo empujes. Observa a qué distancia y con qué rapidez rueda.

3. Repite el paso 2 usando la rampa alta.

4. Con cinta adhesiva asegura unas arandelas de metal al automóvil. Observa su movimiento.

   ¿Cómo afecta la altura de la rampa el movimiento del auto?

   ¿Cómo habría cambiado el movimiento del auto si lo hubieras empujado?

   ¿Cómo afectan las arandelas el movimiento del autómovil?

   ■ ¿Es más difícil detener un camión cargado o un auto compacto?

What Is Motion?

Guide for Reading

After you read the following sections, you will be able to

1–1 Frames of Reference
- Recognize that movement is observed according to a frame of reference.

1–2 Measuring Motion
- Describe motion and calculate speed and velocity.

1–3 Changes in Velocity
- Relate acceleration to motion and calculate acceleration.

1–4 Momentum
- Describe momentum.

The eyes of the crowd are fixed on the sleek, dazzling skier as he sweeps down the ski-jump track at 100 kilometers per hour. Reaching the bottom of the track, he leaps into the air. The icy wind lashes at his face. Even with goggles on, he is blinded by the glare of the snow on the mountainside below— far below.

Then, in an attempt to defy gravity, he leans forward. His body and skis take the form of an airplane wing as he rides the wind farther. Finally, his skis make contact with the snow-covered landing area. The snow flies up in his face in two streams. The sound of the cheering crowd mingles with the sound of the wind. His ride is over.

The scene is the Winter Olympics. And the ski jumper has just flown 117 meters through the air to set a new record for distance. He owes his gold medal not only to courage and years of training but also to an understanding of motion.

In this sense, ski jumping is not merely a sport; it is also a science. Learning about the science of motion may not earn you an Olympic medal, but it can be a leap into adventure and discovery.

Journal *Activity*

You and Your World   Recall an experience in which you were moving at a fairly rapid speed. Perhaps you were running, bicycling, or riding in a car, train, or airplane. Describe the situation in detail in your journal. Explain how you felt speeding up from rest and then slowing down again to stop. Tell how the speed affected your movement. How would your movement have been different if your speed was slower?

Although this ski jumper seems to be floating in midair, his body is really in motion. You would quickly observe this fact if you were watching the ski jump from the ground below.

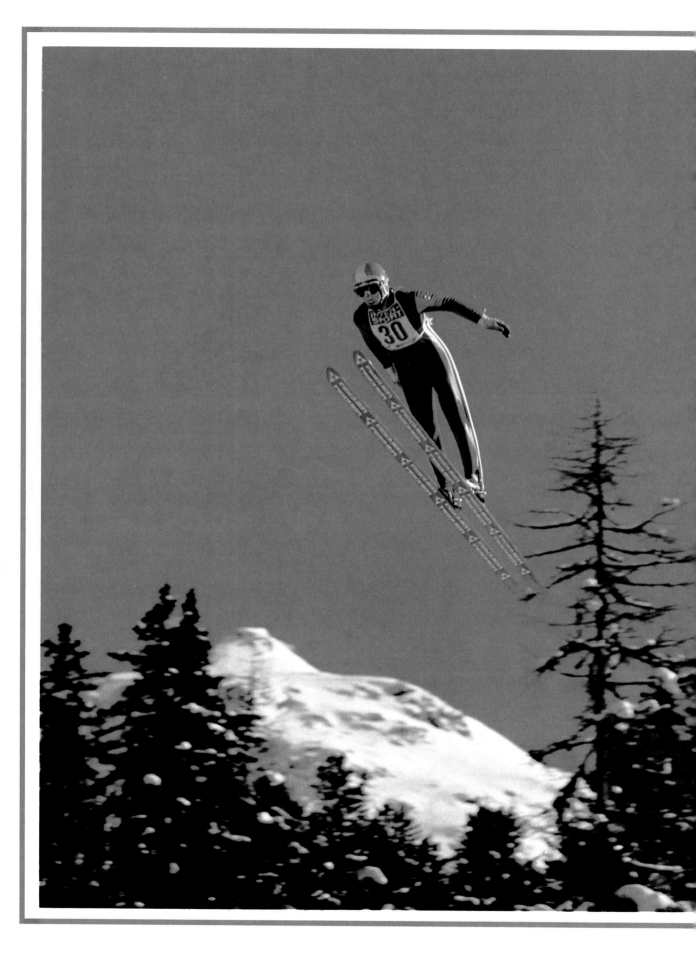

¿Qué es el movimiento?

Guía para la lectura

Después de leer las secciones siguientes, vas a poder

1–1 Marcos de referencia

■ Reconocer que el movimiento se observa de acuerdo con un marco de referencia.

1–2 Medir el movimiento

■ Describir el movimiento y calcular la rapidez y la velocidad

1–3 Cambios en la velocidad

■ Relacionar la aceleración al movimiento y calcular la aceleración

1–4 Momento

■ Describir el momento

La multitud tiene los ojos fijos en el esquiador que, deslumbrante, se desliza por la pista de salto a 100 kilómetros por hora. Al llegar al final de la pista, salta en el aire. El viento helado le castiga la cara. A pesar de sus gafas protectoras, lo ciega el brillo de la nieve sobre la ladera de la montaña.

Entonces, desafiando la gravedad, se inclina hacia adelante. Su cuerpo y sus esquíes toman la forma de un ala de avión, y parece volar por el aire. Finalmente los esquíes tocan el área de aterrizaje, cubierta de nieve. Dos chorros de nieve le saltan a la cara. El ruido de la multitud que lo aclama se mezcla con el viento. El salto ha terminado.

La escena ocurre en las Olimpíadas de invierno. El esquiador ha saltado 117 metros en el aire, estableciendo un nuevo récord de distancia. Debe su medalla de oro no sólo a su coraje y a los años de entrenamiento, sino también a su comprensión del movimiento.

En este sentido, el salto en esquí no es sólo un deporte sino también una ciencia. Conocer la ciencia del movimiento tal vez no te sirva para ganar una medalla de oro, pero puede llevarte a descubrir un mundo de aventura.

Diario *Actividad*

Tú y tu mundo Recuerda alguna vez en que te hayas movido muy rápido. Puede ser que corrieras o anduvieras en carro, en tren o en avión. Describe la situación en tu diario. Explica cómo te sentiste al aumentar la rapidez, y luego al disminuirla. Cuenta cómo la rapidez afectó tu movimiento. ¿En qué hubiera sido diferente tu movimiento si hubieras ido más lentamente?

Aúnque el esquiador parece flotar en el aire, su cuerpo realmente esta en movimiento. Verías esto claramente si observaras el salto desde abajo.

Figure 1–1 *From your frame of reference, the sun seems to be dropping below the horizon in southern Spain. But is the sun really falling or are you moving?*

1–1 Frames of Reference

The conductor blows the whistle, and your train pulls away from the station. As the train picks up speed, the people on the platform watch you whiz by them. But to the person sitting next to you on the train, you are not moving at all. How can this be? Are you or are you not moving? Actually, you are doing both! The answer to the question depends on the background with which the observer is comparing you.

The people on the platform are comparing you with the Earth. Because the Earth is not moving out from under their feet, you appear to be moving. The person sitting next to you is comparing you with the train. Because you are moving with the train (the train is not moving out from under you), you do not appear to be moving when compared with the train. If, however, the person on the train had compared you with a nearby tree or the ground, you would have appeared to move.

Whenever you describe something that is moving, you are comparing it with something that is assumed to be stationary, or not moving. The background or object that is used for comparison is called a **frame of reference.** All movement, then, is described relative to a particular frame of reference. For the people on the platform, the frame of reference is the Earth. For the person sitting next to you, the frame

Figure 1–2 *These Navy fighter jets are traveling at tremendous speeds relative to an observer on the ground. But because they are moving at the same speed, they are not moving relative to one another. This enables them to hook up and refuel in midair.*

1-1 Marcos de referencia

Suena un silbato y el tren sale de la estación. Al moverse cada vez más rápido, desde el andén pareces pasar como un zumbido. Pero la persona que está a tu lado en el tren no te ve moverte. ¿Cómo es posible? ¿Te mueves o no te mueves? En realidad, ambas cosas son verdad. La respuesta a esta pregunta depende del fondo con que te compara el observador.

Las personas del andén te comparan con la Tierra. Como la tierra no se mueve bajo sus pies, les parece que tú te movieras. La persona sentada a tu lado te compara con el tren. Como tú te mueves con el tren (el tren no se mueve debajo de tus pies), no parece que te movieras cuando se te compara con él. Sin embargo, si la persona en el tren te hubiera comparado con un árbol del paisaje, o con la Tierra, habría pensado que te movías.

Siempre que describes algo que se está moviendo, lo comparas con algo que se supone que está fijo, o inmóvil. El fondo u objeto que se usa para comparar se llama **marco de referencia.** O sea que todo movimiento se describe en relación a un marco de referencia en particular. Para las personas del andén, el marco de referencia es la tierra. Para la persona

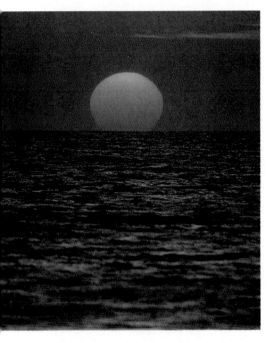

Figura 1–1 *Desde tu marco de referencia, el sol parece sumergirse en el horizonte. Pero se mueve realmente el sol o eres tú quien se mueve?*

Figura 1–2 *Estos aviones de guerra de la marina vuelan con gran rapidez en relación con un observador en tierra. Pero como se mueven a la misma velocidad, es como si estuvieran inmóviles. Así, pueden conectarse y cargar combustible en el aire.*

S ■ 12

of reference is the train. Perhaps the term frame of reference sounds new to you. But it is an idea you use often in your daily life as you describe different movements. The frame of reference you use depends on the type of movement and the position from which you are observing.

The fact that movement is related to a frame of reference is often used in movies to achieve certain effects. Sometimes an actor stays in one place and just the background moves. On the screen it looks as if the actor is moving. This is because your frame of reference is the background. You have assumed that the background is the stationary object—which it is most of the time.

No frame of reference is more correct than any other. If you are riding on a train, you may describe movement as if the train were your frame of reference. However, the train is moving relative to the Earth. So, if you use the trees and the ground as your background, the Earth could become your frame of reference. But the Earth is moving around the sun. Thus the sun could be your frame of reference. Even the sun is moving as part of the galaxy. So you see, everything in the universe is moving. There is no frame of reference that is truly not moving relative to all other frames of reference. What is not moving in one frame of reference is moving in another. But all movement is described according to some frame of reference. The most common frame of reference is the Earth, but no single frame of reference is "correct" in any situation.

Figure 1–3 *No need to turn this photograph right-side-up. Fred Astaire is dancing on the ceiling, or so it seems. How is this effect achieved in the movies?*

1–1 Section Review

1. What is a frame of reference?
2. What is the most common frame of reference?
3. How is it possible that an actress can be shown dancing on the ceiling in a movie?

Critical Thinking—*Applying Concepts*
4. Suppose you are standing on a sidewalk and your friend rides past you on her skateboard. Which one of you is moving relative to the Earth? Are you moving relative to your friend?

ACTIVITY
DOING

Star Gazing

The Big Dipper is a dipper-shaped group of stars familiar to most people. If you have ever tried to locate the Big Dipper in the nighttime sky, you know that it is not always in the same place. In January, you may look out your window in one direction to find it. In June, however, you will have to look in another direction.

Obtain star charts for 12 months in a row. Observe how the stars are in different locations in the course of the year. Is the motion a result of the movement of the Earth or of the stars? What does your description of motion depend on?

sentada a tu lado, el marco de referencia es el tren. Tal vez el término "marco de referencia" te resulte nuevo. Pero tú usas la idea en tu vida diaria cuando describes distintos movimientos. El marco de referencia que usas depende del tipo de movimiento y de la posición desde la cual observas.

El hecho de que el movimiento se relaciona con un marco de referencia se usa en el cine para lograr ciertos efectos. A veces un actor se queda quieto y sólo el fondo se mueve. En la pantalla parece que el actor se moviera. Esto se debe a que tu marco de referencia es el fondo. Diste por sentado que el fondo es el objeto fijo (lo cual es, casi siempre, cierto).

No hay un marco de referencia más correcto que otro. Si viajaras en un tren, describirías el movimiento como si el tren fuera tu marco de referencia. Sin embargo, el tren se mueve en relación con la Tierra. Así, si usas los árboles y el suelo como fondo, la Tierra sería tu marco de referencia. Pero la Tierra se mueve alrededor del sol. Y el sol podría ser tu marco de referencia. Pero también el sol se mueve como parte de la galaxia. Como tú ves, todo en el universo se mueve. No hay realmente un marco de referencia que no se mueva con respecto a todos los demás. Lo que no se mueve en un marco de referencia se mueve en otro. Pero todo movimiento se describe de acuerdo con algún marco de referencia. El marco de referencia más común es la Tierra, pero ningún marco de referencia es "correcto" en todos los casos.

Figura 1–3 *No es necesario dar vuelta esta fotografía. Fred Astaire está bailando en el techo, o así parece. ¿Cómo se logra este efecto en el cine?*

1–1 Repaso de la sección

1. ¿Qué es un marco de referencia?
2. ¿Cuál es el marco de referencia más común?
3. ¿Cómo es posible que, en el cine, se pueda ver a una actriz bailando en el techo?

Pensamiento crítico—*Aplicación de conceptos*

4. Supón que estás de pie en una acera y una amiga pasa en su patineta. ¿Cuál de ustedes se mueve en relación a la Tierra? ¿Te mueves tú en relación a tu amiga?

ACTIVIDAD

PARA HACER

Observando las estrellas

La Osa Mayor es un grupo de estrellas muy conocidas. Si has tratado de localizar la Osa Mayor en el cielo nocturno sabes que no siempre está en el mismo lugar. En enero debes mirar en una dirección para encontrarla. En junio, por el contrario, tendrás que mirar en otra dirección.

Obtiene mapas de las estrellas para 12 meses seguidos. Observa cómo las estrellas tienen diferentes posiciones en el curso de un año. ¿Es el movimiento resultado del desplazamiento de la tierra o de las estrellas? ¿De qué depende tu descripción del movimiento?

1–2 Measuring Motion

A cool autumn breeze sends a leaf on a spiraling journey to the ground. An army of ants marches past your feet on their way to your fallen ice cream. A meteor leaves a brilliant streak of light in its path as it hurtles through the atmosphere. In each one of these examples, something is changing position, or moving from one place to another. And although it might take the ants a while to reach their destination whereas the meteor is gone in a few blinks of the eye, all of these movements take place over some particular amount of time. **A change in position in a certain amount of time is motion.** When you say that something has moved, you are describing **motion.** But always remember that when you describe movement, or motion, you are comparing it with some frame of reference.

Speed

Suppose that at one instant runners are poised at the starting blocks ready for a race. Seconds later, the winner breaks the tape at the finish line. The runners got from the starting blocks to the finish line because they moved, or changed their position.

Figure 1– 4 *Just as the runners move from one place to another during their race, so do the small ants as they carry bits of a leaf back to their home. Which photo shows movement at a greater speed?*

1-2 Midiendo el movimiento

La brisa del otoño hace caer una hoja al suelo. Un ejército de hormigas pasa a tu lado en busca del helado que se ha caído. Un meteoro deja un rastro de luz al cruzar la atmósfera. En todos estos ejemplos hay algo que cambia de posición, o se mueve de un lugar a otro. Y si bien las hormigas precisan algún tiempo para llegar a destino mientras que el meteoro desaparece enseguida, todos estos movimientos ocurren en el tiempo. **El movimiento es un cambio de posición que sucede en cierto período de tiempo.** Cuando dices que algo se movió, estás describiendo el **movimiento**. Pero recuerda: al describir el movimiento, tú comparas siempre lo que se mueve con un marco de referencia.

Rapidez

Supón que en un momento dado varios corredores comienzan una carrera. Segundos después, llegan a la meta. Los corredores llegaron a la meta porque se movieron, o cambiaron de posición. Y lo hicieron en

Figura 1–4 *Así como los corredores se mueven de un lugar a otro durante la carrera, las hormigas también lo hacen para llevar pedazos de hojas a su cueva. ¿Cuál de las fotos muestra movimiento a mayor velocidad?*

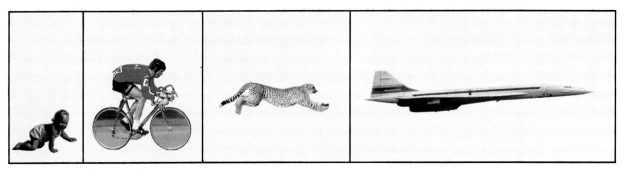

| 1 km/hr | 80 km/hr | 110 km/hr | 3600 km/hr |
| Baby crawling | Cyclist | Cheetah | Concorde SST |

And they did so in a certain amount of time. So you can be sure that the runners were in motion. But to better describe the motion of the runners, you need to know the distance they traveled and how long it took them to travel that distance (that is, to reach the finish line). Distance is the length between two places. In the metric system, distance is measured in units called meters (m) and kilometers (km). One kilometer is equal to 1000 meters. How many meters are there in 10 kilometers?

If you know the distance the runners traveled and the time it took them to travel that distance, then you can determine how fast each runner moved. In other words, you can calculate the **speed** of each runner. You probably use the words fast and slow often to describe motion. But what you may not realize is that by using these words, you are actually describing speed. **Speed is the rate at which an object moves.** The faster a runner's rate of motion, the faster the runner's speed.

You can find the speed of an object by dividing the distance it traveled by the time it took to travel that distance:

$$\text{Speed} = \frac{\text{Distance}}{\text{Time}}$$

Using this formula, you can see that if two runners ran the same distance, the runner who took the longer time must have run at a slower speed. The runner who took the shorter time must have run at a faster speed. And as you know, only the runner who ran faster won the race. If, on the other hand, two runners took the same amount of time but one runner ran a longer distance, that runner must have run at a faster speed.

Figure 1–5 *You can compare the speeds of some common objects on this scale. Where do you think your walking speed would fit?*

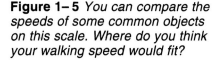

Trotting Into Your Heart

When you think of speed, the image of a beautiful sleek horse may come to mind. That same image must have come to Walter Farley's mind because he wrote an entire collection of books about a black stallion. Read *The Black Stallion* by Walter Farley and enjoy the adventures of a very special horse. And if you get hooked on his stories, which you may easily do, go ahead and indulge in the rest of the series.

1 km/hora	80 km/hora	110 km/hora	3600 km/hora
Bebé gateando	Ciclista	Chita	Concorde

un período de tiempo. Así que puedes creer que los corredores se movían. Pero para describir mejor su movimiento, tienes que saber a qué distancia llegaron y cuánto tiempo precisaron para alcanzar la meta. La distancia es la longitud entre dos lugares. En el sistema métrico, la distancia se mide en unidades llamadas metros (m) y kilómetros (km). Un kilómetro tiene 1000 metros. ¿Cuántos metros hay en 10 kilómetros?

Si conoces la distancia que los corredores recorrieron y el tiempo que precisaron para recorrer esa distancia, puedes determinar qué rápido se movió cada corredor. En otras palabras, puedes calcular la **rapidez** de cada corredor. Es posible que uses con frecuencia las palabras rápido y lento para describir el movimiento. Pero tal vez no te des cuenta de que al usarlas estás describiendo la rapidez. **La rapidez es la medida del movimiento de un objeto.** Cuánto más alta es la tasa de movimiento de un corredor, mayor es su rapidez.

Puedes calcular la rapidez de un objeto dividiendo la distancia que recorrió por el tiempo empleado.

$$\text{Rapidez} = \frac{\text{Distancia}}{\text{Tiempo}}$$

Usando esta fórmula, sabrás que si dos corredores recorrieron la misma distancia, el que tardó más tiempo debe haber corrido con menor rapidez. El que tardó menos debe haber corrido con más rapidez. Y, como tú sabes, sólo el que corrió más rápido ganó. Por otro lado, si un corredor, en el mismo tiempo que otro, recorrió una distancia mayor, debe haber corrido con más rapidez.

Figura 1–5 *Puedes comparar la rapidez de algunos objetos comunes en esta tabla. ¿Dónde se situaría tu rapidez al caminar?*

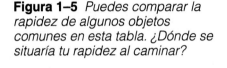

ACTIVIDAD

PARA LEER

Te llega al corazón

Al pensar en rapidez, puedes visualizar un hermoso caballo. La misma imagen debe haber acudido a la mente de Walter Farley, que escribió una serie de libros sobre un caballo negro. Lee *The Black Stallion* de Walter Farley, y disfruta de las aventuras de un caballo muy especial. Y si gustas de las historias, lo cual puede ocurrir fácilmente, sigue adelante y disfruta leyendo el resto de la serie.

Distance is usually measured in meters or kilometers. Time is usually measured in seconds or hours. So the unit of speed is often meters per second (m/sec) or kilometers per hour (km/hr). This idea should be pretty familiar to you. After all, if someone asked you for the speed of a car, would you say 80 kilometers? No! You would

Figure 1–6 *Microscopic red blood cells crowd together as they move through the body at a particular speed. This huge glacier moves through part of Alaska at a different speed—obviously slower!*

say 80 kilometers per hour. This means that traveling at this speed the car will go a distance of 80 kilometers in a time of one hour.

Speed is not used to describe only runners, cars, or trains. Anything that is changing its position has speed. This includes ocean currents, wind, glaciers, the moon, and even the Earth. For example, from the sun's frame of reference, the Earth is orbiting the sun at an average speed of about 30 kilometers per second, or 30 km/sec.

CONSTANT SPEED So far, we have been discussing the motion of objects whose speed is the same throughout their movement. Their speed does not change. Speed that does not change is called constant speed. When you calculate the speed of an object traveling at constant speed, you are figuring out its speed at every point in its path. Let's see how this works. Look at Figure 1–7. This is a

La distancia se mide generalmente en metros o kilómetros. El tiempo, en segundos o en horas. Por eso la unidad de rapidez es a menudo metros por segundo (m/s) o kilómetros por hora (km/h). Esta idea debería resultarte bastante familiar. Si alguien te preguntara cuál es la rapidez a que va un carro, responderías, por ejemplo: "a 80 km"? ¡No! Respon-

Figura 1–6 Los glóbulos rojos se amontonan cuando viajan juntos por el cuerpo a cierta velocidad. El gran glaciar se mueve en Alaska a una rapidez distinta—¡por cierto, más lenta!

derías: "a 80 kilómetros por hora." Esto significa que, viajando a esa rapidez, el carro recorrerá una distancia de 80 km en una hora de tiempo.

La rapidez no se usa sólo para describir corredores, carros o trenes. Cualquier cosa que está cambiando de posición tiene su rapidez. Incluso las corrientes oceánicas, el viento, los glaciares, la luna, la Tierra. Por ejemplo, tomando el sol como marco de referencia, la Tierra gira a su alrededor con una rapidez media de unos 30 kilómetros por segundo, o 30 km/s.

RAPIDEZ CONSTANTE Hasta ahora hemos mencionado objetos cuya rapidez de movimiento es la misma. Su rapidez no cambia, es una rapidez constante. Cuando calculas la rapidez de un objeto que se mueve con rapidez constante, estás averiguando su rapidez en cada punto del camino. Veamos cómo funciona ésto. Observa la figura 1–7. Es una gráfica de distancia–tiempo que

distance–time graph showing several seconds of a cheetah's motion. Distance is plotted on the vertical, or Y, axis. Time is plotted on the horizontal, or X, axis. According to the graph, how many meters did the cheetah travel after 1 second? You are right if you said 30 meters. The cheetah's speed was 30 m/1 sec, or 30 m/sec. After 3 seconds, the cheetah traveled 90 meters. So its speed was 90 m/3 sec, or 30 m/sec. The cheetah's speed did not change. When you divide the total distance by the total time, 150 m/5 sec, you get 30 m/sec. Thus, for constant speed, total distance divided by total time gives the speed for every point in the cheetah's path because

Figure 1–7 *One of the Earth's swiftest land animals, the cheetah can attain great speeds for short periods of time. The graph shows the distance the cheetah travels as a function of time. How do you know the cheetah ran at a constant speed?*

Sample Problem

At what speed did a plane fly if it traveled 1760 meters in 8 seconds?

Solution

Step 1   Write the formula.   **Speed = Distance/Time**

Step 2   Substitute given numbers   **Speed = 1760 meters/8 seconds**
         and units.

Step 3   Solve for the unknown.   **Speed = 220 meters/second (m/sec)**

Practice Problems

1. A car travels 240 kilometers in 3 hours. What is the speed of the car during that time?

2. The speed of a cruise ship is 50 km/hr. How far will the ship travel in 14 hours?

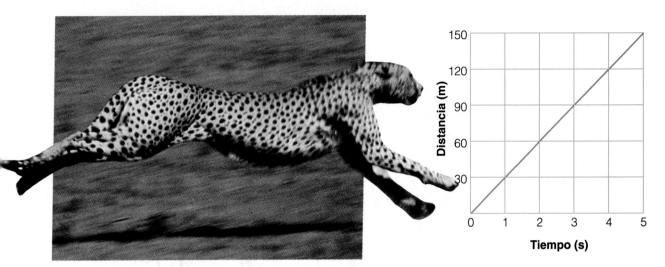

Figure 1-7 graph: vertical axis "Distancia (m)" with values 30, 60, 90, 120, 150; horizontal axis "Tiempo (s)" with values 0, 1, 2, 3, 4, 5.

muestra unos segundos del movimiento de un chita. La distancia se indica en el eje vertical o Y. El tiempo, en el eje horizontal o X. Según la gráfica, ¿cuántos metros recorrió la chita en 1 segundo? La respuesta correcta es 30 metros. La rapidez del chita fue de 30 m/s. En 3 segundos recorrió 90 metros. La rapidez del chita no cambió. Si divides la distancia total por el tiempo total, 150 m/5 s, obtienes 30 m/s. Así, cuando la rapidez es constante, la distancia total dividida por el tiempo total te da la rapidez en cada punto del recorrido del chita, porque la rapidez

Figura 1–7 *El chita, uno de los animales más rápidos de la Tierra puede alcanzar gran rapidez por períodos cortos de tiempo. La gráfica muestra la distancia recorrida por el chita en función del tiempo empleado. ¿Cómo sabes que corrió a una velocidad constante?*

Problema modelo

¿A qué velocidad volaba un avión si recorrió 1760 metros en 8 segundos?

Solución

Paso 1 Escribe la fórmula.   **Rapidez=Distancia/Tiempo**

Paso 2 Substituye los números y unidades.   **Rapidez=1760 metros/8 Segundos**

Paso 3 Resuelve la incógnita.   **Rapidez=220 metros/segundos (m/s)**

Problemas para practicar

1. Un carro viaja 240 kilómetros en 3 horas. ¿Cuál es su rapidez en ese tiempo?

2. La rapidez de crucero de un barco es 50 km/h. ¿Qué distancia recorrerá el barco en 14 horas?

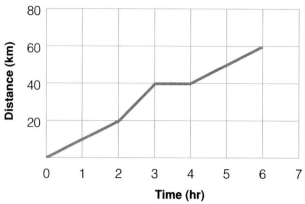

Figure 1–8 *Riding merrily along on a lovely spring day, the cyclist travels quite a distance. The graph shows how her speed changed during the course of the trip. During which hours was her speed the greatest?*

ctivity Bank

Flying High, p.138

Figure 1–9 *If you have ever walked into the wind, you know you expend more energy than you do if you walk with the wind at your back. Why?*

the speed of the cheetah is the same at every point. Notice that the distance–time graph for constant speed is a straight line.

AVERAGE SPEED The speed of a moving object is not always constant. In fact, this is usually the case. Suppose a cyclist takes a long ride. She begins slowly for the first two hours and picks up speed for the third hour. After three hours, she takes a break before finishing the final two hours of her ride. Clearly, her speed changes many times throughout her journey. Dividing the total distance by the total time does not tell you her speed for every point of her journey. Instead it gives you her average speed. What is the average speed of the cyclist in Figure 1–8? Actually, the formula you just learned for calculating speed—distance/time—always gives you the average speed. For things that move at constant speed (such

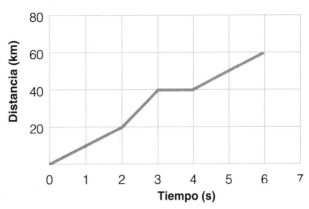

del chita es igual en todos los puntos. Observa que la gráfica de distancia–tiempo de la rapidez constante es una línea recta.

RAPIDEZ MEDIA   La rapidez de un objeto que se mueve no siempre es constante. Supón que una ciclista da un paseo de cinco horas. Va despacio las dos primeras horas y en la tercera aumenta la rapidez. Después de tres horas descansa, antes de recorrer las dos horas finales. Sin duda la rapidez cambia varias veces. Si divides la distancia total por el tiempo total, no obtendrás la rapidez de cada punto del paseo. Obtendrás la rapidez media. ¿Cuál es la rapidez media de la ciclista en la figura 1–8? La fórmula que acabas de aprender para calcular la rapidez—distancia/tiempo—siempre da la rapidez media. Para cosas que se mueven con rapidez constante (como la chita en el

Figura 1–8 *Muy alegre en su bicicleta en un lindo día de primavera, la ciclista llega bastante lejos. La gráfica muestra los cambios de rapidez durante su recorrido. ¿En qué horas anduvo más rápidamente?*

Pozo de actividades

Volando alto, p. 138

Figura 1–9 *Si has caminado alguna vez contra el viento, sabes que gastas más energía que cuando caminas con el viento a favor. ¿Por qué?*

as the cheetah in the previous example), the speed at any point is the same as the average speed.

Velocity

In addition to speed, another characteristic is needed to describe motion. It is the direction in which an object moved. Did it go east? West? North? South? To describe both the speed and the direction of motion, **velocity** is used. **Velocity is speed in a given direction.** Suppose a runner moves eastward at 10 m/sec. Her *speed* is 10 m/sec. Her *velocity,* however, is 10 m/sec east. If the runner was moving westward, her speed would be the same, but her velocity would change.

You may not think that there is much difference between speed and velocity. But the direction given by velocity is very important. Airplane pilots and air-traffic controllers use velocity measurements to fly and land airplanes. It would be dangerous to know only that one airplane is taking off at a speed of 100 km/hr and that another airplane is landing at 150 km/hr. Instead, air-traffic controllers must know the airplanes' directions so that the airplanes will not head directly into each other. Weather forecasters must know the velocity of air masses to predict the weather correctly. And anyone traveling from one city to another knows that it is not only the speed that counts, but also the direction!

COMBINING VELOCITIES Suppose you are rowing a boat downstream at 16 km/hr. Would it surprise you to learn that you are actually going faster than 16 km/hr? How is this possible? The river is also moving, say at 10 km/hr. Since you are rowing

DISCOVERING

Marble Motion

1. On a level floor or a table top about 1.5 m long, place a 30-cm metric ruler at an incline of about 1.5 cm. Use a book at one end of the ruler to raise it.

2. Roll a marble down the incline.

3. Record the distance the marble rolls from the bottom of the incline across the floor or table top in two seconds. Repeat this procedure two more times.

4. Record the distance the marble travels in three seconds, again making three trials.

What is the marble's average speed in two seconds? Three seconds?

Which average speed is greater?

■ What must be true about the marble's speed during the third second?

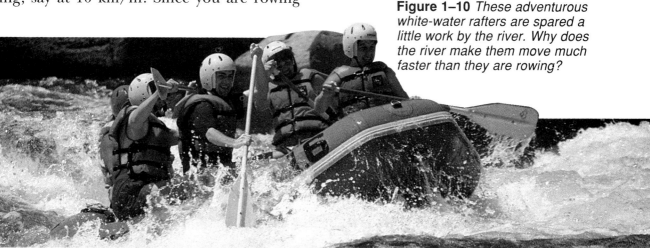

Figure 1–10 *These adventurous white-water rafters are spared a little work by the river. Why does the river make them move much faster than they are rowing?*

ejemplo anterior) la rapidez en cualquier punto es igual a la rapidez media.

Velocidad

Además de la rapidez, necesitamos otra característica para describir el movimiento. Es la dirección en que se movió el objeto. ¿Fue hacia el este? ¿El norte? ¿El oeste? ¿El sur? Para describir tanto la rapidez como la dirección del movimiento, se usa la **velocidad. La velocidad es la rapidez en una dirección dada.** Supón que una corredora se mueve hacia el este a 10 m/s. Su *rapidez* es 10 m/s. Su *velocidad,* sin embargo, es 10 m/s este. Si la corredora se moviera hacia el oeste, su rapidez sería igual, pero su velocidad cambiaría.

Puedes pensar que no hay mucha diferencia entre rapidez y velocidad. Pero la dirección, indicada por la velocidad, es muy importante. Los pilotos de avión y los controladores de vuelo usan medidas de velocidad para el despegue y el aterrizaje de los aviones. Sería peligroso sólo saber que un avión esta despegando a una rapidez de 100 km/h y que otro avión está aterrizando a 150 km/h. Los controladores de vuelo deben saber la dirección de los aviones, para evitar los choques. Los que predicen el tiempo, o meteorólogos, deben conocer la velocidad de las masas de aire. Y, como saben todos los que viajan de una ciudad a otra, no sólo la rapidez cuenta, sino también la dirección del viaje.

COMBINANDO LAS VELOCIDADES Supón que remas en un bote, corriente abajo, a 16 km/h. ¿Te sorprendería saber que vas más rápido que a 16 km/h? ¿Cómo es posible? Lo que ocurre es que el río también se mueve, supongamos que a unos 10 km/h. Como tú estas

Figura 1–10 *El río ayuda a estos arriesgados remeros de aguas rápidas. ¿Por qué hace el río que se muevan mucho más rápido de lo que reman?*

Figure 1–11 *A rocket launched in the same direction as the Earth rotates gets an added boost. Without this boost, Space Shuttles would have to attain much greater speeds in order to leave the Earth's atmosphere and enter space. How much of a boost does a rocket get?*

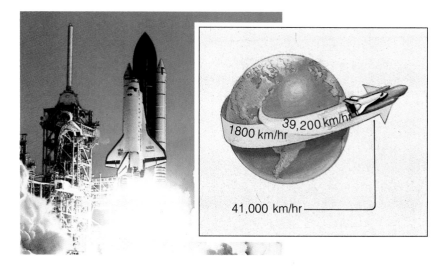

1800 km/hr   39,200 km/hr

41,000 km/hr

ACTIVITY

READING

Just Floating Away

Sometimes you may wish that a gust of wind or a swoosh of water could carry you off on a wonderful adventure. Tom Sawyer got such an adventure courtesy of the motion of the Mississippi River. Read Mark Twain's *The Adventures of Tom Sawyer* and join him in his escapades.

downstream, you are going in the same direction as the river. The two velocities combine. So you are moving at 26 km/hr. Velocities that have the same direction are added together. You must use subtraction when combining velocities in opposite directions. For example, if you were rowing 16 km/hr upstream, you would be going 16 km/hr – 10 km/hr, or 6 km/hr.

This idea of combining velocities is very important, especially for launching rockets and flying planes. Space engineers launch rockets in the same direction as the Earth rotates. The speed of the Earth's rotation is about 1800 km/hr. Thus the rocket gets an added boost of 1800 km/hr to its speed.

1–2 Section Review

1. Define motion. Give an example.
2. How is the speed of an object calculated?
3. What is constant speed? How does it compare with average speed?
4. What quantity gives both the speed and the direction of an object?

Connection—*You and Your World*

5. It is 2:00 PM. The local weather bureau is tracking a violent storm that is traveling eastward at 25 km/hr. It is 75 kilometers west of Suntown, USA. If everyone works until 5:00 PM, will the residents of Suntown be able to get home safely before the storm hits?

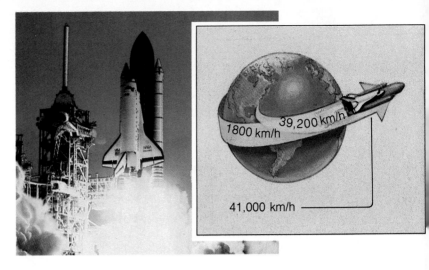

Figura 1–11 *Un cohete lanzado en la dirección en que rota la Tierra, recibe un impulso adicional. Sin él las aeronaves espaciales deberían alcanzar una rapidez mucho mayor para escapar de la atmósfera terrestre. ¿Cuál es el empuje adicional que recibe el cohete?*

remando corriente abajo, vas en la misma dirección que el río. Las dos velocidades se combinan. Así que te mueves a 26 km/h. Las velocidades que tienen la misma dirección se suman. Pero debes usar la resta cuando combinas velocidades que van en direcciones opuestas. Por ejemplo, si tú remaras a 16 km/h corriente arriba, te moverías a 16 km/h – 10 km/h, o sea a 6 km/h.

La idea de combinar las velocidades es muy importante, especialmente para lanzar cohetes espaciales y hacer volar los aviones. Los ingenieros espaciales lanzan los cohetes en la dirección de la rotación de la Tierra. La rapidez de la Tierra es de unos 1800 km/h. Así el cohete recibe un incremento de rapidez de 1800 km/h.

ACTIVIDAD

PARA LEER

Dejándose llevar por la corriente

A veces uno puede desear que un golpe de viento o una corriente de agua lo lleven lejos, hacia una aventura maravillosa. Tom Sawyer vivió una de esas aventuras, gracias al Río Mississippi. Lee *The Adventures of Tom Sawyer* de Mark Twain y comparte sus emociones.

1–2 Repaso de la sección

1. Define el movimiento. Da un ejemplo.
2. ¿Cómo se calcula la rapidez de un objeto?
3. ¿Qué es la rapidez constante? ¿Cómo se compara con la rapidez media?
4. ¿Qué cantidad toma en cuenta la rapidez y la dirección de un objeto?

Conexión—*Tú y tu mundo*
5. Son las 2:00 p.m. El servicio meteorológico local vigila una fuerte tormenta que viaja en dirección este a 25 km/h. La tormenta está a 75 km al oeste de Suntown, USA. Si los residentes de Suntown trabajan hasta las 5:00 pm, ¿podrán volver a sus casas antes de que llegue la tormenta?

PROBLEM Solving

In Search of Buried Treasure

The *Sea Queen,* a majestic research ship, drops anchor in the area where a great treasure is believed to have been lost on the ocean floor. Here, however, the ocean floor is far too deep for divers to explore. So instead, the scientists on board send out a series of sound waves at different locations around the ship. Sound waves travel at 1.5 km/sec in ocean water. When a sound wave reaches the ocean bottom, it bounces back to the ship, where it is recorded. Each sound wave travels the same distance on the way up from the ocean floor as it does on the way down.

After a long day, the researchers have gathered

many pages of data describing the sound waves. Now it is time to call in an expert to interpret the information. And guess what— you are the expert! It will be your job to figure out the depth of the ocean at each point in the area surrounding the ship.

Organizing Resources and Information

1. What other measurement do you need to do this?

On board is a map of the ocean floor in that area. The map was made on the basis of measurements taken before the treasure was lost.

2. How can you use the map to find the treasure?

3. Do you think you will be able to find the lost treasure?

1-3 Changes in Velocity

Have you ever ridden on a roller coaster? You are pulled up to the top of the first hill at constant speed. But as you roll down the other side, your speed rapidly increases. At the bottom of the hill you make a sharp right turn, changing your direction once again. Then your speed rapidly decreases as you climb the second hill. On a roller-coaster ride, you experience rapid changes in velocity. Remember, velocity measures both speed and direction.

The rate of change in velocity is known as acceleration. If something is accelerating, it is

Guide for Reading

Focus on these questions as you read.

▶ *What is the relationship between velocity and acceleration?*

▶ *How is acceleration calculated?*

PROBLEMA a resolver

En busca de un tesoro submarino

El majestuoso barco laboratorio *Reina del mar* echa ancla en un área del océano donde se cree que hay un gran tesoro perdido. Pero el fondo está muy profundo para que los buzos puedan explorarlo. Por eso, los científicos del barco envían una serie de ondas sónicas hacia distintos lugares cercanos. Las ondas sónicas viajan a 1,5 km/s en el agua del océano. Cuando una onda sónica llega al fondo del océano, rebota hacia el barco, donde se la registra. Cada onda de sonido recorre la misma distancia cuando va del barco al fondo del océano que cuando va del fondo del océano al barco.

Después de un largo día de trabajo, los científicos

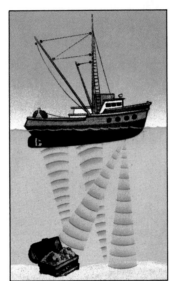

tienen muchas páginas con datos que describen las ondas sónicas. Este es el momento de llamar a un experto para que interprete la información. Pero . . . ¡tú eres el experto! Deberás deducir la profundidad del océano en cada punto del área cercana al barco.

Organizando los recursos y la información

1. ¿Qué otra medida necesitas para hacer eso? A bordo hay un mapa del fondo oceánico de esa área. El mapa se hizo con medidas tomadas antes de que se perdiera el tesoro.

2. ¿Cómo puedes usar el mapa para hallar el tesoro?

3. ¿Crees que podrás hallar el tesoro perdido?

1–3 Cambios de velocidad

¿Has andado alguna vez en una montaña rusa? Te lleva hasta la cumbre de la primera loma a velocidad constante. Pero cuando desciendes, del otro lado, aumenta mucho la rapidez. Al final de la loma haces un giro brusco a la derecha, cambiando otra vez tu dirección. Entonces tu rapidez decrece rápidamente mientras trepas la segunda loma. Cuando subes a la montaña rusa, experimentas bruscos cambios de velocidad. Recuerda que la velocidad mide tanto la rapidez como la dirección.

El ritmo de cambio de la velocidad se conoce como aceleración. Si un objeto está acelerando, ese

Figure 1–12 *Up, down, and around go the roller-coaster cars. If a car begins its final descent at 4 km/hr and zooms down the hill in 5 seconds, what other information do you need to calculate its final acceleration?*

speeding up, slowing down, or changing direction. The **acceleration** of an object is equal to its change in velocity divided by the time during which this change occurs. The change in velocity is the difference between the final velocity and the original velocity:

$$\text{Acceleration} = \frac{\text{Final Velocity} - \text{Original Velocity}}{\text{Time}}$$

Acceleration, like speed, tells you how fast something is happening—in this case, how fast velocity is changing. And like velocity, acceleration has direction. A car on an entrance ramp to a highway begins at rest and gradually increases its speed in the

Sample Problem   A roller coaster's velocity at the top of a hill is 10 meters/second. Two seconds later it reaches the bottom of the hill with a velocity of 26 meters/second. What is the acceleration of the roller coaster?

Solution

Step 1   Write the formula. $$\text{Acceleration} = \frac{\text{Final Velocity} - \text{Original Velocity}}{\text{Time}}$$

Step 2   Substitute given numbers and units. $$\text{Acceleration} = \frac{26 \text{ meters/second} - 10 \text{ meters/second}}{2 \text{ seconds}}$$

Step 3   Solve for the unknown. $$\text{Acceleration} = \frac{16 \text{ meters/second}}{2 \text{ seconds}}$$

$$\text{Acceleration} = 8 \text{ meters/second/second (m/sec/sec)}$$

Practice Problems

1. A roller coaster is moving at 25 m/sec at the bottom of a hill. Three seconds later it reaches the top of the next hill, moving at 10 m/sec. What is the deceleration of the roller coaster?

2. A car is traveling at 60 km/hr. It accelerates to 85 km/hr in 5 seconds. What is the acceleration of the car?

Figura 1-12 *Hacia arriba, abajo y los lados van los vagones de la montaña rusa. Si un vagón comienza su descenso final a 4 km/h y llega al final de la loma en 5 segundos, ¿qué otra información necesitas para calcular su aceleración final?*

objeto está aumentando su rapidez, disminuyéndola, o cambiando dirección. La **aceleración** de un objeto es igual a su cambio de velocidad dividido por el tiempo en el cual el cambio ocurre. El cambio de velocidad es la diferencia entre velocidad final y velocidad original.

$$\text{Aceleración} = \frac{\text{Velocidad final} - \text{Velocidad original}}{\text{Tiempo}}$$

La aceleración, como la rapidez, te indica cuán rápido ocurre algo—en este caso, cuán rápido cambia la velocidad. Y, como la velocidad, la aceleración tiene dirección. Un automóvil en la rampa de entrada a una carretera comienza de cero y aumenta

Problema modelo	La velocidad del vagón de una montaña rusa en la cima de una loma es de 10 metros/segundo. Dos segundos más tarde, llega al fondo de la loma con una velocidad de 26 m/s. ¿Cuál es la aceleración del vagón de la montaña rusa?

Solución

Paso 1	Escribe la fórmula.	$\text{Aceleración} = \dfrac{\text{Velocidad final} - \text{Velocidad original}}{\text{Tiempo}}$
Paso 2	Substituye los números y unidades.	$\text{Aceleración} = \dfrac{26 \text{ m/s} - 10 \text{ m/s}}{2 \text{ segundos}}$
Paso 3	Resuelve la incógnita.	$\text{Aceleración} = \dfrac{16 \text{ metros/segundo}}{2 \text{ segundos}}$
		$\text{Aceleración} = 8 \text{ metros/segundo/segundo (m/s/s)}$

Problemas para practicar

1. Un vagón de la montaña rusa se mueve a 25 m/s en la base de una loma. Tres segundos más tarde llega a la cima de la próxima loma, a 10 m/s. ¿Cuál es su deceleración?
2. Un automóvil se desplaza a 60 km/h. En 5 segundos acelera a 85 km/h. ¿Cuál es la aceleración del automóvil?

direction of the highway. The car is accelerating in the direction of the highway.

You can determine the unit of acceleration by looking at the formula. The change in velocity is measured in kilometers per hour or meters per second. Time is measured in hours or seconds. So acceleration is measured in kilometers per hour per hour (km/hr/hr) or meters per second per second (m/sec/sec). This means that if an object is accelerating at 5 m/sec/sec, each second its velocity increases by 5 m/sec. The speed of the object is 5 m/sec greater each second.

If there is a decrease in velocity, the value of acceleration is negative. Negative acceleration is called deceleration. When a roller coaster climbs a hill, it decelerates because it is slowing down. Can you think of another example of deceleration?

The data table in Figure 1–13 is a record of a professional drag-strip race. The driver had traveled a distance of 5 meters after the first second. The

Time (sec)	Distance (m)
0	0
1	5
2	20
3	45
4	80
5	125
6	180
7	245
8	320
9	405

Figure 1–13 *The data from a professional drag race are shown on the left. A distance–time graph of the racer's motion is shown on the right. What is the acceleration of the race car?*

gradualmente su rapidez en la dirección de a la carretera. El automóvil esta acelerando en esa dirección.

Si observas la fórmula puedes determinar la unidad de aceleración. El cambio de velocidad se mide en kilómetros por hora o en metros por segundo. El tiempo se mide en horas o segundos. Por eso, la aceleración se mide en kilómetros por hora por hora (km/h/h) o en metros por segundo por segundo (m/s/s). Esto significa que si un objeto acelera su velocidad a 5 m/s, cada segundo aumenta en 5 m/s. Su rapidez aumenta cada segundo en 5 m/s.

Si la velocidad decrece, el valor de la aceleración es negativo. La aceleración negativa se llama deceleración. Cuando el vagón de la montaña rusa sube una loma, se produce una deceleración. ¿Puedes pensar en otro ejemplo de deceleración?

La tabla de datos de la figura 1–13 es el registro de una carrera de "drag" (donde se compara la aceleración) El corredor anduvo una distancia de 5 metros en el primer segundo. La distancia recorrida

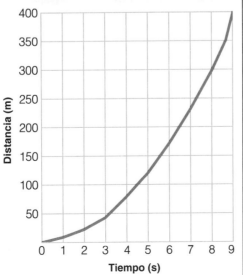

Tiempo (s)	Distancia (m)
0	0
1	5
2	20
3	45
4	80
5	125
6	180
7	245
8	320
9	405

Figura 1–13 *Los datos de una carrera "drag" profesional se muestran a la izquierda. Un gráfico de distancia/tiempo muestra el movimiento a la derecha. ¿Cuál es la aceleración del automóvil de carrera?*

Figure 1–14 *Although these photos may make you dizzy, they each illustrate important properties of circular motion. Why are both the gymnast and a passenger on the Ferris wheel experiencing acceleration?*

distance covered in the next second was 15 meters (20 m – 5 m). By the end of four seconds, the driver had traveled 80 meters. Figure 1–13 on page 23 also shows a distance–time graph of the racing car's motion. The graph is a curve rather than a straight line. A distance–time graph for acceleration is always a curve. How far did the driver travel in the first five seconds of the race? In the last five seconds?

Circular Motion

Acceleration and deceleration are easy to recognize when the motion is in a straight line. After all, motion in a straight line does not involve a change in direction. It involves only a change in speed. And it is rather easy to recognize an object speeding up or slowing down. When the path of motion is curved, however, the results can be surprising. To understand why, you must remember that acceleration is a change in velocity. And velocity expresses direction as well as speed. In circular motion, the velocity is continuously changing because direction is continuously changing. An object in circular motion is accelerating even though its speed may be constant.

You experience circular motion in many common activities. When you ride a Ferris wheel, pedal a bike on a curved track, or travel in a car turning a corner, you are constantly changing direction. So you are accelerating. In fact, because the Earth is continuously rotating, you are constantly accelerating—even when you are fast asleep!

Figura 1–14 *A pesar de que estas fotos pueden marearte, ambas ilustran importantes propiedades del movimiento circular. ¿Por qué tanto la gimnasta como el pasajero de la rueda mágica experimentan la aceleración?*

en el segundo siguiente fue 15 metros (20 m - 5 m). Después de cuatro segundos, el corredor había recorrido 80 metros. En la figura 1–13 de la página 23 se ve una gráfica curva de distancia/tiempo del movimiento del automóvil . Una gráfica de distancia/tiempo de aceleración es siempre una curva. ¿Hasta dónde llegó el corredor en los primeros cinco segundos de la carrera? ¿Y en los últimos?

El movimiento circular

Es fácil reconocer la aceleración y la deceleración cuando el movimiento es en línea recta. Después de todo, el movimiento en línea recta no puede implicar un cambio de dirección, lo que implica sólo un cambio de rapidez. Y es fácil reconocer un objeto cuya rapidez aumenta o disminuye. Pero cuando el recorrido es curvo los resultados pueden ser sorprendentes. Para comprender por qué, recuerda que la aceleración es un cambio de velocidad. Y que la velocidad expresa dirección, no sólo rapidez. En el movimiento circular, la velocidad cambia continuamente porque la dirección cambia continuamente. Un objeto que se mueve de manera circular acelera aún cuando su rapidez sea constante.

Tú experimentas el movimiento circular en muchas actividades. Cuando montas en una rueda mágica, andas en bicicleta en una pista curva, o das vuelta a una esquina en carro, cambias constantemente de dirección. Y, así, aceleras. En realidad, debido a que la Tierra gira continuamente, tu aceleras constantemente, ¡incluso cuando duermes!

1-3 Section Review

1. What is acceleration?
2. What is another name for negative acceleration?
3. Why does an object traveling in a circular path at constant speed accelerate?
4. A car at a stoplight has a velocity of 0 km/hr. Three seconds after the light turns green, the car has a velocity of 30 km/hr. What is the acceleration of the car?

Critical Thinking—*Making Calculations*
5. Despite his mother's warnings, Timothy was playing ball in the house when his ball bounced out the window. A freely falling body accelerates at about 10 m/sec/sec. What is the velocity of Timothy's ball after 2 seconds? *Hint:* What is its original downward velocity?

Figure 1–15 *Powering the spinning wheel with her foot, this woman takes advantage of circular motion. Can you think of other devices that use circular motion?*

1–4 Momentum

The 100-kg fullback runs up the middle of the football field. Suddenly he collides with a 75-kg defensive back running toward him. The more massive fullback is thrown back two meters! How can a 75-kg defensive back stop a 100-kg fullback?

The answer is that the defensive back has more **momentum.** All moving objects have momentum. And the more momentum an object has, the harder it is to stop. **Momentum depends on the mass of the object and the velocity with which it is traveling.** If either of these measurements is large, the object will have a large momentum.

Momentum is equal to the mass of an object multiplied by its velocity:

$$\textbf{Momentum} = \textbf{Mass} \times \textbf{Velocity}$$

Although he has less mass, the defensive back has more momentum because he is moving faster than the fullback. His greater velocity makes up for his smaller mass. If both players had the same velocity,

Guide for Reading

Focus on these questions as you read.
▶ *How is momentum related to velocity and mass?*
▶ *What does it mean that momentum is conserved?*

1–3 Repaso de la sección

1. ¿Qué es la aceleración?
2. ¿Qué otro nombre tiene la aceleración negativa?
3. ¿Por qué acelera un objeto que hace un recorrido circular con una rapidez constante?
4. Un automóvil parado en la luz tiene una velocidad de 0 km/h. Tres segundos después que la luz se pone verde, el automóvil alcanza una velocidad de 30 km/h ¿Cuál es su aceleración?

Pensamiento crítico—*Haciendo cálculos*

5. A pesar de las advertencias de su madre, Timothy jugaba a la pelota dentro de su casa cuando la pelota cayó por la ventana. Un cuerpo que cae libremente acelera a razón de unos 10 m/s/s. ¿Cuál es la velocidad de la pelota después de 2 segundos? *Pista:* ¿Cuál es su velocidad original de caída?

Figura 1–15 *Al activar el telar con el pie, esta mujer saca provecho del movimiento circular. ¿Puedes pensar en otros mecanismos que usen el movimiento circular?*

1–4 Momento

Un jugador de béisbol de 100 kg corre por el medio del campo de juego. De pronto choca con otro jugador, de sólo 75 kg de peso. ¡El jugador más pesado cae 2 metros hacia atrás! ¿Cómo puede un jugador de 75 kg de peso detener a uno de 100 kg?

La respuesta es que el jugador de 75 kg tiene más **momento**. Todos los objetos en movimiento tienen momento. Cuánto más momento tiene un objeto, más difícil es detenerlo. **El momento depende de la masa del objeto y la velocidad con que se mueve.** Si cualquiera de estas medidas es grande, el objeto tendrá gran momento.

El momento es igual a la masa de un objeto multiplicada por su velocidad:

$$\text{Momento} = \text{Masa} \times \text{Velocidad}$$

A pesar de que tiene menos masa, el jugador de 75 kg tiene más momento porque se mueve más rápido que el otro. Su mayor velocidad compensa su menor masa. Si los dos se movieran a igual velocidad,

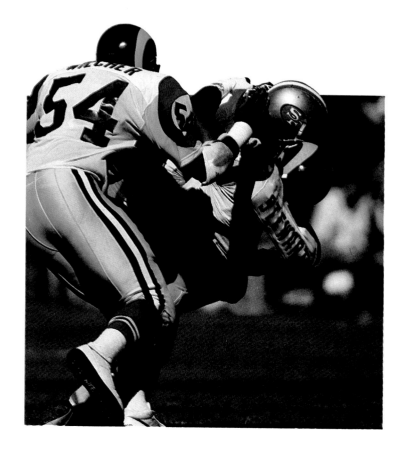

Figure 1–16 *It has been said that football is a game of momentum. What must be true of the smaller player's velocity if his momentum is enough to stop the larger player?*

who would have more momentum? You can determine the unit of momentum by looking at the formula. Mass is often measured in kilograms and velocity in meters per second. So the unit of momentum is usually kilogram-meters per second (kg-m/sec). And momentum is in the same direction as the velocity of the object.

A train has a large momentum because of its mass. That is probably obvious to you. But what do you think about the momentum of a bullet fired from a rifle? Do you think it is small? Do not be fooled by the small mass of a bullet. Bullets are fired at extremely high velocities. A bullet has a large momentum because of its velocity. What is the momentum of a bullet before it is fired from a rifle?

Why do you think it is harder to stop a car moving at 100 km/hr than it is to stop the same car moving at 25 km/hr? You are right if you said the car moving at 100 km/hr has more momentum. A car having greater momentum requires a longer distance in which to stop. The stopping distance of a car is directly related to its momentum. People who design roadways must take this into account when determining safe stopping distances and speed limits.

Figura 1–16 *Se ha dicho que el fútbol es un juego de momento. ¿Qué se puede afirmar de la velocidad del jugador más pequeño si su momento basta para detener al jugador más grande?*

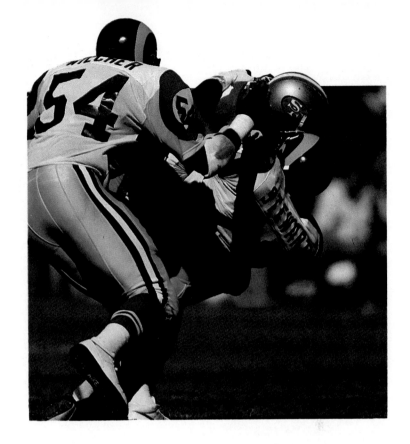

CARRERAS

Controlador(a) de tráfico aéreo

Un manto de niebla cubre el aeropuerto. El piloto del jet no puede ver la pista. Debe confiar en las órdenes que recibe, por radio, del **controlador(a) de tráfico aéreo,** que ve el avión sólo como un punto que se mueve en la pantalla de radar.

Los controladores de tráfico aéreo dirigen los aviones desde el despegue hasta el aterrizaje. Informan también a los pilotos de cualquier factor que pueda afectarlos, como condiciones del tiempo y el terreno. Para ser controlador(a) aéreo debes pasar un examen del servicio federal civil y exámenes físicos y sicológicos. Un título universitario es generalmente necesario

Para más información escribe a US Government Printing Office, Library and Statutory, Distribution Service, 5208, Eisenhower Avenue, Alexandria, VA 22304.

quién tendría más momento? Tú puedes determinar la unidad de momento mirando la fórmula. La masa se mide generalmente en kilogramos y la velocidad en metros por segundo. La unidad de momento es usualmente kilogramos–metros por segundo (kg-m/s). Y el momento está en la misma dirección que la velocidad del objeto.

Un tren tiene mucho momento debido a su masa. Esto tal vez sea obvio, pero, ¿Y el momento de una bala disparada por un rifle? ¿Crees que es poco? No te engañes por que la masa de la bala sea pequeña. Una bala tiene mucho momento por su velocidad. ¿Qué momento tiene una bala antes de que el rifle la dispare?

¿Por qué crees que es más difícil detener un automóvil cuando va a 100 km/h que cuando va a 25 km/h? Es porque el automóvil que se mueve a 100 km/h tiene más momento y requiere una distancia mayor para detenerse. La distancia necesaria se relaciona directamente con el momento. Los diseñadores de señales de caminos deben tomar esto en cuenta para determinar límites de rapidez y distancias seguras para frenar.

Conservation of Momentum

If you have ever played billiards, you may know about an important property of momentum. If you send a moving ball into a stationary ball, you can cause the stationary ball to move and the moving ball to become stationary. This is because the momentum of the moving object is transferred to the stationary object when the two objects collide. None of the momentum is lost. **The total momentum of any group of objects remains the same unless outside forces act on the objects.** This is what we mean when we say that momentum is conserved. One object may lose momentum, but the momentum lost by this object is gained by another. Momentum is always conserved.

Now suppose that you send two moving billiard balls into each other. After they hit, both balls are still moving. This means that neither ball transferred all of its momentum to the other. But as you just learned, momentum is conserved. So the total momentum of the billiard balls before they hit and after they hit must be the same. Although their

Figure 1–17 *Although the King of Diamonds may not appreciate the importance of momentum, the bullet is able to cut right through the card because of this physical phenomenon. Similarly, the momentum of the bowling ball enables it to knock the pins down. Why must the engines of supertankers be shut off several kilometers before they need to stop?*

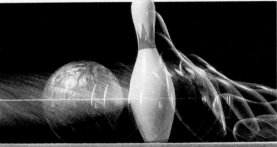

La conservación del momento

Si alguna vez jugaste al billar, debes conocer una importante propiedad del momento. Si mandas una bola en movimiento contra una bola inmóvil, puedes hacer que la bola inmóvil se mueva y que la que se está moviendo quede quieta. Esto ocurre porque el momento del objeto que se mueve se transfiere al objeto inmóvil cuando ambos objetos chocan. El momento no se pierde. **El momento total de un grupo de objetos no varía a menos que fuerzas exteriores actúen sobre los objetos.** Esto es lo queremos decir cuando hablamos de "conservar el momento." Puede ser que un objeto pierda momento, pero otro ganará el momento perdido por el primero. El momento se conserva siempre.

Supón ahora que mandes dos bolas de billar para que choquen. Después del choque, las dos bolas se siquen moviendo: ninguna de ellas transfirió todo su momento a la otra. Pero como acabas de aprender, el momento se conserva. Así que el momento total de las bolas antes y después de chocar tiene que ser el mismo. Aunque los momentos individuales pueden

Figura 1–17 *A pesar de que el rey de diamantes puede no apreciar la importancia del momento, la bala atraviesa la baraja debido a este fenómeno físico. Del mismo modo, el momento de una bola de boliche le permite voltear los bolos. ¿Por qué se deben apagar las máquinas de los grandes buques tanque varios kilómetros antes de que lleguen a su destino?*

Figure 1–18 *Like a long jumper who uses her momentum to carry her a great distance, an agile frog also takes advantage of momentum. Why do long jumpers run before jumping?*

ACTIVITY

THINKING

Momentum

Place the following objects in the correct order from the lowest to the highest momentum. Assume that all of the objects are moving at their maximum velocity.

freight train   mosquito
bullet   automobile
Space Shuttle

individual momentums may change, because of either a change in speed or mass, the total momentum does not change. For example, if one ball speeds up after they hit, the other must slow down.

There are many common examples of conservation of momentum. The momentum of a baseball bat is transferred to the ball when the bat and the ball meet. The more momentum the bat has, the more momentum is transferred to the ball. The act of throwing an object off a boat causes the boat to move in the opposite direction. The more massive the object and the faster it is thrown, the faster the boat will move away. Why do you think a pitcher winds up before throwing the baseball? In each of these situations, the total momentum is conserved.

1–4 Section Review

1. What is momentum?
2. How is momentum conserved?
3. What is the momentum of an 0.30 kg bluejay flying at 17 m/sec?
4. Which object has more momentum: a car traveling at 10 km/hr or a baseball pitched at 150 km/hr? Explain your answer.

Critical Thinking—*Making Inferences*
5. When a person jumps from a tree to the ground, what happens to the momentum of the person upon landing on the ground?

Figura 1–18 *Como la atleta que usa su momento para saltar a una gran distancia, la ágil rana también saca ventaja de su momento. ¿Por qué los que practican salto largo corren antes de saltar?*

cambiar, debido a cambios en la rapidez o en la masa, el momento total no cambia. Por ejemplo, si una bola gana rapidez después del choque, la otra debe perderla.

Hay muchos ejemplos comunes de conservación del momento. El momento de un bate de béisbol se transfiere a la pelota cuando ambos chocan. Cuanto más momento tenga el bate, más momento se transfiere a la pelota. Si arrojamos un objeto desde un bote, el bote se mueve en dirección opuesta. Cuanto más masa tenga el objeto y más rápido se lance, con más rapidez se moverá el bote en sentido contrario. ¿Por qué crees que un lanzador toma impulso antes de arrojar la pelota de béisbol? En todas las situaciones que acabamos de mencionar se conserva el momento total.

ACTIVIDAD

PARA PENSAR

Momento

Ordena los siguientes objetos de menor a mayor momento. Piensa que todos los objetos se están moviendo a su velocidad máxima.

tren de carga   mosquito
bala   automóvil
trasbordador
  espacial

1–4 Repaso de la sección

1. ¿Qué es el momento?
2. ¿Cómo se conserva el momento?
3. ¿Cuál es el momento de un pájaro de 0.30 kg de peso que vuela a 17 m/s?
4. ¿Qué objeto tiene más momento, un automóvil que viaja a 10 km/h o una pelota de béisbol lanzada a 150 km/h? Explica tu respuesta.

Pensamiento crítico—*Hacer deducciones*
5. Qué pasa con el momento de una persona, cuando cae al saltar de un árbol al suelo?

CONNECTIONS

In a Flash

Think about some of the photographs you or your family have taken. Most likely, they are of events or people who are not moving—a snowcapped mountain, a famous statue, some friends posing. But have you ever tried to photograph things that are in motion—perhaps friends who moved just as you pushed the button on your camera? If so, you know that the photograph comes out blurry. So you might wonder how cameras can photograph moving objects—particularly those that move too quickly even for the human eye to see.

Cameras depend on light. When light bounces off an object it will form a picture on a material that is sensitive to light. That material is film. This picture can then be chemically processed into a photograph. A device on a camera called a shutter controls the length of time that the film is exposed to light. If the subject moves at any time while the film is exposed to light, the movement will be recorded as a blur.

By decreasing the length of time the shutter is open to only fractions of a second, photographers are able to take sharp pictures of moving subjects. Remember that motion involves a change in position during a certain amount of time. When the speed with which the shutter opens and closes is increased, the time segment studied becomes so small that the change in position is too small to be recorded as a blur. The camera actually catches a tiny segment of motion.

At a setting of 1/1000 of a second, the shutter is open for such a short time that the motion of a race car appears to be "stopped." To freeze the beating of an insect's wings needs an even shorter exposure. Even at 1/1000 of a second, the wings are a blur. To record this type of motion, high-speed cameras capable of exposures 10 or 20 times shorter have been developed.

Photography has become a universal means of communication and a valuable tool in many fields. Photographs made at high speeds are very important in science and technology. This is because they record a phase of a fast event or photograph a rapid sequence of events that can be slowed down for study. The ability to photograph moving subjects has opened up a whole new world of study and has shed light on important aspects of the physical world. Some wonderful contributions to science have been made by creative and ambitious shutterbugs.

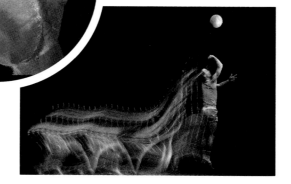

CONEXIONES

En un instante

Piensa en algunas de las fotos instantáneas que haz tomado. Es muy posible que sean de personas u objetos inmóviles—una montaña cubierta de nieve, una estatua, algunos amigos posando. Pero ¿has fotografiado alguna vez cosas en movimiento—tal vez amigos que se movieron cuando tú apretabas el botón? Si lo has hecho, sabes que las fotos salen borrosas. Te preguntas entonces cómo se pueden fotografiar objetos que se mueven—especialmente los que lo hacen con más rapidez de la que puede percibir el ojo humano.

Las *cámaras* dependen de la luz. Cuando la luz rebota en un objeto, forma una imagen en un material que es sensible a la luz. Ese material es el film. La imagen puede después procesarse químicamente, lográndose una fotografía. Un mecanismo de la cámara llamado obturador controla el tiempo que el film permanece expuesto a la luz. Si el objeto se mueve mientras el film está expuesto a la luz, el movimiento se registrará como un borrón.

Reduciendo el tiempo que el obturador está abierto a sólo unas fracciones de segundo, los fotógrafos pueden tomar fotos bien definidas de algo que se mueve. Recuerda que el movimiento implica un cambio de posición durante cierto período de tiempo. Si aumenta la rapidez con que se abre y cierra el obturador, el segmento de tiempo estudiado se vuelve tan pequeño que el cambio de posición es muy pequeño para que se registre un borrón. La cámara en realidad captura un segmento mínimo de movimiento.

Si está programado para una exposición de 1/1000 de segundo, el obturador permanece abierto durante tan poco tiempo que el movimiento de un carro veloz parece "detenido". Para detectar el batir de alas de un insecto se precisa una exposición aún menor. Incluso a 1/1000 de segundo, las alas parecerán un borrón. Para registrar este tipo de movimiento, se diseñaron cámaras de gran rapidez con exposiciones 10 ó 20 veces más breves.

La *fotografía* es ya un medio de comunicación universal y una herramienta valiosa en muchos campos. Las fotos hechas con gran rapidez son muy importantes en la ciencia y la tecnología ya que pueden registrar una fase rápida de un hecho o una secuencia rápida de hechos que luego pueden estudiarse en reposo. La posibilidad de fotografiar objetos en movimiento abrió un nuevo mundo de estudios e iluminó importantes aspectos del mundo físico. Fotógrafos creativos y ambiciosos han realizado extraordinarias contribuciones a las ciencias.

Laboratory Investigation

Measuring Constant Speed

Problem

What is the shape of a distance–time graph of constant speed?

Materials (per student)

pencil
graph paper
metric ruler

Procedure

1. The illustration on this page represents a series of flash shots taken of a dry-ice puck sliding across the floor. The time between each flash is 0.1 second. Study the illustration carefully.

2. Copy the sample data table on a piece of graph paper.

3. Position the 0-cm mark of the metric ruler on the front edge of the first puck. This position will represent distance 0.0 cm at time 0.0 second. Record these data in your data table.

4. Without moving the ruler, determine the distance of each puck from the first one.

5. Record each distance to the nearest 0.1 cm in your data table.

Observations

Time (sec)	Distance (cm)
0.0	0.0
0.1	
0.2	
0.3	
0.4	
0.5	
0.6	

Make a distance–time graph using the data in your table. Plot the distance on the vertical, or Y, axis and the time on the horizontal, or X, axis.

Analysis and Conclusions

1. What is the shape of the graph?
2. Is the speed constant? Explain your answer.
3. Calculate the average speed.
4. How will the graph change as time goes on?
5. **On Your Own** Suppose you are ice skating around a rink at a constant speed. Then you get tired so you stop moving your feet and glide along the ice. How would your distance–time graph look?

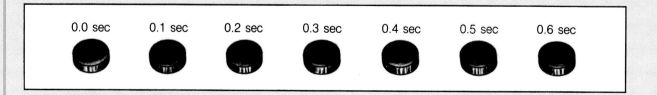

| 0.0 sec | 0.1 sec | 0.2 sec | 0.3 sec | 0.4 sec | 0.5 sec | 0.6 sec |

Investigación de laboratorio

Midiendo la rapidez constante

Problema

¿Cuál es la forma de una gráfica de distancia?

Materiales *(por estudiante)*

lápiz
papel cuadriculado
regla métrica

Procedimiento

1. La ilustración de esta página muestra una serie de instantáneas de un disco de goma que se deslizaba sobre el piso. El tiempo entre fotos es de 0.1 segundos. Estudia con cuidado la ilustración.

2. Copia la tabla de datos en un papel cuadriculado.

3. Pon el cero de la regla métrica en el borde izquierdo del primer disco. Esta posición representará la distancia 0 cm y el tiempo 0 segundos. Anota estos datos en tu tabla.

4. Sin mover la regla determina la distancia de cada disco respecto al primero.

5. Registra cada distancia (redondeando al milímetro más cercano) en tu tabla de datos.

Observaciones

Tiempo	Distancia (cm)
0.0	0.0
0.1	
0.2	
0.3	
0.4	
0.5	
0.6	

Haz una gráfica de distancia/tiempo usando los datos de tu tabla. Indica la distancia en el eje vertical, o Y, y el tiempo en el eje horizontal, o X.

Análisis y conclusiones

1. ¿Cuál es la forma de la gráfica?

2. ¿Es la rapidez constante? Explica tu respuesta.

3. Calcula la rapidez media.

4. ¿Cómo cambiará la gráfica con el tiempo?

5. **Por tu cuenta** Supón que estás patinando sobre hielo, dando vueltas a una rapidez constante. Como te cansas, dejas de mover los pies y te deslizas sobre el hielo. ¿Cómo sería tu gráfica de distancia–tiempo?

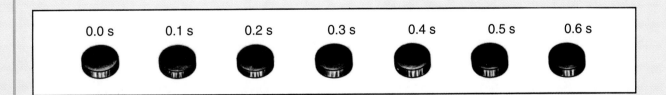

0.0 s　　0.1 s　　0.2 s　　0.3 s　　0.4 s　　0.5 s　　0.6 s

Study Guide

Summarizing Key Concepts

1–1 Frames of Reference

▲ All movement is compared with a background that is assumed to be stationary. This background is called a frame of reference.

▲ An object that is stationary in one frame of reference may be moving in another frame of reference. Any frame of reference can be chosen to describe a given movement, but the most common frame of reference is the Earth.

1–2 Measuring Motion

▲ Motion involves a change in position during a certain amount of time. The characteristics of position and time are used to measure motion.

▲ The rate at which an object moves is speed. Any object that is changing its position has speed. Speed can be determined by dividing the distance traveled by the time taken to travel that distance.

▲ Speed that does not change is called constant speed. For an object moving at constant speed, the speed at any point is the same as the average speed. For an object whose speed varies, you calculate the average speed.

▲ Speed in a given direction is velocity.

▲ Velocities that have the same direction combine by addition. Velocities that have opposite directions combine by subtraction.

1–3 Changes in Velocity

▲ Acceleration is the rate of change in velocity. It is equal to the change in velocity divided by the time it takes to make the change.

▲ An object that is accelerating is speeding up, slowing down, or changing direction.

▲ Negative acceleration is also known as deceleration.

▲ Circular motion always involves acceleration because the object's direction is constantly changing.

1–4 Momentum

▲ Momentum is equal to the mass of an object multiplied by its velocity. An object with a large momentum is very difficult to stop.

▲ The total momentum of any group of objects remains the same unless outside forces act on the objects.

Reviewing Key Terms

Define each term in a complete sentence.

1–1 Frames of Reference
frame of reference

1–2 Measuring Motion
motion
speed
velocity

1–3 Changes in Velocity
acceleration

1–4 Momentum
momentum

Guía para el estudio

Resumen de conceptos claves

1–1 Marcos de referencia

▲ Todo movimiento se compara con un fondo que se supone fijo. A este fondo se lo llama marco de referencia.

▲ Un objeto que está inmóvil en un marco de referencia dado puede estar en movimiento con respecto a otro. Para describir un movimiento puede elegirse cualquier marco de referencia. El más común es la Tierra.

1–2 Midiendo el movimiento

▲ El movimiento implica un cambio de posición en cierto período de tiempo. Las características de posición y de tiempo se usan para medir el movimiento.

▲ La rapidez es una medida del movimiento de un objeto. Cualquier objeto cuya posición cambia tiene rapidez. La rapidez puede determinarse dividiendo la distancia recorrida por el tiempo empleado en recorrer esa distancia.

▲ La rapidez que no cambia se llama rapidez constante. Para un objeto que se mueve con una rapidez constante, la rapidez en cualquier punto es la misma que la rapidez media. Cuando la rapidez de un objeto varía, se calcula la rapidez media.

▲ La velocidad es la rapidez en una dirección dada.

▲ Velocidades que van en la misma dirección se combinan sumando. Velocidades que van en direcciones opuestas se combinan restando.

1–3 Cambios de velocidad

▲ La aceleración es la medida del cambio la velocidad. Es igual al cambio de velocidad dividido por el tiempo que lleva hacerlo.

▲ Un objeto que acelera aumenta su rapidez, disminuye su rapidez, o cambia de dirección.

▲ La aceleración negativa se conoce también como deceleración.

▲ El movimiento circular implica siempre aceleración, porque la direccion del objeto cambia constantemente.

1–4 Momento

▲ El momento es igual a la masa de un objeto multiplicada por su velocidad. Un objeto con mucho momento es muy difícil de detener.

▲ El momento total de un grupo de objetos es el mismo, a menos que fuerzas exteriores actúen sobre dichos objetos.

Repaso de palabras claves

Define cada palabra o palabras con una oración completa.

1–1 Marcos de referencia
marco de referencia

1–2 Midiendo el movimiento
movimiento
rapidez
velocidad

1–3 Cambios de velocidad
aceleración

1–4 Momento
momento

Chapter Review

Content Review

Multiple Choice

Choose the letter of the answer that best completes each statement.

1. All movement is compared with a
   a. car.
   b. frame of reference.
   c. tree.
   d. train.
2. The most commonly used frame of reference is the
   a. sun.
   b. Earth.
   c. moon.
   d. ocean.
3. A change in position relative to a frame of reference is
   a. motion.
   b. momentum.
   c. acceleration.
   d. direction.
4. The rate at which an object changes position is called
   a. distance.
   b. acceleration.
   c. speed.
   d. momentum.
5. Velocity is speed and
   a. motion.
   b. mass.
   c. distance.
   d. direction.
6. If a motorboat travels 25 km/hr down a river whose velocity is 4 km/hr, what is the boat's actual velocity?
   a. 21 km/hr
   b. 29 km/hr
   c. 100 km/hr
   d. 6.2 km/hr
7. The rate of change of velocity is called
   a. speed.
   b. motion.
   c. momentum.
   d. acceleration.
8. A distance-time graph is a straight line for
   a. constant speed.
   b. acceleration.
   c. momentum.
   d. average speed.
9. An object traveling in circular motion is constantly changing
   a. speed.
   b. mass.
   c. distance.
   d. direction.
10. Momentum is mass times
    a. acceleration.
    b. velocity.
    c. motion.
    d. distance.

True or False

If the statement is true, write "true." If it is false, change the underlined word or words to make the statement true.

1. Motion must be measured relative to a frame of reference.
2. A change in position of an object is called momentum.
3. The measurement of how fast or slow something is traveling is speed.
4. An object whose speed does not change is traveling at constant speed.
5. The quantity that gives speed and direction is momentum.
6. Velocities in opposite directions combine by subtraction.
7. Acceleration is a change in speed or direction.
8. The measurement of how hard it is to stop an object (mass times velocity) is acceleration.

Concept Mapping

Complete the following concept map for Section 1–2. Refer to pages S6–S7 to construct a concept map for the entire chapter.

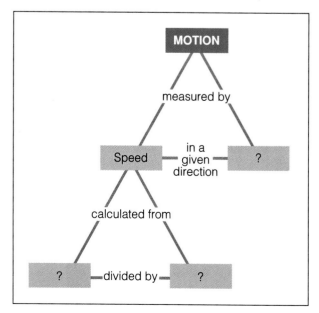

Repaso del capítulo

Repaso del contenido

Selección múltiple

Selecciona la letra de la respuesta que complete mejor cada frase.

1. Todo movimiento se compara con un
a. carro.   c. árbol.
b marco de
referencia.   d. tren.

2. El marco de referencia más usado es
a. el sol.   c. la luna.
b. la Tierra.   d. el océano.

3. Un cambio de posición relativo a un
marco de referencia es
a. el movimiento.   c. la aceleración.
b. el momento.   d. la dirección.

4. La medida de cambio de posición de un
objeto se llama
a. distancia.   c. rapidez.
b. aceleración. d. momento.

5. La velocidad es rapidez y
a. movimiento. c. distancia.
b. masa.   d. dirección.

6. Si un bote a motor viaja a 25 km/h río
abajo y la rapidez del río es 4 km/h, ¿cuál
es la velocidad real del bote?
a. 21 km/h   c. 100 km/h
b. 29 km/h   d. 6.2 km/h

7. La medida del cambio de velocidad se llama
a. rapidez.   c. momento.
b. movimiento. d. aceleración.

8. Una gráfica de distancia/tiempo es una
línea recta para
a. la rapidez.   c. el momento.
   constante   d. la rapidez media.
b. la aceleración.

9. Un objeto que realiza un movimiento
circular cambia constantemente de
a. velocidad.   c. distancia.
b. masa.   d. dirección.

10. Momento es igual a masa por
a. aceleración. c. movimiento
b. velocidad.   d. distancia.

Verdadero o falso

*Si la afirmación es verdadera, escribe
"verdad." Si es falsa, cambia las palabras
subrayadas para que sea verdadera.*

1. El movimiento debe medirse en relación
con un <u>marco de referencia</u>.

2. Un cambio en la posición de un objeto se
llama <u>momento</u>.

3. La <u>rapidez</u> es la medida de lo rápido o
lento que es el movimiento de un objeto.

4. Un objeto cuya rapidez no cambia se
desplaza con una rapidez <u>constante</u>.

5. <u>Momento</u> es la cantidad que indica la rapidez y la dirección.

6. Las velocidades en direcciones opuestas
se combinan por medio de <u>la resta</u>.

7. La aceleración es un cambio de la
rapidez o de la <u>dirección</u>.

8. La medida de lo difícil que es detener un
objeto (masa multiplicada por velocidad)
es <u>la aceleración</u>.

Mapa de conceptos

*Completa el mapa de conceptos siguiente para la
sección 1–2. Para hacer un mapa de conceptos
de todo el capítulo, consulta las páginas S6–S7.*

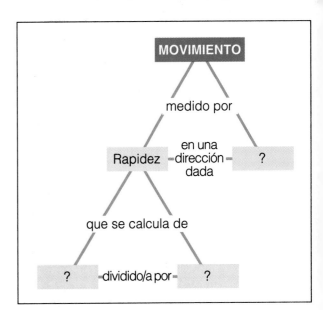

Concept Mastery

Discuss each of the following in a brief paragraph.

1. A car is traveling along the road at a moderate speed. One person describes the velocity of the car as 30 km/hr forward. Another person describes the car as moving 20 km/hr in reverse. Explain how both observers can be correct.

2. You are flying in an airplane whose speed is programmed to be 400 km/hr. However, the airplane is really traveling at 460 km/hr. Explain how this can be true.

3. Explain why you are being accelerated on a Ferris wheel moving at constant speed.

Critical Thinking and Problem Solving

Use the skills you have developed in this chapter to answer each of the following.

1. Making calculations Complete the following problems:
a. What is the average speed of a jet plane that flies 7200 km in 9 hours?
b. The speed of a cruise ship is 50 km/hr. How far will the ship travel in 14 hours?
c. A car accelerates from 0 km/hr to 60 km/hr in 5.0 seconds. What is the car's acceleration? Watch your units!

2. Applying definitions Samantha ran 90 meters in 35 seconds to catch up with her dog. When she got to him, she played with him for 70 seconds before they walked back in 75 seconds. Did Samantha travel at constant speed? What was Samantha's average speed?

3. Applying concepts

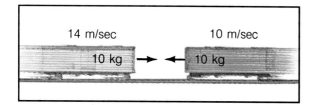

14 m/sec   10 m/sec
10 kg   10 kg

a. What is the momentum of the train car moving at 14 m/sec? Of the car moving at 10 m/sec? What is the total momentum of the system?
b. If the two cars collide and stick together, what will be the direction of their resulting motion?

4. Relating cause and effect Use the following information to explain the launch of a rocket: Hot gases that escape from a rocket have a very small mass but a high velocity. As fuel is used up, the mass of the rocket decreases.

5. Applying concepts An old legend tells the story of a stingy man who never let go of his bag of coins. One winter's day, he slipped in the snow and suddenly found himself in the middle of a frozen pond. The ice on the pond was so smooth and slippery that he could not grab on to the ice to stand up. In fact, he could not get enough traction to move on it at all. What could he do to save himself?

6. Using the writing process The distance–time graph describes your walk to the local store and back home. Write a brief story describing your walk that would correspond to the graph.

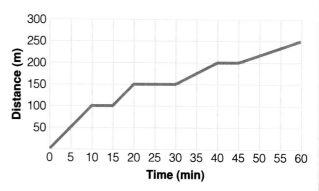

Dominio de conceptos

Comenta cada uno de los siguientes puntos en un párrafo breve.

1. Un carro se desplaza por un camino a una rapidez moderada. Una persona describe la velocidad del carro como de 30 km/h hacia adelante. Otra persona dice que el carro va a 20 km/h hacia atrás. Explica cómo pueden ambos observadores estar en lo cierto.

2. Vuelas en un avión cuya rapidez se ha programado a 400 km/h. Pero el avión realmente va a 460 km/h. Explica cómo puede esto ser cierto.

3. Explica por qué hay aceleración cuando giras con rapidez constante en una rueda mágica.

Pensamiento crítico y solución de problemas

Usa las destrezas que haz desarrollado en este capítulo para resolver lo siguiente.

1. Hacer cálculos Completa los siguientes problemas:
a. ¿Cuál es la rapidez promedio de un avión que vuela 7200 km en 9 hs?
b. La rapidez de un barco es 50 km/h. ¿Qué distancia navegará en 14 horas?
c. Un carro acelera de 0 km/h a 60 km/h en 5 segundos. ¿Cuál es su aceleración? ¡Atención a las unidades!

2. Aplicar definiciones Samanta corrió 90 metros en 35 segundos para alcanzar a su perro. Cuando lo alcanzó, jugó con él 70 segundos antes de volver, en 75 segundos. ¿Se movió con una rapidez constante? ¿Cuál fue su rapidez media?

3. Aplicar conceptos

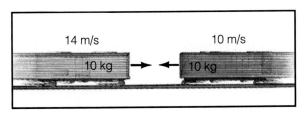

a. ¿Cuál es el momento del vagón que se mueve a 14 m/s? ¿Y del que se mueve a 10 m/s? ¿Cuál es el momento total del sistema?
b. Si los dos vagones chocan y se enganchan ¿cuál será la dirección del movimiento resultante?

4. Relacionar causa y efecto Con la siguiente información, explica el lanzamiento de un cohete: los gases calientes que salen del cohete tienen poca masa pero alta velocidad. Al usarse el combustible, la masa del cohete decrece.

5. Aplicar conceptos Una vieja leyenda nos habla de un avaro que nunca soltaba su bolsa de monedas. Un día de invierno resbaló en la nieve y fue a parar al medio de un estanque helado. El hielo era tan suave y resbaloso que no lograba aferrarse a nada para levantarse. No podía obtener bastante tracción para moverse. ¿Qué podía hacer para salvarse?

6. Usar el proceso de la escritura La gráfica de distancia–tiempo describe tu paseo de ida y vuelta a la tienda. Escribe el relato de tu paseo correspondiente a la gráfica.

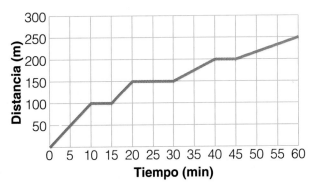

The Nature of Forces

The year was 1665. Throughout London, schools and businesses had closed. The deadly bubonic plague raged through the city, causing twenty-two-year-old Isaac Newton to return to his mother's farmhouse in Woolsthorpe.

One day, Newton observed an apple falling from a tree. He began to wonder: Why does the apple fall down to the Earth?

During the next year, Isaac Newton proved that the force that pulls an apple to the ground is the same force that helps keep the moon in orbit around the Earth. He was also able to show that this force keeps the planets in their orbits around the sun. While Newton was making this profound discovery, he was also uncovering the secrets of light and color, and inventing a branch of mathematics called calculus. Incredibly, Newton accomplished all this in just 18 months!

Isaac Newton is considered the founder of modern physics and "one of the greatest names in the history of human thought." In this chapter, you will gain an appreciation for Newton and his contribution to science as you read about his beautifully simple explanation of forces and motion.

Journal *Activity*

You and Your World   Have you ever tried to pull something that just wouldn't budge? Maybe it was a stubborn dog avoiding a bath or a heavy piece of furniture. In your journal, describe a situation in which you pulled, or tried to pull, something. Include any details that made the job more or less difficult for you. What might have made your task easier?

Isaac Newton discovered the force that keeps the moons orbiting around Saturn and also holds you on the Earth.

La naturaleza de las fuerzas

Guía para la lectura

El año era 1665. Los negocios y las escuelas habían cerrado en Londres. La mortal peste bubónica azotaba la ciudad, obligando a Isaac Newton, de veintidos años, a regresar a la granja de su madre en Woolsthorpe.

Un día Newton observó una manzana que caía de un árbol. Y se preguntó: ¿por qué cae la manzana a la Tierra?

Durante el año siguiente, Isaac Newton probó que la fuerza que atrae una manzana hacia el suelo es la misma que hace que la luna se mantenga en órbita alrededor de la Tierra. También probó que esta fuerza mantiene a los planetas en sus órbitas alrededor del sol. Mientras descubría esto, revelaba también los secretos de la luz y el color, e inventaba una rama de las matemáticas llamada cálculo. Parece increible, pero Newton ¡hizo todo esto en sólo 18 meses!

Se considera a Isaac Newton el fundador de la física moderna y "uno de los grandes nombres de la historia del pensamiento moderno." En este capítulo aprenderás a apreciar a Newton y su contribución a la ciencia, al leer cómo explicó las fuerzas y el movimiento.

Diario *Actividad*

Tú y tu mundo ¿Has tratado de arrastrar algo difícil un perro que se negaba a bañarse o un mueble pesado? Describe en tu diario una situación de ese tipo. Incluye todo lo que facilitó o dificultó tu tarea. ¿Qué hubiera hecho la tarea más fácil?

◄ *Isaac Newton descubrió la fuerza que mantiene las lunas en órbita alrededor de Saturno, y te mantiene a tí en la Tierra.*

Figure 2–1 *Quite a force is required to send a soccer ball hurtling down a field. What is the source of the force?*

2–1 What Is Force?

Do you play baseball or tennis? Have you raked a pile of leaves or shoveled snow? Have you ever hammered a nail into a piece of wood or moved a large piece of furniture? How about something as simple as riding a bicycle, lifting this textbook, or opening a door? If so, you know that there is some type of motion involved in all of these activities. But what causes a tennis ball to suddenly zoom across the court or a bicycle to skid to a halt? The answer is **force.** In each of these activities, a force is involved. You are exerting a force on an object. And although you may not know it, the object is exerting a force on you! What is force? How is it related to motion?

A force is a push or pull. The wind pushes against the flag on a flagpole. A magnet pulls iron toward it. A jet engine pushes an airplane forward. The moon pulls on the oceans, causing the daily tides. A nuclear explosion pushes nearby objects outward with tremendous force. A negatively charged particle and a positively charged particle are attracted to each other. In each of these examples, a force is involved. **A force gives energy to an object, sometimes causing it to start moving, stop moving, or change direction.** For example, if you want to open a door, you exert a force on it to cause it to move. Increasing your force will make it move faster. If you want to stop the door from opening, you also exert a force. This time the force stops the motion of the door. And if you want to change the direction in which the door is moving, you must exert a force on it.

Figure 2–2 *Powerful ocean waters smash into coastal rocks all day. If you have ever been hit by ocean waves, you know just how forceful they can be.*

Figura 2–1 *Se precisa bastante fuerza para lanzar una pelota de fútbol por la cancha. ¿Cuál es la fuente de la fuerza?*

2–1 ¿Qué es la fuerza?

¿Juegas al béisbol o al tenis? ¿Has juntado un montón de hojas o de nieve? ¿Alguna vez clavaste un clavo o cambiaste un mueble grande de lugar? ¿Has hecho algo simple como andar en bicicleta, levantar este libro, abrir una puerta? Si lo has hecho sabes que todo esto involucra algún tipo de movimiento. Pero, ¿qué hace que una pelota de tenis vuele por la cancha o que una bicicleta se detenga? La respuesta es **una fuerza**. Todas estas actividades involucran una fuerza. Tú ejerces una fuerza sobre un objeto. Y aunque no lo sepas, el objeto también ejerce una fuerza sobre tí. ¿Qué es una fuerza? ¿Cómo se relaciona con el movimiento?

Ejercer una fuerza es empujar o tirar. El viento empuja contra la bandera. Un imán tira del hierro atrayéndolo. Un motor empuja el avión a chorro hacia adelante. La luna atrae a los océanos, causando las mareas. Una explosión atómica empuja lejos los objetos cercanos con tremenda fuerza. Una partícula de carga positiva y una de carga negativa se atraen. Todos estos ejemplos involucran una fuerza. **Una fuerza da energía a un objeto, haciendo que se mueva, se detenga o cambie de dirección.** Por ejemplo, si quieres abrir una puerta, ejerces una fuerza para que se mueva. Si aumentas la fuerza, se moverá más rápido. Si quieres que la puerta no se abra, ejerces también una fuerza. Esta vez la fuerza detiene el movimiento de la puerta. Y si quieres cambiar la dirección en que la puerta se mueve, debes ejercer una fuerza sobre ella.

S ■ 36

Figura 2–2 *Las poderosas aguas del océano golpean las rocas sin cesar. Si alguna vez te golpeó una ola del océano, sabes cuánta fuerza pueden tener.*

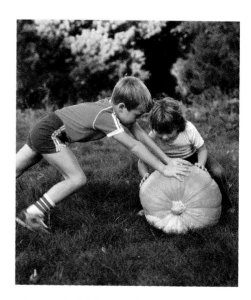

Figure 2–3 *The force exerted by a powerful pooch overcomes the opposing force of a reluctant child. Pulling a stubborn cow, however, may not be as enjoyable an adventure.*

Combining Forces

Have you noticed by now that most measurements involving motion—velocity, acceleration, and momentum, for example—include direction? Forces also act in a particular direction. Suppose you were trying to pull a wagon filled with rocks. To get the wagon to move, you would have to exert a force on the wagon and rocks. If your force was not large enough, you might ask a friend to help you. Your friend might pull with you or push from the back of the wagon. In either case, the two forces (yours and your friend's) would be exerted *in the same direction.* When two forces are acting in the same direction, they add together. The total force on the wagon would be the sum of the individual forces. When the total force on an object is in one direction, the force is called unbalanced. An unbalanced force changes the motion of an object.

If your friend pulled *in the opposite direction,* the forces would combine in a different way. When two forces act in opposite directions, they combine by subtraction. If one force was greater than the other force, the wagon would move in the direction of the greater force. And the total force on the wagon would be the difference between the individual forces. In this case, your friend would certainly not be helpful! What do you think would happen if your force and your friend's force were equal? When you subtracted one force from the other, you would be

Figure 2–4 *Moving this pumpkin is a hard job to do alone! So these two children are combining forces in the same direction. Are the children exerting a balanced or an unbalanced force?*

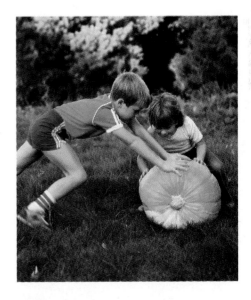

Figura 2–3 *La fuerza ejercida por un poderoso perro supera la fuerza opuesta de un niño que se resiste. Empujar a una vaca terca puede ser una aventura menos divertida.*

Combinando las fuerzas

¿Has observado que la mayoría de las medidas que se refieren al movimiento—por ejemplo: velocidad, aceleración y momento—incluyen la dirección? Las fuerzas actúan también en una dirección particular. Supón que tratas de arrastrar un vagón lleno de rocas. Para que se mueva, deberías ejercer una fuerza en el vagón y en las rocas. Si tu fuerza no bastara, le pedirías a alquien que te ayudara. Esa persona podría arrastrar contigo o empujar la parte trasera del vagón. En ambos casos las dos fuerzas (la tuya y la de tu amigo) se ejercerían *en la misma dirección.* Cuando dos fuerzas actúan en la misma dirección, se suman. La fuerza total sobre el vagón sería la suma de las fuerzas individuales. Cuando la fuerza total sobre un objeto se aplica en la misma dirección, se la llama desequilibrada. Una fuerza desequilibrada cambia la dirección de un objeto.

Si tu amigo empujara en *dirección opuesta,* las fuerzas se combinarían de diferente modo. Cuando dos fuerzas actúan en direcciones opuestas, se combinan por la resta. Si una fuerza fuera mayor que la otra, el vagón se movería en la dirección de la fuerza mayor. Y la fuerza total aplicada al vagón sería la diferencia entre las fuerzas individuales. En este caso ¡otra persona no te sería útil! ¿Qué pasaría si tu fuerza y la fuerza de la otra persona fueran iguales? Después de restar una fuerza de la otra, te

Figura 2–4 *Es difícil mover esta calabaza solo. Por eso los dos niños combinan sus fuerzas en la misma dirección. ¿Ejercen los niños una fuerza equilibrada o desequilibrada?*

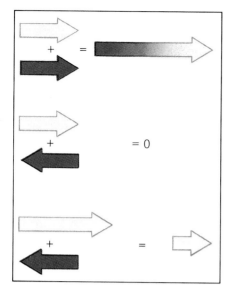

Figure 2–5 *Two forces can combine so that they add together (top), cancel each other (center), or subtract from each other (bottom).*

left with zero. This means that there would be no force acting on the object. The wagon would not move! Forces that are in opposite directions and equal in size are called balanced forces. When forces are balanced, there is no change in motion.

You should remember that in describing forces, a number value, a unit of measurement, and a direction must be given. It is helpful to think of forces as arrows. The length of the arrow shows the strength of the force. The head of the arrow points in the direction of the force. Using such arrows, you can tell what the resulting size and direction of combined forces will be.

2–1 Section Review

1. What is force?
2. How are forces related to motion?
3. What are unbalanced forces? Balanced forces?

Connection—*Life Science*
4. How is your heart able to produce a force? Why is this force vital to life?

Guide for Reading

Focus on these questions as you read.

▶ What are the effects of friction on motion?
▶ What are three types of friction?

2–2 Friction: A Force Opposing Motion

Have you ever tried to slide a piece of furniture, such as a desk, across a floor? If you have, you know that as you push, the rubbing of the desk against the floor makes it difficult to push the desk. This is because whenever two surfaces are touching, such as a desk and a floor, a force called **friction** exists. Friction is a force that acts in a direction opposite to the motion of the moving object. **Friction will cause a moving object to slow down and finally stop.**

Friction arises from the fact that objects and surfaces are not perfectly smooth. On a microscopic scale, the surfaces are rough. Jagged edges on one object rub against and get caught on jagged edges on the other object. Thus the amount of friction

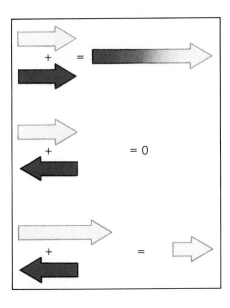

Figura 2–5 *Dos fuerzas pueden combinarse y sumarse (arriba) anularse mutuamente (centro) o restarse (abajo).*

Guía para la lectura

Piensa en estas preguntas mientras lees.

▶ *¿Cuáles son los efectos de la fricción en el movimiento?*

▶ *¿Cuáles son los tres tipos de fricción?*

quedarías con cero. Esto significa que no habría ninguna fuerza actuando sobre el objeto. ¡El vagón no se movería! La fuerzas que están en direcciones opuestas y son iguales en intensidad se llaman equilibradas. Cuando las fuerzas están equilibradas, no hay cambio en el movimiento.

Al describir las fuerzas, se les debe dar un valor numérico, una unidad de medida y una dirección. Podemos pensar en las fuerzas como flechas. El largo de la flecha muestra el poder de la fuerza. La punta de la flecha indica la dirección de la fuerza. Usando estas flechas, puedes decir cuál será el resultado en intensidad y dirección de las fuerzas combinadas.

2–1 Repaso de la sección

1. ¿Qué es una fuerza?
2. ¿Cómo se relacionan las fuerzas con el movimiento?
3. ¿Que son fuerzas equilibradas? ¿Y desequilibradas?

Conexión—*Ciencias de la vida*
4. ¿Cómo puede tu corazón producir una fuerza? ¿Por qué es indispensable para la vida?

2–2 La fricción: una fuerza opuesta al movimiento

¿Trataste alguna vez de deslizar un mueble, un escritorio, por ejemplo, sobre el piso? Si lo has hecho, sabes que al empujar, la frotación entre el escritorio y el suelo dificulta el movimiento. Esto ocurre porque siempre que dos superficies, como el escritorio y el piso, se tocan, existe una fuerza llamada **fricción**. La fricción es la fuerza que actúa en dirección opuesta al movimiento de un objeto. **La fricción hará que un objeto se mueva más despacio, y por fin se detenga.**

La fricción se debe a que los objetos y las superficies no son completamente lisas. En escala microscópica las superficies son ásperas. Los bordes dentados de una se frotan contra los de la otra. Así,

Figure 2–6 *Wheels enable roller skaters to overcome sliding friction. Yet rolling friction will cause them to slow down. How does rolling friction affect the little girls' toy?*

between two surfaces depends on how hard the surfaces are forced together and on the materials of which the surfaces are made. A heavy desk will force the surfaces together more than a light desk will. The heavier the desk you try to move, the more difficult it will be to push it across the floor. Likewise, if the floor is covered with a rough material such as carpeting, the desk will be harder to push.

The force you exert to move an object is in one direction. The force of friction is in the opposite direction. Because the two forces combine by subtraction, you must exert a force that is larger than the force of friction in order to move the object.

When solid objects slide over each other, the type of friction that results is called sliding friction. From your experience you know that sliding friction can oppose motion rather effectively. Can sliding friction be reduced? Suppose you place the object you wish to move on wheels. You can push it across the room with greater ease. You have to apply only a small amount of force because there is only a small amount of friction between the wheels and the floor. The friction produced by objects such as wheels or ball bearings is called rolling friction. Rolling friction tends to be less than sliding friction. So wheels are often placed under objects that are being moved. Just imagine how much force would have to be used if automobiles had to overcome sliding friction instead of rolling friction!

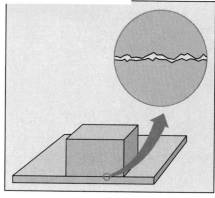

Figure 2–7 *No matter how fast a bobsled moves, it is still slowed by friction. When highly magnified, surfaces appear quite uneven and rough, making it difficult for them to slide over each other.*

Figura 2–6 *Los patinadores superan la fricción de deslizamiento gracias a las ruedas. Pero la fricción de rodamiento los hará ir más despacio ¿Cómo afecta la fricción de rodamiento el juguete de la niña?*

la cantidad de fricción entre dos superficies depende de la intensidad con la que se unan las superficies y de los materiales que las formen. Un escritorio pesado hará que las superficies se unan más que un escritorio liviano. Cuanto más pesado sea el escritorio, más difícil será moverlo por el piso. Lo mismo pasará si el piso está cubierto con un material áspero, como una alfombra.

La fuerza que ejerces para mover un objeto se aplica en una dirección. La fuerza de la fricción actúa en dirección opuesta. Como las dos fuerzas se combinan por la resta, debes ejercer una fuerza mayor que la fricción para que el objeto se mueva.

Cuando dos objetos sólidos se deslizan uno sobre el otro, el tipo de fricción que resulta se llama de deslizamiento. Por tu experiencia sabes que la fricción de deslizamiento puede oponerse efectivamente al movimiento. ¿Puede reducirse la fricción de deslizamiento? Supón que pones el objeto que vas a mover sobre ruedas. Es más fácil moverlo, y tienes que aplicar mucha menos fuerza, ya que hay mucha menos fricción entre las ruedas y el piso. La fricción producida por ruedas o rulemanes se llama fricción de rodamiento. La fricción de rodamiento tiende a ser menor que la fricción de deslizamiento. Por eso se ponen ruedas bajo los objetos para moverlos. ¡Imagínate cuánta fuerza habría que usar si los automóviles tuvieran que superar la fricción de deslizamiento y no la de rodamiento!

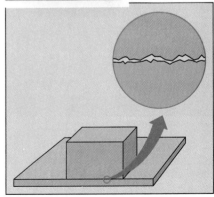

Figura 2–7 *Por más veloz que sea el trineo, la fricción lo afecta. Si se magnifican las superficies, se las ve irregulares y rugosas, por lo cual se hace difícil deslizarlas una sobre la otra.*

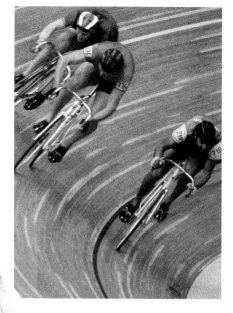

Sliding friction and rolling friction describe friction between two solid surfaces. But friction also exists when an object moves across or through a fluid. All liquids and gases are fluids. Water, oil, and air are examples of fluids. The force exerted by a fluid is called fluid friction. Air resistance is an example of fluid friction caused by the particles that make up air. Air resistance makes a falling object slow down.

Fluid friction is usually less than sliding friction. Substances called lubricants, which are "slippery" substances such as grease, change sliding friction to fluid friction, thus reducing friction. Lubricants such as oil, wax, and grease are often used in devices that have moving parts, such as engines. Why?

Friction is not always a troublesome force. Friction can often be very helpful. In fact, without friction, you would not be able to walk. The friction between the soles of your shoes and the ground keeps you from slipping and sliding around. Automobiles are able to stop because the action of the brakes increases friction between the tires and the road. Cars often skid on icy streets because the smooth surface of the ice reduces the friction between the tires and the road.

Figure 2–8 *Friction is quite often helpful. For example, gymnasts use chalk on their hands to increase friction. Cyclists rely on friction to hold their bicycles on the ground during turns. And without friction, cars and other vehicles would not be able to start or stop.*

2–2 Section Review

1. What is friction? How does it affect motion?
2. Describe three types of friction.

Critical Thinking—*Making Inferences*
3. Sand is often thrown on icy walkways to prevent people from falling. Explain how the sand is helpful.

La fricción de deslizamiento y la de rodamiento describen la fricción entre dos superficies sólidas. También hay fricción cuando un objeto se mueve a través de un fluido. Los líquidos y gases son fluidos. El agua, el aceite y el aire son ejemplos de fluidos. La fuerza ejercida por un fluido se llama fricción fluida. La resistencia del aire es un ejemplo de fricción fluida, causada por las partículas que forman el aire. La caída de un objeto es retardada por esa resistencia.

La fricción fluida es usualmente menor que la de deslizamiento. Los lubricantes son substancias "resbaladizas," como la grasa, que convierten la fricción de deslizamiento en fricción fluida, reduciendo la fricción. ¿Por qué se usan lubricantes en mecanismos que, como las máquinas, tienen partes móviles?

No siempre la fricción es una fuerza que crea problemas. Puede a menudo ser muy útil. En realidad, sin fricción no podrías caminar. La fricción entre la suela de los zapatos y el piso impide que resbales. Los carros pueden detenerse porque los frenos aumentan la fricción entre las ruedas y el camino. Los carros resbalan en las calles heladas porque la suavidad del hielo reduce la fricción entre las ruedas y el camino.

Figura 2–8 *La fricción es a menudo útil. Por ejemplo, los gimnastas usan tiza en las manos para aumentar la fricción. Debido a la fricción las bicicletas se mantienen en el suelo durante las curvas. Y sin la fricción los carros y otros vehículos no podrían arrancar ni detenerse.*

2–2 Repaso de la sección

1. ¿Qué es fricción? ¿Cómo afecta el movimiento?
2. Describe tres tipos de fricción.

Pensamiento crítico—*Haciendo deducciones*
3. A menudo se pone arena en los caminos helados para que las personas no se caigan. Explica por qué la arena es útil.

2-3 Newton's Laws of Motion

Guide for Reading

Focus on this question as you read.

▶ How are Newton's three laws related to all aspects of an object's motion?

During the years 1665 and 1666, Isaac Newton developed three laws that describe all of the states of motion—rest, constant motion, and accelerated motion. In addition, these three laws explain how forces cause all of the states of motion. The importance of Newton's laws has been recognized for hundreds of years. But the significance of his contribution was perhaps best expressed by the *Apollo* crew as they were hurtling toward the moon. They radioed a message to mission control saying: "We would like to thank the person who made this trip possible . . . Sir Isaac Newton!"

Newton's First Law of Motion

Have you ever coasted on your bike along a level street? If so, you know that you continue to move for a while even though you have stopped pedaling. But do you keep on moving forever? Your experience tells you the answer to this question is no. You finally come to a stop because you are no longer exerting a force by pedaling.

The early Greek philosophers made similar observations about objects in motion. It seemed to them that in order to set an object in motion, a force had to be exerted on the object. And if that force was removed, the object would come to rest. They logically concluded that the natural state of an object was that of rest. From your everyday experiences, you would probably agree. A ball rolled along the ground comes to rest. A book pushed along a table stops sliding. A sled gliding on the snow soon stops.

But the Greeks (and perhaps you) were wrong! What brings an object to rest is friction. If there was no friction, an object would continue to travel forever. The force exerted on an object to keep it moving is simply to overcome friction. Perhaps this idea is difficult for you to imagine. After all, friction is always present in your everyday experiences. Isaac Newton, however, recognized that if friction was not present, an object in motion would continue to

Figure 2-9 *Although they would probably enjoy it, these kids will not keep moving forever. The friction between the sled and the snow will slow their movement and eventually bring them to a stop.*

2–3 Las leyes del movimiento de Newton

Durante 1665 y 1666 Isaac Newton desarrolló tres leyes que describen todos los estados del movimiento: reposo, movimiento constante y movimiento acelerado. Las tres leyes explican además cómo las fuerzas causan los estados del movimiento. La importancia de las leyes de Newton se reconoce desde hace cientos de años. Pero la tripulación del *Apolo*, en su viaje a la luna, fue quien mejor expresó el significado de su contribución, al enviar un mensaje por radio a su base que decía: "Queremos dar las gracias a la persona que hizo este viaje posible, ¡Sir Isaac Newton!"

La primera ley del movimiento de Newton

¿Has dejado alguna vez de pedalear tu bicicleta por un camino llano? Si lo has hecho, sabes que sigues en movimiento por un tiempo. Pero, ¿por cuánto? No mucho. Finalmente te detienes, pues como has dejado de pedalear ya no ejerces una fuerza.

Los antiguos filósofos griegos hicieron observaciones similares sobre los objetos en movimiento. Les pareció que para poner un objeto en movimiento había que ejercer sobre éste una fuerza. Y que si se retiraba esa fuerza, el objeto quedaría en reposo. Sacaron la conclusión de que el estado natural de un objeto es el de reposo. Probablemente estarás de acuerdo. Una pelota que rueda por el suelo termina por detenerse. Lo mismo pasa si empujamos un libro sobre una mesa, o lanzamos un trineo sobre la nieve.

¡Pero los griegos (y tal vez tú) se equivocaban! Lo que hace que un objeto se detenga es la fricción. Si no existiera la fricción, el objeto continuaría moviéndose. La fuerza que se aplica a un objeto para que se mueva, no hace más que contrarrestar la fricción. Aunque esta idea te resulte difícil, piensa que ésta está siempre presente en tu vida diaria. Newton reconoció que si no existiera la fricción, un objeto en movimiento continuaría

Figura 2–9 *Aunque quisieran hacerlo, estos chicos no podrían seguir moviéndose para siempre. La fricción entre el trineo y la nieve reducirá su rapidez, y los hará eventualmente, detenerse.*

Figure 2–10 *More than just going for a stroll on the cold Alaskan terrain, these sled dogs are displaying important physical properties. Sled dogs join together to exert a force great enough to overcome the inertia of the sled. What would happen if the team stopped or started suddenly?*

Figure 2–11 *The pitch is hit and the batter strains as he begins his sprint to first base. A runner must exert more energy to start running from a stopped position than to continue running once he has begun. Why?*

move forever. And an object at rest would stay at rest unless it was acted upon by an unbalanced force. You would probably agree that a football lying on a field will not suddenly fly off by itself. It will move only when thrown or kicked.

Newton called this tendency of objects to remain in motion or stay at rest **inertia** (ihn-ER-shuh). Inertia is the property of matter that tends to resist any change in motion. The word inertia comes from the Latin word *iners*, which means "idle" or "lazy." Why do you think Newton used this word? The more massive an object is, the more difficult it is to change its motion. This means that the more massive an object is, the more inertia it has. Thus the inertia of an object is related to its mass.

The concept of inertia forms the basis for Newton's first law of motion. **The first law of motion states that an object at rest will remain at rest and an object in motion will remain in motion at constant velocity unless acted upon by an unbalanced force.** Remember, constant velocity means the same speed and the same direction. In order for an object to change its velocity, or accelerate, a force must act on it. Thus, Newton's first law tells us that acceleration and force are related. There is acceleration only in the presence of forces. Any time you observe acceleration, you know that there is a force at work.

You feel the effects of inertia every day. When you are riding in a car and it stops suddenly, you keep moving forward. If you did not have a safety

Figura 2–10 *Estos perros no sólo pasean por el helado suelo de Alaska sino que representan importantes propiedades físicas. Los perros de trineo se unen para ejercer una fuerza que supera la inercia del trineo. ¿Qué pasaría si comenzaran a andar o de pronto? se detuvieran*

Figura 2–11 *Después de batear la pelota el bateador hace un esfuerzo, comenzando a correr hacia la primera base. Debe usar más energía para ponerse a correr, que para seguir corriendo una vez que ha comenzado. ¿Por qué?*

moviéndose eternamente. Y que un objeto en reposo permanecería así a menos que actuara sobre él una fuerza desequilibrada. Sabes que una pelota en un campo de fútbol no sale sola por el aire; debe ser arrojada o pateada.

Newton llamó **inercia** a esta tendencia de los objetos a continuar en movimiento o en reposo. Inercia es la propiedad de la materia que tiende a resistir cualquier cambio de movimiento. La palabra inercia viene del latín iners que significa "haragán." ¿Por qué crees que Newton usó esta palabra? Cuanto más masa tiene un objeto, más difícil es moverlo. Esto significa que cuanto más macizo es el objeto, más inercia tiene. Así, la inercia de un objeto se relaciona con su masa.

El concepto de inercia es la base de la primera ley del movimiento de Newton. **La primera ley del movimiento dice que un objeto en reposo permanecerá en reposo y un objeto en movimiento permanecerá en movimiento a velocidad constante a menos que actúe sobre él una fuerza no equilibrada.** Recuerda que velocidad constante significa la misma rapidez y la misma dirección. Para que un objeto cambie de velocidad, o acelere, debe actuar sobre él una fuerza. Así, la primera ley de Newton nos dice que la aceleración y la fuerza se relacionan. Hay aceleración sólo cuando hay fuerzas. Cada vez que observas aceleración, es porque está actuando una fuerza.

Tú sientes a diario los efectos de la inercia. Cuando andas en un carro y frena de pronto, sigues moviéndote hacia adelante. Si no te detuviera el

belt on to stop you, your inertia could send you through the windshield. Perhaps you never thought about it this way, but safety belts protect passengers from the effects of inertia.

When you are standing on a bus you experience inertia in two ways. When the bus starts to move forward, what happens to you? You are thrown off balance and fall backward. Your body has inertia. It is at rest and tends to stay at rest, even though the bus is moving. When the moving bus stops, you fall forward. Even though the bus stops, you do not. You are an object in motion.

Because of inertia, a car traveling along a road will tend to move in a straight line. What happens, then, if the road curves? The driver turns the steering wheel and the car moves along the curve. But the people in the car continue to move in a straight line. As a result, they bump into the walls of the car. The force exerted on the people by the walls of the car keeps the people in the curved path.

Newton's Second Law of Motion

Newton's first law of motion tells you that acceleration and force are related: Acceleration cannot occur without a force. Newton's second law of motion explains how force and acceleration are related. Have you ever pushed a shopping cart along the aisles in a grocery store? If you push on the cart, it begins to move. The harder you push, the faster the cart accelerates. Thus, the greater the force, the more the acceleration. If the cart is filled with groceries, you have to push harder than you do when it is empty. This is because the cart filled with

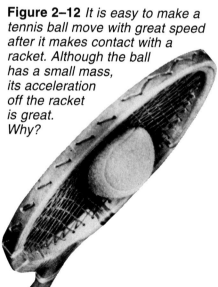

Figure 2–12 *It is easy to make a tennis ball move with great speed after it makes contact with a racket. Although the ball has a small mass, its acceleration off the racket is great. Why?*

Figure 2–13 *Crush. Crinkle. Crash. Looks easy, but it's not. Huge trucks must exert a greater amount of force to accelerate than a small vehicle must. How does Newton's second law of motion explain this?*

cinturón de seguridad, la inercia podría hacerte atravesar el parabrisas. Tal vez nunca lo habías pensado, pero los cinturones de seguridad protegen a los pasajeros del efecto de la inercia.

Cuando estás de pie en un autobús experimentas la inercia de dos modos. ¿Qué te pasa cuando el autobús comienza a moverse hacia adelante? Pierdes el equilibrio y te vas para atrás. Tu cuerpo tiene inercia. Está en reposo y tiende a quedarse en reposo, aunque el autobús se mueva. Cuando el autobús se detiene, tú te vas para adelante. Aunque se detenga, tú no te detienes. Eres un objeto en movimiento.

Debido a la inercia, un automóvil que va por un camino tiende a moverse en línea recta. ¿Y qué pasa si el camino tiene curvas? El conductor hace girar el volante y el auto sigue la curva del camino. Pero los pasajeros siguen moviéndose en línea recta y pueden chocar contra las paredes. La fuerza que las paredes ejercen sobre las personas hace que éstas sigan la curva del camino.

La segunda ley del movimiento de Newton

Según la primera ley del movimiento de Newton la aceleración y la fuerza se relacionan. La segunda ley del movimiento de Newton explica cómo se relacionan la fuerza y la aceleración. ¿Alguna vez empujaste un carrito en una tienda de comestibles? Si lo empujas, comienza a moverse. Cuanto más empujas, más acelera. Así, cuanto mayor es la fuerza, mayor es la aceleración. Si el carrito está lleno de comestibles, tienes que empujar más fuerte que si está vacío. Esto ocurre porque el carrito

Figura 2–12 *Es fácil hacer que una pelota de tenis se mueva con gran rapidez después de golpear la raqueta. A pesar de que la pelota tiene poca masa, su aceleración será grande. ¿Por qué?*

Figura 2–13 *Pim. Pam. Crash. Parece fácil pero no lo es. Los camiones grandes tienen que ejercer más fuerza para acelerar que los vehículos pequeños. ¿Cómo explica esto la segunda ley del movimiento de Newton?*

ACTIVITY
CALCULATING

Move That Barge

Tugboat A exerts a force of 4000 N on a barge. Tugboat B exerts a force of 8000 N on the barge in the same direction. What is the combined force on the barge? Using arrows, draw the individual and combined forces acting on the barge. Then draw the forces involved if the tugboats were pulling in opposite directions.

groceries has more mass, or inertia. A greater force is required to accelerate an object with greater inertia. Thus force and acceleration must be related to an object's mass.

Newton's second law of motion shows how force, mass, and acceleration are related.

Force = Mass X Acceleration

When mass is in kilograms and acceleration is in meters/second/second, force is in **newtons** (N). One newton equals the force required to accelerate one kilogram of mass at one meter/second/second.

1 N = 1 kg X 1 m/sec/sec

Newton's second law of motion explains one reason why a small car has better gas mileage than a large car. Suppose the acceleration of both cars is 2 m/sec/sec. The mass of the small car is 750 kg. The mass of the large car is 1000 kg. According to the second law of motion, the force required to accelerate the small car is 750 kg x 2 m/sec/sec, or 1500 N. The force required to accelerate the large car is 1000 kg x 2 m/sec/sec, or 2000 N. More gasoline will have to be burned in the engine of the large car to produce the additional force.

Sample Problem	How much force is needed to accelerate a 1400-kilogram car 2 meters/second/second?
Solution	
Step 1 Write the formula.	**Force = Mass X Acceleration**
Step 2 Fill in given numbers and units.	**Force = 1400 kilograms X 2 meters/second/second**
Step 3 Solve for the unknown.	**Force = 2800 kilogram-meters/second/second (kg-m/sec/sec) or 2800 N**
Practice Problems	**1.** How much force is needed to accelerate a 66-kg skier 1 m/sec/sec?
	2. What is the force on a 1000-kg elevator that is falling freely at 9.8 m/sec/sec?

ACTIVIDAD

Mueve esa barca

El remolcador A ejerce una fuerza de 4000 N en la barca. El B ejerce una fuerza de 8000 N sobre la barca en la misma dirección. ¿Cuál es la fuerza combinada que se ejerce sobre la barca? Usando flechas, dibuja las fuerzas individuales y combinadas que actúan sobre la barca. Dibuja después la acción de las fuerzas si los remolcadores tiraran en direcciones opuestas.

lleno de comestibles tiene más masa, o inercia. Se requiere una fuerza mayor para acelerar un objeto que tiene una inercia mayor. Por lo tanto, la fuerza y la aceleración deben relacionarse con la masa de un objeto.

La segunda ley del movimiento de Newton muestra cómo se relacionan la fuerza, la masa y la aceleración.

$$\text{Fuerza} = \text{Masa} \times \text{Aceleración}$$

Mientras que la masa se mide en kilogramos y la aceleración en metros/segundos/segundos, la fuerza se mide en **newtons** (N). Un newton es igual a la fuerza requerida para acelerar un kg de masa a un m/s/s.

$$1 \text{ N} = 1 \text{ kg} \times 1 \text{ m/s/s}$$

La segunda ley del movimiento de Newton explica una de las causas por las cuales un carro pequeño rinde más millas que un carro grande con el mismo combustible. Supón que la aceleración de ambos carros es de 2 m/s/s. La masa del autompequeño es 750 kg, mientras que la del grande 1000 kg. De acuerdo con la segunda ley del movimiento, la fuerza requerida para acelerar el carro pequeño es de 750 kg × 2 m/s/s, o 1500 N. La fuerza requerida para acelerar el carro grande es 1000 kg × 2 m/s/s, o sea 2000 N. El motor del carro grande consumirá más gasolina para producir la fuerza adicional.

Problema modelo	¿Cuánta fuerza se necesita para acelerar un carro de 1400 kg. a razón de 2 metros/segundo/segundo?
Solución	
Paso 1 Escribe la fórmula	**Fuerza = Masa × Aceleración**
Paso 2 Pon en su lugar los números y las unidades dadas	**Fuerza = 1400 kg × 2 metros/ segundo/segundo**
Paso 3 Resuelve la incógnita	**Fuerza = 2800 kilogramos-metros/ segundo/segundo (kg-m/s/s) ó 2800 N**
Problemas para practicar	**1.** ¿Cuánta fuerza se necesita para acelerar un esquiador de 66 kg, a 1m/s/s?
	2. ¿Cuál es la fuerza sobre un elevador de 1000 kg que cae libremente a 9.8 m/s/s?

Figure 2–14 *Which of Newton's three laws of motion explains why the jumper lands in the water, not on the dock?*

Newton's Third Law of Motion

Suppose you are an astronaut making a spacewalk outside the Space Shuttle. In your excitement about your walk, you use up all of the gas in your reaction jet. How do you get back to the Shuttle?

In order to save yourself, you need to know Newton's third law of motion. **The third law of motion states that for every action, there is an equal and opposite reaction.** Another way to state the third law is to say that every force must have an equal and opposite force. All forces come in pairs.

Now, back to your problem of being stranded in space. You have no walls or floor to push against. So you throw your jet pack in the opposite direction of the Shuttle. In throwing the jet pack, you push on it and it pushes on you. The jet pack moves away from the Shuttle. You move toward safety!

You probably associate forces with active objects such as humans, animals, and machines. So it may be difficult for you to imagine that an object such as a wall or floor exerts a force. But indeed it does. This is because every material is somewhat elastic. You know that a stretched rubber band can be pulled back in such a way that it can propel a wad of paper across the room. Although other materials do not stretch as easily as rubber, they do stretch somewhat (even if you cannot see it) when a force is applied to them. And just as a stretched rubber band exerts a force to return to its original condition, so do these materials.

Take a minute now to prove this fact for yourself. Push down on the edge of your desk with your hand. The desk may not move, but your hand will have a mark on it. This mark is evidence that a

ACTIVITY

DISCOVERING

Newton's Third Law of Motion

1. Obtain a rigid cardboard strip, about 15 cm x 75 cm, a skateboard, and a motorized or windup toy car.

2. Position the skateboard upside down on the floor. Place the cardboard strip and the car on top. The cardboard is the road for the car.

3. Start the car and observe what happens.

Does the car or the road move?

■ Why don't you see the road moving away from you when you are in a real car?

■ Would you be able to drive forward if you were not attached to the Earth?

Figura 2–14 *¿Cuál de las tres leyes del movimiento de Newton explica por que la niña acabó en el agua y no en el muelle?*

La tercera ley del movimiento de Newton

Supón que eres un astronauta caminado por el espacio fuera de la nave espacial. En el entusiasmo del paseo, usas todo el combustible de tu aparato propulsor. ¿Cómo vuelves a la nave? Para salvarte, necesitas conocer la tercera ley del movimiento de Newton. **La tercera ley dice que por cada acción hay una reacción igual y opuesta.** Otra manera de enunciar la tercera ley es diciendo que cada fuerza debe tener una fuerza opuesta igual a ella. Sólo hay pares de fuerzas.

Volviendo a tu problema de quedar perdido en el espacio, no tienes allí paredes o piso contra los cuales te puedas empujar. Pero puedes arrojar tú aparato propulsor en sentido opuesto a la nave. Al hacerlo, tú lo empujas y el aparato te empuja a ti. El aparato se aleja de la nave, tú te acercas.

Si asocias las fuerzas con objetos activos como personas, animales, y máquinas, puede resultarte difícil pensar que objetos como las paredes o el piso ejerzan una fuerza. Pero lo hacen. Todos los materiales son un poco elásticos. Una banda de goma estirada, al soltarla, puede arrojar un proyectil de papel a través del cuarto. A pesar de que otros materiales no se estiran tan fácilmente como la goma, se estiran un poco (aunque no puedas verlo) cuando se les aplica una fuerza. Y estos otros materiales se comportan como la goma estirada, que ejerce una fuerza para volver a su condición original.

Dedica ahora un minuto para probarte a ti mismo este hecho. Empuja hacia abajo sobre el borde de tu escritorio con la mano. Puede ser que el escritorio no se mueva, pero habrá una marca en tu mano.

Figure 2–15 *Flying gracefully through the air, birds depend on Newton's third law of motion. Could a bird fly if there was no air?*

A**ctivity Bank**

Smooth Sailing, p.140

Figure 2–16 *How does the third law of motion explain the movement of a water sprinkler?*

Movement of water

Movement of sprinkler arm

force is being exerted on your hand. The desk is exerting the force. The harder you push on the desk, the harder the desk pushes back on your hand.

One of the most basic examples of Newton's third law of motion is walking. As you walk, your feet push against the floor. At the same time, the floor pushes with an equal but opposite force against your feet. You move forward. If the floor is highly polished, you cannot push against it with much force. So the force it exerts against your feet is also less. You move more slowly, or perhaps not at all. If you were suspended a few meters above the Earth, could you walk forward? The flight of a bird can also be explained using Newton's third law of motion. The bird exerts a force on the air. The air pushing back on the bird's wings propels the bird forward.

The reaction engine of a rocket is another application of the third law of motion. Various fuels are burned in the engine, producing hot gases. The hot gases push against the inside tube of the rocket and escape out the bottom of the tube. As the gases move downward, the rocket moves in the opposite direction, or upward.

Have you noticed that many of these examples could have been used in Chapter 1 to describe how momentum is conserved? Well, it is no coincidence. In fact, Newton arrived at his third law of motion by

Figura 2–15 *Volando con gracia por el aire, los pájaros dependen de la tercera ley del movimiento de Newton. ¿Podría volar un pájaro si no hubiera aire?*

Pozo de actividades

Mar en calma, p. 140

Figura 2–16 *¿Cómo explica la tercera ley del movimiento el girar de un rociador de agua?*

Movimiento del agua

Movimiento de los brazos del rociador

Esta marca es la evidencia de que el escritorio ejerce una fuerza sobre tu mano. Cuando más fuerza hagas contra el escritorio, más fuerza hará el escritorio contra tu mano.

El caminar es uno de los ejemplos básicos de la tercera ley del movimiento de Newton. Cuando caminas, tus pies empujan el piso. Al mismo tiempo, el piso empuja tus pies, con una fuerza igual y opuesta. Tú te mueves hacia adelante. Si el piso está muy pulido, no puedes empujar con mucha fuerza y la fuerza que el piso ejerce en tus pies es menor. Te mueves más despacio o te quedas inmóvil. Si estuvieras suspendido unos metros encima de la Tierra, ¿podrías caminar hacia adelante? El vuelo de un pájaro puede explicarse también usando la tercera ley del movimiento de Newton. El pájaro ejerce una fuerza sobre el aire que, a su vez, lo empuja hacia adelante.

El motor a reacción de un cohete es otra aplicación de la tercera ley del movimiento. Varios combustibles se queman en el motor, generando gases calientes. Esos gases empujan el tubo interior del cohete y escapan por el fondo hacia afuera. Como los gases se mueven hacia abajo, el cohete se mueve en dirección opuesta, o sea, hacia arriba.

¿Has notado que muchos de estos ejemplos podrían haberse usado en el capítulo 1 para describir cómo se conserva el momento? Ésto no es una coincidencia. En efecto, Newton llegó a su tercera ley del movimiento

studying the momentum of bodies before and after collisions. The two laws are actually different ways of describing the same interactions.

Newton's three laws of motion can explain all aspects of an object's motion. His first law explains that forces are necessary to change the motion of an object. His second law describes how force and acceleration are related to mass, or inertia. His third law explains that forces act in pairs.

2–3 Section Review

1. What is inertia? How is it involved in Newton's first law of motion?
2. What three quantities are related in Newton's second law of motion? What is the relationship among them?
3. What does Newton's third law of motion say about action–reaction forces?

Connection—*You and Your World*
4. A person wearing a cast on one leg becomes more tired than usual by the end of each day. Explain this on the basis of Newton's first and second laws of motion.

2–4 Gravity

Legend has it that in the late 1500s, the famous Italian scientist Galileo dropped two cannonballs at exactly the same time from the top of the Leaning Tower of Pisa in Italy. One cannonball had ten times the mass of the other cannonball. According to the scientific theories of that day, the more massive ball should have landed first. But Galileo wanted to prove that this was not correct. He believed that the cannonballs would land at the same time. What would have been your hypothesis? According to the legend, Galileo proved to be right: Both cannonballs did land at exactly the same time! Galileo's experiment displays the basic laws of nature that govern the motion of falling objects.

Guide for Reading

Focus on these questions as you read.

▶ *How is gravity related to motion?*
▶ *How is weight different from mass?*

estudiando el momento de los cuerpos antes y después de que chocaran. Las dos leyes son diferentes formas de describir las mismas interacciones.

Las tres leyes de Newton describen todos los aspectos del movimiento. La primera explica que las fuerzas son necesarias para cambiar el movimiento de un objeto. La segunda describe la relación de la fuerza y la aceleración con la masa, o inercia. La tercera explica que las fuerzas actúan en pares.

2–3 Repaso de la sección

1. ¿Qué es la inercia? ¿Cómo se relaciona con la primera ley del movimiento de Newton?
2. ¿Qué tres cantidades se relacionan en la segunda ley del movimiento de Newton? ¿Cuál es la relación entre ellas?
3. ¿Qué dice la tercera ley del movimiento de Newton sobre las fuerzas de acción-reacción?

Conexión—*Tú y tu mundo*
4. Una persona que tiene una pierna enyesada se cansa más que de costumbre al final del día. Explica este hecho a partir de la primera y segunda ley del movimiento de Newton.

ACTIVIDAD
PARA ESCRIBIR

Una visión del mundo

El hecho de que el sol está en el centro del sistema solar no es por cierto nada nuevo. Pero por mucho tiempo se creía que la posición de los planetas y el sol era otra. Cuando los científicos primero sugirieron que la tierra se movía alrededor del sol (y no al contrario), fueron tomados en broma, criticados y condenados.

Usando libros de la biblioteca y otros materiales de investigación, averigua lo que puedas sobre la vida y el trabajo de las personas que nos proporcionaron una comprensión adecuada del sistema solar. Una lista de estas personas incluiría a Galileo, Copérnico, Kepler y Newton. Escribe un informe sobre sus contribuciones al conocimiento científico.

2–4 La gravedad

Según la leyenda, a fines del siglo XVI, el famoso científico italiano Galileo dejó caer dos bolas de cañón al mismo tiempo desde arriba de la Torre inclinada de Pisa, en Italia. Una de las bolas tenía diez veces más masa que la otra. De acuerdo con las teorías científicas de la época, la bola de más masa debía haber aterrizado primero. Pero Galileo quería probar que esta idea no era correcta. Creía que las bolas llegarían a tierra al mismo tiempo. ¿Cuál hubiera sido tu hipótesis? De acuerdo a la leyenda, Galileo estaba en lo cierto: ambas bolas llegaron a tierra al mismo tiempo. El experimento de Galileo mostró las leyes naturales básicas que gobiernan el movimiento de los objetos que caen.

Guía para la lectura

Piensa en estas preguntas mientras lees.

▶ *¿Cómo se relaciona la gravedad con el movimiento?*

▶ *¿En qué se diferencian el peso y la masa?*

Figure 2–17 *Two objects will fall to the Earth at exactly the same rate, regardless of their masses.*

Falling Objects

What was so important about Galileo's discovery that a heavy object and a lighter object would land at the same time? To Isaac Newton, it meant that both objects were speeding up at the same rate, regardless of their masses. In other words, all falling objects accelerate at the same rate. A marble, a rock, and a huge boulder dropped from the top of a building at the same moment will all hit the ground at exactly the same time! According to Newton's laws of motion, if an object is accelerating, a force must be present. This force is called gravity. **The acceleration of a falling object is due to the force of gravity between the object and the Earth.**

Near the surface of the Earth, the acceleration due to the force of **gravity** (which is abbreviated as g) is 9.8 meters per second per second, or 9.8 m/sec/sec. This means that for every second an object is falling, its velocity is increasing by 9.8 m/sec. Here is an example. Suppose an object is dropped from the top of a mountain. Its starting velocity is 0 m/sec. At the end of the first second of fall, the object has a velocity of 9.8 m/sec. After two seconds, its velocity is 19.6 m/sec (9.8 m/sec + 9.8 m/sec).

Activity Bank

At the Center of the Gravity Matter, p.141

Figure 2–18 *Without the force of gravity, these sky-diving acrobats would simply float in the sky. Thanks to gravity, however, they receive a thrilling adventure as they fall to Earth.*

La caída de los objetos

¿Por qué era tan importante el descubrimiento de Galileo de que un objeto más liviano cae en el mismo tiempo que uno más pesado? Para Newton significó que ambos objetos aumentaban su velocidad sin que importara su masa. En otras palabras, todos los objetos en caída libre tienen la misma tasa de aceleración. ¡Una canica, un guijarro y una gran roca que se deja caer desde el techo de un edificio al mismo tiempo llegarán a tierra en el mismo momento! De acuerdo a Newton, si hay aceleración, tiene que haber una fuerza presente. La fuerza se llama gravedad. **La aceleración de un objeto en caída libre se debe a la fuerza de gravedad entre el objeto y la Tierra.**

Cerca de la superficie de la Tierra, la aceleración debida a la fuerza de **gravedad** (que se abrevia "g") es de 9,8 metros/segundo/segundo, o 9.8 m/s/s. Es decir que, por cada segundo de caída de un objeto, su velocidad aumenta en 9.8 m/s. Por ejemplo: Supón que se deja caer un objeto de la cima de una montaña. Su velocidad inicial es 0 m/s. Al fin del primer segundo de caída, el objeto tiene una velocidad de 9.8 m/s. Después de dos segundos, su velocidad es de 19.6 m/s (9.8 m/s + 9.8 m/s). Después de tres

Figura 2–17 *Dos objetos caerán a tierra a la misma velocidad, no importa cuál sea su masa.*

Ⓟozo de actividades

En el centro de la gravedad, p. 141

Figura 2–18 *Si no existiera la fuerza de gravedad, estos deportistas se mantendrían flotando en el aire. Gracias a la gravedad, experimentan la emoción de caer a la Tierra.*

After three seconds, 29.4 m/sec (9.8 m/sec + 9.8 m/sec + 9.8 m/sec). If it takes five seconds for the object to reach the ground, how fast will it be traveling? Perhaps you can now understand why even a dime can cause damage if it is dropped from a great height!

Activity Bank

Light Rock, p.142

PROBLEM Solving

All in a Day's Work

On a colorful autumn day you head out on your newspaper route. As you are about to leave, your mother reminds you to take out the garbage. So you pick up the bag, place it on top of the newspapers that fill your wagon, and drop it off at the curb. On your way along the sidewalk, you come across the neighbor's cat, which you lift up and briefly pet before it jumps down and runs off. You continue on your way, pulling your wagon filled with newspapers behind you. At the next house, you strategically throw the paper from the sidewalk to the front step. Perfect shot! As you head for your next stop, you see a few acorns hanging from a tree. You pull them off the tree and throw them on the sidewalk ahead of you. Shortly after that, you see two of your friends trying to push a heavy bag of leaves. They are not having much success, so you join in and the three of you move the bag to the side of the house. You say goodbye to your friends and continue on your way until your red wagon is totally empty and it's time to go home—just in time for dinner.

Making a Diagram

During this short walk, a number of forces were exerted. Draw a series of diagrams showing each activity you performed. Use stick figures and arrows to show the forces involved. Do not forget about friction and gravity! When you finish, think of some other activities that might have taken place during your walk: catching a ball, moving a branch, lifting a rock. Add these to your drawings.

segundos, 29.4 m/s (9.8 m/s + 9.8 m/s + 9.8 m/s). Si el objeto tarda cinco segundos en llegar a tierra, ¿cón qué rapidez viajará? Ahora comprenderás por qué incluso una moneda de diez puede causar daño si se la arroja desde bastante altura.

Pozo de actividades

Roca liviana, p. 142

PROBLEMA
a resolver

En un solo día

En un día soleado de otoño te dispones a repartir diarios. Cuando estás por salir, tu madre te recuerda que tienes que sacar la basura. Levantas la bolsa, la pones encima de los diarios que llenan tu carretilla, y la dejas en el borde de la acera. Sigues caminando y te cruzas con el gato del vecino, lo levantas y acaricias un poco, antes de que salte al suelo y escape. Continúas tu camino, tirando de tu carretilla llena de diarios. Al llegar a la próxima casa, estratégicamente lanzas el diario desde la acera hasta los escalones de la puerta. ¡Un gol! Antes de tu próxima parada, ves unas bellotas. Las tomas y las arrojas a la acera delante tuyo. Poco después ves a dos de tus amigos tratando de empujar una pesada bolsa de hojas, sin mucho éxito. Te unes a ellos y entre los tres mueven la bolsa hacia un lado de la casa. Te despides de tus amigos y sigues tu camino hasta que tu carretilla roja está totalmente vacía y es hora de ir a casa—la cena te espera.

Un diagrama

Durante este breve paseo se ejercieron una cantidad de fuerzas. Dibuja una serie de diagramas mostrando todas las actividades que hiciste. Usa muñecos de palitos y flechas para mostrar las fuerzas en juego. ¡No te olvides de la fricción y la gravedad! Cuando termines, piensa en otras actividades que podrías haber realizado durante tu paseo: atajar una pelota, mover una rama, levantar una piedra. Agrégalas a tus dibujos.

PERIÓDICOS

ACTIVITY

Figure 2–19 *Although gravity pulls both a leaf and a rock toward the Earth, the two objects do not accelerate at the same rate on the Earth. Astronauts, however, have found that the two objects land at the same time on the moon. Why?*

Air Resistance

Do a leaf, a piece of paper, and a feather fall at 9.8 m/sec/sec? Because you have probably seen these objects fluttering through the air to the ground, you know the answer is no. Their acceleration is much less than 9.8 m/sec/sec. Why? As a leaf falls, air resistance opposes its downward motion. So it moves more slowly. Air resistance also opposes the downward motion of a falling rock. But the shape of the leaf causes greater air resistance, and so its downward motion is more significantly slowed. If both the leaf and the rock were dropped in a vacuum, they would accelerate at 9.8 m/sec/sec.

Any falling object meets air resistance. You can think of the object as being pushed up by this opposing force of the air. As the object falls, the air resistance gradually becomes equal to the pull of gravity. The forces are then balanced. According to the first law of motion, when forces are balanced there is no acceleration. The object continues to fall, but it falls at a constant velocity. There is no further acceleration. When a falling body no longer accelerates (but continues to fall at a constant velocity), it has reached its terminal (final) velocity. Sky divers cannot accelerate any further once they reach a

ACTIVIDAD

PARA AVERIGUAR

Ciencia y paracaidismo

1. Diseña un paracaídas con una bandana grande y un poco de hilo. Átale un gancho de ropa.

2. Deja caer el paracaídas y otro gancho de ropa, del mismo lugar y al mismo tiempo. ¿Cuál de los dos crees que llegará primero al piso? **CUIDADO:** *No trepes sobre nada sin el permiso y la supervisión de un adulto.* ¿Por qué? ¿Estarás acertado?

3. Describe el movimiento de los objetos al caer.

■ Rediseña el paracaídas para restarle velocidad.

■ ¿Puedes ahora explicar por qué los insectos pueden caer de gran altura sin dañarse? (*Pista:* compara sus masas a sus superficies.)

Figura 2–19 *A pesar de que la gravedad atrae la piedra y la pluma hacia la Tierra, ambos objetos no aceleran igual en nuestro planeta. Sin embargo, los astronautas descubrieron que ambos objetos aterrizan al mismo tiempo en la luna. ¿Por qué?*

La resistencia del aire

¿Caen una hoja, un pedazo de papel y una pluma a 9.8 m/s/s? Porque probablemente has visto agitarse a estos objeto por el aire, sabes que la respuesta es "no." Su aceleración es mucho menor que 9.8 m/s/s. ¿Por qué? A medida que la hoja cae, la resistencia del aire se opone a su caída por eso se mueve más lentamente. La resistencia del aire se opone también a la caída de una piedra, pero la forma de la hoja produce más resistencia del aire, y por eso su movimiento descendiente se retarda más. Si se dejaran caer la piedra y la hoja en el vacío, su aceleración sería de 9.8 m/s/s.

Todos los objetos encuentran al caer la resistencia del aire. Puedes pensar que la fuerza opuesta del aire empuja los objetos hacia arriba. A medida que el objeto cae, la resistencia del aire se vuelve gradualmente igual a la atracción de la gravedad. Así, las fuerzas se equilibran. Según la primera ley del movimiento, cuando las fuerzas están en equilibrio, no hay aceleración. El objeto sigue cayendo, pero a una velocidad constante. Cuando un objeto que cae ya no acelera (sino que sigue cayendo a una velocidad constante), ha alcanzado su velocidad terminal (final). Los paracaidistas que practican caída libre no pueden acelerar más una vez que alcanzan una

terminal velocity of about 190 km/hr. At this point, the sky divers continue their descent, although there is no longer any sensation of falling!

Newton's Law of Universal Gravitation

Although his work had provided answers to so many questions about falling objects and gravity, Newton did not stop there. He went even further. He wondered if the force that was making the apple fall to the Earth was the same force that kept the moon in its path around the Earth. After all, since the direction of the moon was constantly changing in its circular path, it too was accelerating. Therefore a force must be involved.

Newton calculated the acceleration of the apple and compared it with the acceleration of the moon. Using laws already presented by Johannes Kepler (1571–1630), a brilliant astronomer, Newton was able to derive a formula to calculate the force acting on both the apple and the moon. He concluded that the force acting on the moon was the same force that was acting on the apple—gravity.

In Newton's day, most scientists believed that forces on the Earth were different from forces elsewhere in the universe. Newton's discovery represented

Science and the Leaky Faucet

1. Adjust a faucet so that it slowly drips. Use a deep sink, if possible.

2. Measure the distance from the tip of a hanging drop to the bottom of the sink.

3. Use a stopwatch to measure the time it takes for the drop to fall to the bottom of the sink.

4. Calculate the average velocity of the drop. Repeat steps 3 and 4 three more times.

5. Use your average value of velocity to calculate the acceleration of the water drop. This is the acceleration due to gravity.

How close does your value come to the accepted value of 9.8 m/sec/sec? If your value does not match the accepted value, what reasons can you give for the difference?

Activity Bank

Putting Gravity to Work, p.143

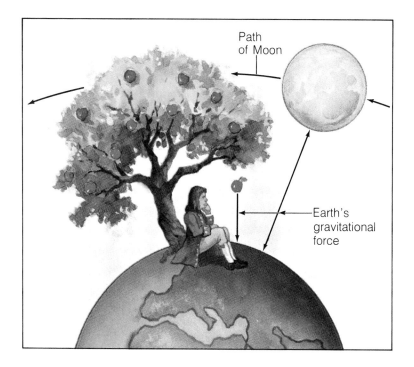

Path of Moon

Earth's gravitational force

Figure 2–20 *Newton's universal law of gravitation explains why an apple falls to the ground as well as why the moon stays in its orbit around the Earth.*

velocidad terminal de unos 190 km/h. Después, el descenso continúa, ¡pero no se siente la sensación de la caída!

La ley de gravitación universal de Newton

A pesar de haber encontrado respuestas a tantas preguntas sobre la caída de los objetos y la gravedad, Newton continuó trabajando. Fue mucho más lejos, preguntándose si la fuerza que hacía que cayera la manzana, era la misma que mantenía la luna en órbita alrededor de la Tierra. Como la dirección de la luna cambiaba constantemente en su recorrido circular, ésta también aceleraba. Por lo tanto una fuerza debía estar actuando.

Newton calculó la aceleración de la manzana y la comparó con la aceleración de la luna. Usando leyes ya enunciadas por Johannes Kepler (1571-1630), un astrónomo brillante, Newton consiguió derivar una fórmula para calcular la fuerza que actúa tanto sobre la manzana como sobre la luna. Dedujo que la fuerza que actuaba sobre la manzana era la misma que actuaba sobre la luna—la gravedad.

En la época de Newton, la mayoría de los científicos creían que las fuerzas eran distintas en la Tierra que en otras partes del universo. Su

ACTIVIDAD
PARA HACER

La ciencia y el grifo que gotea

1. Abre un grifo como para que gotee. Usa una pileta profunda, si puedes.

2. Mide la distancia entre la punta de una gota que cuelga y el fondo de la pileta.

3. Usa un cronómetro y mide el tiempo que le lleva a la gota llegar al fondo de la pileta.

4. Calcula la velocidad media de la gota. Repite los pasos 3 y 4 tres veces más.

5. Usa el valor medio de la velocidad para calcular la aceleración de la gota de agua. Esta es la aceleración debida a la gravedad.

¿Qué tan cerca está tu valor del valor aceptado de 9.8 m/s/s? Si tu valor no coincide con el valor aceptado, ¿cómo puedes explicar la diferencia?

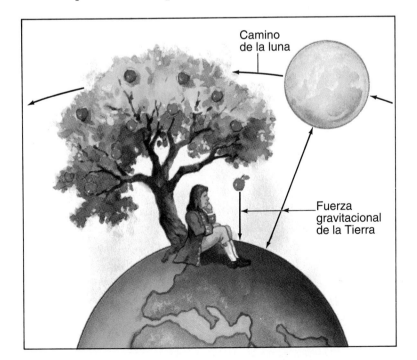

Camino de la luna

Fuerza gravitacional de la Tierra

Pozo de actividades

Dándole trabajo a la gravedad p. 143

Figura 2–20 *La ley de la gravitación universal de Newton explica por qué una manzana cae al suelo y la luna permanece en órbita alrededor de la Tierra.*

Figure 2–21 *Although the Earth's gravitational attraction decreases as distance increases, a force is still exerted at a distance as great as that of the moon. In fact, the Earth's gravitational attraction is responsible for holding the moon in its path. How is gravity related to the organization of the solar system?*

ACTIVITY

DOING

Faster Than a Speeding Snowball?

A snowball is dropped over a cliff. If its starting velocity is 0 m/sec, how fast will it be traveling after 5 seconds? After 7 seconds? Right before it hits the ground at the end of its 11-second fall?

Now place a penny, a quarter, and a half dollar along the edge of a table. Place a ruler behind the coins, parallel with the table edge. Keeping the ruler parallel, push all three coins over the edge of the table at the same time. Record your observations.

Do all the coins, regardless of mass, hit the floor at the same time? Explain.

With this in mind, do you think the coins would fall faster than the snowball? Explain.

If a quarter was dropped with the snowball, how fast would the quarter be traveling after 7 seconds?

the first universal law of forces. A universal law applies to all objects in the universe. Newton's **law of universal gravitation** states that all objects in the universe attract each other by the force of gravity. The size of the force depends on two factors: the masses of the objects and the distance between them.

The force of gravity increases as the masses of the objects increase. Although gravitational forces always exist between objects, they only become observable when the masses of the objects are as large as those of the planets, moon, and stars. For example, there is a force of gravity between you and this textbook. Yet the textbook is not pulled over to you. Why? The force of gravity depends on the masses of the objects. The gravitational force between a book and you is extremely small because your mass and the book's mass are small compared with the mass of the Earth.

Gravitational force decreases rapidly as the distance between objects increases. The gravitational force between an apple and the Earth is about 2 N on the surface of the Earth. At 380,000 km—the distance to the moon—the gravitational force between the apple and the Earth is only 0.001 N.

Gravity is of great importance in the interactions of large objects. It is gravity that binds us to the Earth and holds the Earth and other planets in the solar system. The force of gravity plays an important role in the evolution of stars and in the behavior of galaxies. In a sense, it is gravity that holds the universe together.

Figura 2–21 *A pesar de que la atracción gravitacional de la Tierra disminuye a medida que aumenta la distancia, su fuerza actúa aún a la gran distancia a que está la luna. La atracción gravitacional de la Tierra mantiene a la luna en órbita. ¿Cómo se relaciona la gravedad con la organización del sistema solar?*

ACTIVIDAD

PARA HACER

¿Mas rápido que una bola de nieve a toda velocidad?

Se lanza una bola de nieve a un abismo. Si su velocidad inicial es de 0 m/s, ¿qué rápido irá después de 5 segundos? ¿Y de 7 segundos? ¿Y justo antes de tocar suelo, después de 11 segundos?

Pon ahora un penique, un cuarto de dólar y medio dólar alineados en el borde de una mesa. Coloca una regla detrás de las monedas, paralela al borde de la mesa. Con la regla empuja las tres monedas para que caigan al mismo tiempo. Anota tus observaciones.

¿Llegan todas las monedas al piso al mismo tiempo, a pesar de su masa? Explica.

Teniendo esto en cuenta, ¿Crees que las monedas caen más rápido que la bola de nieve? Explica.

Si dejáramos caer un cuarto de dólar con la bola de nieve, ¿a qué velocidad iría la moneda después de 7 segundos?

descubrimiento representó la primera ley universal de las fuerzas. Una ley universal se aplica a todos los objetos del universo. La **ley de la gravitación universal** de Newton dice que todos los objetos del universo se atraen entre sí debido a la fuerza de gravedad. El tamaño de la fuerza depende de dos factores: la masa de los objetos y la distancia entre ellos.

La fuerza de gravedad aumenta al aumentar la masa de los objetos. Siempre hay fuerza gravitacional entre los objetos, pero se puede observar sólo cuando los objetos son del tamaño de planetas, lunas y estrellas. Hay, por ejemplo, una fuerza de gravedad entre tú y este libro. Pero el libro no va hacia ti. ¿Por qué? La fuerza de gravedad depende de las masas de los objetos. Y es pequeña entre el libro y tú porque tu masa y la del libro son muy pequeñas comparadas con la masa de la Tierra.

La fuerza gravitacional decrece rapidamente al aumentar la distancia entre los objectos. La fuerza gravitacional entre una manzana y la Tierra es de cerca de 2 N en la superficie de la Tierra. A 380,000 km (la distancia a la luna) esa fuerza es de sólo 0.001 N.

La gravedad es de gran importancia para las interacciones de los objetos grandes. La gravedad nos une a la Tierra y mantiene a la Tierra y a los otros planetas en el sistema solar. La fuerza de gravedad tiene un papel importante en la evolución de las estrellas y el comportamiento de las galaxias. En algún sentido, la gravedad mantiene unido al universo.

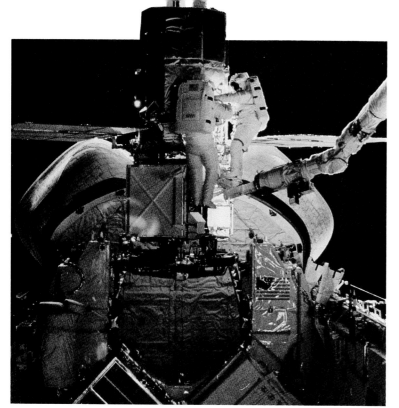

Figure 2-22 *Making repairs or performing experiments is quite a different experience in an almost weightless environment. For example, grabbing a huge piece of machinery in only one hand would be a great advantage. However, the fact that forgetting to tie one's self onto the work station would result in floating up and away would not be as favorable.*

ACTIVITY READING

Voyage to the Moon

Before it was possible to travel to the moon, Jules Verne envisioned such a trip. In Verne's *From the Earth to the Moon,* he described how people would get to the moon and how they would have to adjust to the conditions outside the Earth's atmosphere. Read the book and discover situations Verne's space travelers encounter.

Weight and Mass

You are all familiar with the term weight. Each time you step on a scale, you are looking to see what you weigh. **Weight is a measure of the force of gravity on an object.** In this case, the object is you! Since weight is a force, its unit is the newton (N). This textbook weighs about 15 N. A medium-sized car probably weighs between 7000 and 9500 N.

Your weight varies according to the force of gravity pulling on you. And the force of gravity varies according to distance from the center of the Earth. Suppose you weigh yourself in the morning at sea level. Later that day you ride to the top of a tall mountain, weigh yourself again, and find that you weigh less. What has happened? Is there less of you on top of the mountain than there was at sea level? After all, you weigh less. The answer, of course, is no. In a given day, you have the same amount of

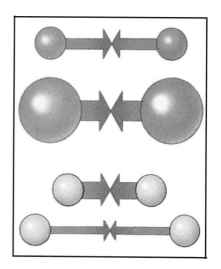

Figure 2–23 *The force of attraction between two objects increases as mass increases (top). It decreases as distance increases (bottom). The wider the arrow, the greater the force.*

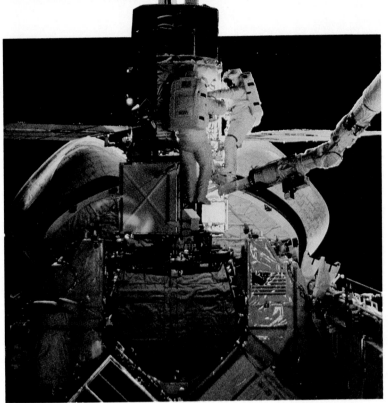

Figura 2–22 *La realización de reparaciones o experimentos en un medio donde casi no existe el peso es algo muy nuevo. Es una gran ventaja sostener una gran máquina con una sola mano. Sin embargo, el hecho de que si nos olvidáramos de atarnos a la estación de trabajo nos perderíamos en la distancia, no resulta tan ventajoso.*

ACTIVIDAD

PARA LEER

El viaje a la luna

Antes de que fuera posible viajar a la luna, Jules Verne lo imaginó. En su libro *From the Earth to the Moon*, describió cómo las personas llegarían a la luna y cómo deberían adaptarse a las condiciones fuera de la atmósfera terrestre. Lee el libro y descubre las situaciones que aguardaban a los viajeros del espacio imaginados por Verne.

El peso y la masa

Tú conoces bien la palabra peso. Cada vez que subes a una balanza, observas tu peso. **El peso es una medida de la fuerza de gravedad sobre un objeto.** En este caso, ¡el objeto eres tú! Dado que el peso es una fuerza, su unidad es el newton (N). Este libro pesa unos 15 N. Un auto mediano pesa entre 7000 y 9500 N.

Tu peso varía de acuerdo con la fuerza de gravedad que actúa sobre ti. Y la fuerza de gravedad varía de acuerdo a la distancia del centro de la Tierra. Supón que te pesas a la mañana al nivel del mar. Ese mismo día te pesas en la cumbre de una montaña bien alta y descubres que pesas menos. ¿Qué ha pasado? Hay menos de ti en la cumbre de la montaña que al nivel del mar? La respuesta es no, por supuesto. En el mismo día tienes la misma cantidad de masa, no importa donde estés. Tu masa no cambia,

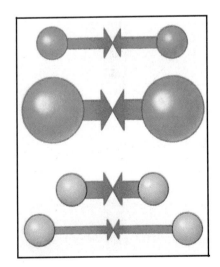

Figura 2–23 *La fuerza de atracción entre dos objetos aumenta al aumentar la masa (arriba). Disminuye si aumenta la distancia (abajo). Cuanto más ancha la flecha, más grande la fuerza.*

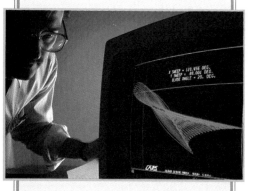
mass regardless of your location. Your mass does not change, unless of course you diet and exercise. Your mass is the same anywhere on the Earth (on top of a mountain or at sea level), on the moon, and even on Jupiter. It is your weight that changes. Because you are farther from the center of the Earth when you are on top of a mountain than when you are at sea level, the pull of gravity on you decreases. Thus you weigh less on top of the mountain than you do at sea level.

Although mass and weight are not the same thing, they are related. This may be obvious to you because you know that more massive objects weigh more than less massive objects. Newton's second law of motion, force = mass x acceleration, can be rewritten in terms of weight to show the relationship.

Weight = Mass x Acceleration due to gravity
$$w = m \times g$$

Remember that the unit of weight is the newton and the unit of mass is the kilogram.

On the surface of the Earth, the acceleration due to gravity is 9.8 m/sec/sec. A 10-kg mass would weigh 10 kg x 9.8 m/sec/sec, or 98 N. If your mass is 50 kg, your weight would be 490 N. What would be the weight of a 100-kg mass?

2–4 Section Review

1. How is gravity related to falling objects?
2. How would all objects accelerate if they fell in a vacuum? Why?
3. What does the law of universal gravitation state?
4. Compare weight and mass.

Critical Thinking—*Making Calculations*
5. An astronaut who weighs 600 N on Earth is standing on an asteroid. The gravitational force of the asteroid is one hundredth of that of the Earth. What is the astronaut's weight on the asteroid?

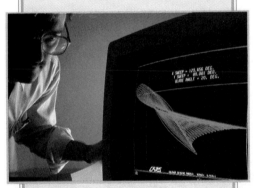
salvo desde luego que hagas dieta y ejercicios. Tu masa es la misma en cualquier lugar de la Tierra (en la cima de la montaña o a nivel del mar), en la luna y aún en Júpiter. Lo que cambia es tu peso. Como estás más lejos del centro de la Tierra en la cima de la montaña que al nivel del mar, la atracción de la gravedad sobre ti disminuye. Así, pesas menos en la montaña que al nivel del mar.

A pesar de que la masa y el peso no son la misma cosa, están relacionadas. Tú ya sabes que los objetos de más masa pesan más que los de menos masa. La segunda ley del movimiento de Newton, fuerza = masa × aceleración, puede reescribirse en términos de peso para mostrar la relación.

$$\textbf{Peso} = \textbf{Masa} \times \textbf{Aceleración debida a la gravedad}$$
$$p = m \times g$$

Recuerda que la unidad de peso es el newton y la unidad de masa es el kilogramo.

En la superficie de la Tierra, la aceleración debida a la gravedad es de 9.8 m/s/s. Una masa de 10 kg pesará 10 kg × 9.8 m/s/s, o 98 N. Si tu masa es de 50 kg, tu peso será 490 N. ¿Cuál será el peso de una masa de 100 kg?

2–4 Repaso de la sección

1. ¿Cómo se relaciona la gravedad con los objetos en caída libre?
2. ¿Cómo sería la aceleración de todos los objetos si cayeran en el vacío? ¿Por qué?
3. ¿Qué dice la ley de la gravitación universal?
4. Compara el peso con la masa.

Pensamiento crítico—*Haciendo cálculos*
5. Un astronauta que pesa 600 N en la Tierra está parado sobre un asteroide. La fuerza gravitatoria del asteroide es 100 veces menor que la de la Tierra. ¿Cuál es el peso del astronauta en el asteroide?

CONNECTIONS

Which Way Is Up?

You know that the sky is up and the ground is down because you can see it. But would you know the same if you closed your eyes? Yes, you would! Astronauts in space can spin comfortably in all directions, but you cannot. Even with your eyes closed, you can tell which way is up and which way is down. You can even determine if you are moving and in what direction. You have your *ears* to thank for all this!

In one area of the inner ear, special structures called otoliths determine whether the body is speeding up, slowing down, or changing direction. They do this by comparing the body's movement with something that is always in the same direction—the downward force of gravity. When the otoliths move, they pull on hair cells that relay a nerve impulse to the brain describing the position or motion of the head. For example, when your head is in the upright position, gravity pulls the otoliths down. The otoliths in turn push the sensory hairs down, rather than to one side or the other. When your head is tilted, the pull of gravity shifts the otoliths to the side. This causes the sensory hairs to send a different signal to the brain.

Additional balance comes from another section of the inner ear. Here three tiny canals called semicircular canals lie at right angles to each other. A fluid flows through each canal in response to motion in a particular direction. If, for example, you move your head from right to left when you say "no," the fluid in the semicircular canal that detects horizontal motion will be forced to move. When the fluid moves, it disturbs hair cells that send messages about the movement to the brain. Because each semicircular canal detects motion in one dimension, the arrangement of the canals enables a person to detect movement in all directions.

So the next time you find yourself upside down, give some thought to what your ears have to do with it!

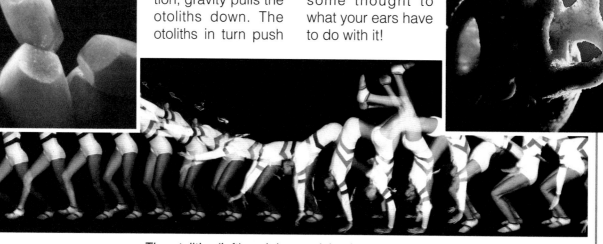

The otoliths (left) and the semicircular canals (right) enable a gymnast to maintain balance as she completes a back flip.

CONEXIONES

¿Cuál es el lado de arriba?

Tú sabes que el cielo está arriba y la tierra abajo porque puedes verlos. Pero también lo sabrias con los ojos cerrados. Aunque los astronautas en el espacio pueden dar vueltas fácilmente en todas direcciones, tú no. Incluso con los ojos cerrados puedes distinguir arriba y abajo. Puedes determinar si te mueves y en qué dirección. ¡Todo esto gracias a tus *oídos*!

Estructuras especiales del oído interno, llamadas otolitos, determinan si el cuerpo está aumentando su rapidez, disminuyéndola o cambiando de dirección. Los otolitos comparan el movimiento del cuerpo con algo que tiene siempre la misma dirección—la fuerza de gravedad, que atrae hacia abajo. Al moverse los otolitos empujan unas células pilosas que envían un impulso nervioso al cerebro describiendo la posición o movimiento de la cabeza. Por ejemplo, cuando tu cabeza está erguida, la gravedad lleva a los otololitos hacia abajo. Éstos, a su vez, empujan los pelos sensoriales hacia abajo, y no hacia los lados. Cuando tu cabeza está inclinada, la gravedad atrae los otolitos hacia un lado. Esto hace que los pelos sensoriales manden una señal diferente al cerebro.

Otra sección del oído medio proprociona balance adicional. Tres pequeños canales llamados canales semicirculares están ubicados en ángulo recto entre sí. El fluido que corre por cada uno de los canales cambia de dirección según el movimiento. Si, por ejemplo, mueves la cabeza de derecha a izquierda para decir que no, el fluido se moverá. Al moverse, afectará las células pilosas que mandan al cerebro mensajes sobre ese movimiento. Como cada canal semicircular detecta el movimiento en una dimensión, la posición de los canales nos permite detectarlo en todas.

¡Piensa en eso la próxima vez que estés cabeza abajo!

Los otolitos (izq.) y los canales semicirculares (der.) permiten a la gimnasta mantener el equilibrio en el salto hacia atrás.

Laboratory Investigation

Will an Elephant Fall Faster Than a Mouse?

Problem

Does mass affect the rate of fall?

Materials *(per group)*

> wood block, 10 cm x 15 cm x 2.5 cm
> Styrofoam pad, 10 cm x 15 cm x 2.5 cm
> sheet of notebook paper
> triple-beam balance

Procedure

1. Use the triple-beam balance to determine the masses of the block, Styrofoam pad, and paper. Record each mass to the nearest 0.1 gram.
2. Hold the block and foam pad horizontally at arm's length. The largest surface area of each object should be parallel to the ground.
3. Release both the block and the foam pad at the same time. Observe if they land at the same time or if one hits the ground before the other.
4. Repeat step 3 several times. Record your results.
5. Repeat steps 2 to 4 for the foam pad and the paper.
6. Crumple the paper into a tight ball.

7. Compare the falling rates of the crumpled paper and the foam pad. Record your observations.
8. Compare the falling rates of the crumpled paper and the wood block. Record your observations.

Observations

Object	Mass	Falling Rate (comparative)
Wood block		
Styrofoam pad		
Paper (uncrumpled)		
Paper (crumpled)		

1. Which reaches the ground first, the wood block or the foam pad?
2. Are your results the same in each trial?
3. Which reaches the ground first, the foam pad or the uncrumpled paper?
4. Which reaches the ground first, the foam pad or the crumpled paper?

Analysis and Conclusions

1. Galileo stated that two bodies with different masses fall at the same rate. Do your observations verify his hypothesis? Explain your answer.
2. Did crumpling the paper have any effect on its falling rate? Explain your answer.
3. Now answer this question: Would an elephant fall faster than a mouse? Explain your answer.
4. **On Your Own** Design and perform an experiment that compares different objects made out of the same material.

Investigación de laboratorio

¿Caería un elefante más rápido que un ratón?

Problema

¿Afecta la masa la tasa de caída?

Materiales *(para cada grupo)*

bloque de madera, 10 cm × 15 cm × 2.5 cm

bloque de estireno 10 cm × 15 cm × 2.5 cm

hoja de papel de anotador

balanza de tres brazos

Procedimiento

1. Usa la balanza para determinar las masas de los dos bloques y del papel. Anota cada masa con aproximación de 0.1 gramo.

2. Sostiene horizontalmente los dos bloques (madera y estireno.) El área más grande de cada objeto deberá estar paralela al suelo.

3. Deja caer al mismo tiempo el bloque de madera y el de estireno. Observa si llegan a tierra simultáneamente, o si uno llega primero.

4. Repite el paso 3 varias veces. Anota tus resultados.

5. Repite los pasos 2, 3 y 4 con el bloque de estireno y el papel.

6. Haz una bola apretada con el papel.

7. Compara las tasas de caída de cada bola de papel y el bloque de estireno. Anota tus observaciones.

8. Compara las tasas de caída de la bola de papel y el bloque de madera. Anota tus observaciones.

Observaciones

Observaciones	Masa	Tasa de caída (comparativa)
Bloque de madera		
Bloque de estireno		
Papel (liso)		
Papel (arrugado)		

1. ¿Cuál de los bloques llega primero al suelo, el de madera o el de estireno?

2. ¿Obtienes cada vez los mismos resultados?

3. ¿Llega primero al suelo el bloque de estireno o el papel liso?

4. ¿Llega primero al suelo el bloque de estireno o el papel arrugado?

Análisis y conclusiones

1. Galileo afirmó que dos cuerpos con masas diferentes caen con la misma rapidez. ¿Verifican tus observaciones esta hipótesis? Explica tu respuesta.

2. ¿Cuando arrugaste el papel, cambió la rapidez de su caída? Explica.

3. Ahora responde a esta pregunta: ¿Caería un elefante más rápido que un ratón? Explica tu respuesta.

4. **Por tu cuenta** Diseña y lleva a cabo un experimento para comparar la caída de diferentes objetos hechos del mismo material.

Study Guide

Summarizing Key Concepts

2–1 What Is Force?

▲ A force is a push or pull. A force may give energy to an object, setting the object in motion, stopping it, or changing its direction.

▲ Forces in the same direction combine by addition. Forces in opposite directions combine by subtraction.

▲ Unbalanced forces cause a change in motion. When forces are balanced, there is no change in motion. Balanced forces are opposite in direction and equal in size.

2–2 Friction: A Force Opposing Motion

▲ Friction is a force that opposes motion.

▲ The three kinds of friction are sliding, rolling, and fluid friction.

2–3 Newton's Laws of Motion

▲ Inertia is the tendency of matter to resist a change in motion.

▲ Newton's first law of motion states that an object at rest will remain at rest and an object in motion will remain in motion at constant velocity unless acted upon by an unbalanced force.

▲ Newton's second law of motion describes how force, acceleration, and mass are related. Force equals mass times acceleration.

▲ Newton's third law of motion states that forces always occur in pairs. Every action has an equal and opposite reaction.

2–4 Gravity

▲ The acceleration due to gravity at the surface of the Earth is 9.8 m/sec/sec.

▲ Gravity is a force of attraction that exists between all objects in the universe.

▲ The size of the force of gravity depends on the masses of the two objects and the distance between them.

▲ Weight and mass are different quantities. Weight is a measure of the pull of gravity on a given mass. Mass is a measure of the amount of matter in an object. Mass is constant; weight can change.

Reviewing Key Terms

Define each term in a complete sentence.

2–1 What Is Force?
force

2–2 Friction: A Force Opposing Motion
friction

2–3 Newton's Laws of Motion
inertia
newton

2–4 Gravity
gravity
law of universal gravitation

Guía para el estudio

Resumen de conceptos claves

2–1 ¿Qué es una fuerza?

▲ Una fuerza es un empujón o un tirón. Una fuerza puede dar energía a un objeto, haciendo que se mueva, deteniéndolo o haciendo que cambie de dirección.

▲ Las fuerzas que van en la misma dirección se combinan sumándose. Las que van en direcciones opuestas se combinan restándose.

▲ Las fuerzas no equilibradas causan un cambio en el movimiento. Cuando las fuerzas están equilibradas, no hay cambio en el movimiento. Las fuerzas equilibradas son opuestas en dirección e iguales en tamaño.

2–2 La fricción: una fuerza opuesta al movimiento

▲ La fricción es una fuerza que se opone al movimiento.

▲ Las tres clases de fricción son la fricción de deslizamiento, de rodamiento y fluida.

2–3 Las leyes del movimiento de Newton

▲ Inercia es la tendencia de la materia a resistir un cambio en el movimiento.

▲ La primera ley del movimiento de Newton afirma que un objeto en reposo seguirá en reposo y un objeto en movimiento seguirá en movimiento a velocidad constante a menos que actúe sobre ellos una fuerza no equilibrada.

▲ La segunda ley del movimiento de Newton describe cómo se relacionan fuerza, aceleración y masa. Fuerza es igual a masa por aceleración.

▲ La tercera ley del movimiento de Newton afirma que las fuerzas se dan siempre en pares. Toda acción tiene una reacción igual y opuesta.

2–4 La gravedad

▲ La aceleración debida a la gravedad es, en la superficie de la Tierra, 9.8 m/s/s.

▲ La gravedad es una fuerza de atracción que existe en todos los objetos del universo.

▲ La medida de la fuerza de gravedad depende de las masas de los dos objetos y la distancia entre éstos.

▲ Peso y masa son cantidades diferentes. El peso es una medida de la atracción de la gravedad sobre una masa dada. La masa es la medida de la cantidad de materia en un objeto. La masa es constante; el peso puede cambiar.

Repaso de palabras claves

Define cada palabra o palabras con una oración completa.

2–1 ¿Qué es la fuerza?
fuerza

2–2 La fricción: una fuerza opuesta al movimiento
fricción

2–3 Leyes del movimiento de Newton
inercia
newton

2–4 La gravedad
gravedad
ley de la gravitación universal

Chapter Review

Content Review

Multiple Choice

Choose the letter of the answer that best completes each statement.

1. Force is
   a. a push.   c. the ability to change motion.
   b. a pull.   d. all of these answers

2. Forces that are opposite and equal are called
   a. balanced.   c. unbalanced.
   b. friction.   d. gravitational.

3. The force that opposes the motion of an object is called
   a. acceleration.   c. density.
   b. friction.   d. gravity.

4. The type of friction that exists for a shark swimming in the ocean is
   a. sliding.   c. rolling.
   b. hydraulic.   d. fluid.

5. The property of matter that resists a change in motion is
   a. inertia.   c. gravity.
   b. friction.   d. weight.

6. According to Newton's second law of motion, force equals mass times
   a. inertia.   c. direction.
   b. weight.   d. acceleration.

7. The force of attraction that exists between all objects in the universe is
   a. friction.   c. momentum.
   b. inertia.   d. gravity.

8. A change in the force of gravity pulling on you will change your
   a. mass.   c. inertia.
   b. air resistance. d. weight.

True or False

If the statement is true, write "true." If it is false, change the underlined word or words to make the statement true.

1. A <u>force</u> can set an object in motion, stop its motion, or change the speed and direction of its motion.
2. The combined force of <u>unbalanced</u> forces is always zero.
3. Friction is a force that always acts in a direction <u>opposite</u> to the motion of the moving object.
4. "Slippery" substances such as oil, wax, and grease that reduce friction are called <u>lubricants</u>.
5. Objects in constant motion will remain in constant motion unless acted upon by <u>balanced</u> forces.
6. Force equals mass times <u>velocity</u>.
7. In a vacuum, a heavier object will fall to the Earth <u>faster than</u> a lighter object will.
8. <u>Mass</u> is the measure of the force of gravity.

Concept Mapping

Complete the following concept map for Section 2–3. Refer to pages S6–S7 to construct a concept map for the entire chapter.

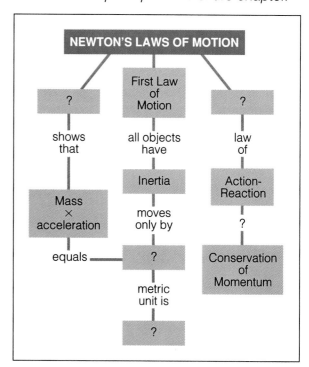

Repaso del capítulo

Repaso del contenido

Selección múltiple

Selecciona la letra de la respuesta que complete mejor cada frase.

1. La fuerza es
  a. un empujón.
  b. un tirón.
  c. la habilidad de cambiar el movimiento.
  d. toda lo anterior.

2. Las fuerzas que son opuestas e iguales se llaman
  a. equilibradas.
  b. fricción.
  c. no equilibradas.
  d. gravitacionales.

3. La fuerza que se opone al movimiento de un objeto se llama
  a. aceleración.
  b. fricción.
  c. densidad.
  d. gravedad.

4. El el caso de un tiburón que nada en el océano la fricción es
  a. de deslizamiento.
  b. hidráulica.
  c. de rodamiento.
  d. fluida.

5. La propiedad de la materia que resiste un cambio en el movimiento es
  a. la inercia.
  b. la fricción.
  c. la gravedad.
  d. el peso.

6. De acuerdo con la segunda ley del movimiento de Newton, fuerza es igual a masa por.
  a. inercia.
  b. peso.
  c. dirección.
  d. aceleración.

7. La fuerza de atracción que existe entre todos los objetos del univero es
  a. la fricción.
  b. la inercia.
  c. el momento.
  d. la gravedad.

8. Un cambio en la fuerza de gravedad que actúa sobre ti cambiará tu
  a. masa.
  b. resistencia del aire.
  c. inercia.
  d. peso.

Verdadero o falso

Si la afirmación es verdadera, escribe "verdad." Si es falsa, cambia las palabras subrayadas para que sea verdadera.

1. Una <u>fuerza</u> puede poner un objeto en movimiento, detener su movimiento, o cambiar la velocidad o dirección de su movimiento.

2. La fuerza combinada de fuerzas <u>no equilibradas</u> es siempre cero.

3. La fricción es una fuerza que actúa siempre en dirección <u>opuesta</u> al movimiento del objeto que se mueve.

4. Substancias "resbalosas" como el aceite, la cera y la grasa, que reducen la fricción, se llaman <u>lubricantes</u>.

5. Los objetos en movimiento constante seguirán en movimiento constante a menos que fuerzas <u>equilibradas</u> actúen sobre ellos.

6. Fuerza es igual a masa por <u>velocidad</u>.

7. En el vacío, un objeto más pesado caerá a tierra <u>más rápido</u> que un objeto más liviano.

8. <u>La masa</u> es la medida de la fuerza de gravedad.

Mapa de conceptos

Completa el mapa de conceptos siguiente para la sección 2–3. Para hacer un mapa de conceptos de todo el capítulo, consulta las páginas S6–S7.

Concept Mastery

Discuss each of the following in a brief paragraph.

1. Why is there a force involved when the sails of a windmill turn?
2. Distinguish between balanced and unbalanced forces.
3. Why do athletes' shoes often have cleats on them?
4. Explain how Newton's three laws explain all aspects of an object's motion.
5. Explain why a single force cannot exist.
6. When a golf ball is dropped to the pavement, it bounces up. Is a force needed to make it bounce up? If so, what exerts the force?
7. Why does a raindrop fall to the ground at exactly the same rate as a boulder?
8. Explain why a flat sheet of paper dropped from a height of 2 meters will not accelerate at the same rate as a sheet of paper crumpled into a ball.
9. What is the relationship between weight and mass?

Critical Thinking and Problem Solving

Use the skills you have developed in this chapter to answer each of the following.

1. **Applying concepts** How is inertia responsible for removing most of the water from wet clothes in a washing machine?
2. **Making connections** Although Newton's first law of motion has two parts, they actually say the same thing. Explain how this can be true using what you learned about frames of reference.
3. **Applying concepts** Suppose a 12-N force is required to push a crate across a floor when friction is not present. In reality, friction exerts a force of 3 N. If you exert a force of 7 N, what size force must your friend exert so that you can move the crate together? Draw a diagram showing the forces involved.

4. **Making generalizations** What happens to the force of gravity if mass increases? If distance increases? Write a statement that explains how gravity, mass, and distance are related according to Newton's law of universal gravitation.
5. **Making calculations** A heavy object is dropped from the top of a cliff. What is its velocity at the end of 2 seconds? At the end of 5 seconds? Just before it hits the ground after 12 seconds?
6. **Identifying relationships** Suppose the acceleration due to gravity on a planet called Zorb is 20 m/sec/sec. What is the weight of a 100-kg Zorbian?
7. **Using the writing process** Pretend you live on a planet whose size is the same but whose mass is four times greater than the mass of the Earth. Using the words listed below, write a 200-word story about a typical day in your life. Include information about how your planet's mass affects you and the life forms around you.

acceleration   law of universal gravitation
gravity   momentum
inertia   weight

Dominio de conceptos

Comenta cada uno de los puntos siguientes en un párrafo breve.

1. ¿Por qué hay una fuerza en acción cuando giran las aspas de un molino de viento?
2. Distingue entre fuerzas equilibradas y no equilibradas.
3. ¿Por qué el calzado de los atletas tiene a menudo soportes en las suelas?
4. Describe cómo las tres leyes de Newton explican todos los del movimiento.
5. Explica por qué las fuerzas no existen por sí solas.
6. Una pelota de golf rebota cuando la dejas caer al pavimento. ¿Se necesita para esto una fuerza? Si es así, ¿qué ejerce la fuerza?
7. ¿Por qué cae una gota de lluvia con la misma rapidez que una roca?
8. Explica por qué una hoja de papel plana que cae desde dos metros de altura no tiene la misma tasa de aceleración que una hoja de papel arrugada en una bola?
9. ¿Cuál es la relación entre peso y masa?

Pensamiento crítico y solución de problemas

Usa las destrezas que has desarrollado en este capítulo para resolver lo siguiente.

1. **Aplicar conceptos** ¿Cómo saca la inercia casi toda el agua de las ropas en una máquina de lavar?
2. **Hacer conexiones** La primera ley del movimiento de Newton tiene dos partes, pero ambas dicen lo mismo. Explica por qué ocurre eso usando lo que aprendiste sobre marcos de referencia.
3. **Aplicar conceptos** Supón que se requiere una fuerza de 12 N para empujar un cajón por el piso cuando no hay fricción. En la realidad, la fricción ejerce una fuerza de 3 N. Si tú haces una fuerza de 7 N, ¿qué fuerza debe hacer tu amigo para mover juntos el cajón? Dibuja un diagrama que muestre las fuerzas en juego.

4. **Hacer generalizaciones** ¿Qué le pasa a la fuerza de gravedad si aumenta la masa? ¿Y si aumenta la distancia? Escribe un párrafo explicando cómo se relacionan gravedad, masa y distancia según la ley de Newton de la gravitación universal.
5. **Hacer cálculos** Un objeto pesado cae de la punta de un peñasco. ¿Cuál es su velocidad a los 2 segundos? ¿Y a los 5 segundos? ¿Y a los 12 segundos, justo antes de llegar al suelo?
6. **Identificar relaciones** Supón que la aceleración debida a la gravedad en un planeta llamado Zorb es 20 m/s/s. ¿Cuál es el peso de un zorbiano de 100 kg?
7. **Usar el proceso de la escritura** Imagínate que vives en un planeta cuyo tamaño es el mismo pero cuya masa es cuatro veces mayor que la de la Tierra. Usando las palabras de abajo, escribe un relato de 200 palabras sobre un día típico de tu vida. Incluye información sobre cómo la masa de tu planeta te afecta a ti y a las otras formas de vida.

aceleración	ley de gravitación universal
gravedad	momento
inercia	peso

Forces in Fluids

Guide for Reading

After you read the following sections, you will be able to

3–1 Fluid Pressure
- Describe how the particles of a fluid exert pressure.

3–2 Hydraulic Devices
- Explain how a hydraulic device operates.

3–3 Pressure and Gravity
- Relate fluid pressure to altitude and depth.

3–4 Buoyancy
- Describe the relationship between the buoyant force and Archimedes' principle.

3–5 Fluids in Motion
- Explain why an object floats or sinks.
- Recognize how Bernoulli's principle is related to flight.

It is December 17, 1903. Wilbur and Orville Wright stand on a deserted beach in Kitty Hawk, North Carolina. Orville climbs into a strange-looking seat made of wood and canvas. A 12-horsepower gasoline engine is connected to two large propellers by a chain and sprocket. The Wright brothers are about to try something no one has ever succeeded in doing before. They are going to fly this machine!

They have prepared well for their attempt at flight. For the past 25 years they have studied the dynamics of air flight. They have experimented with more than 200 different wing surfaces in their homemade wind tunnel. They have observed and analyzed the flight of buzzards, carefully noting how the birds turn in the sky without losing balance.

Now they are finally ready. In a flight that lasts just 12 seconds, the plane manages to travel 36 meters. It is a small distance, but a significant step in science: Human flight has become a reality!

The first flying machine was designed in the fifteenth century by Leonardo da Vinci. Why did it take so long to fly the first plane? How can a jumbo jet fly over 800 kilometers per hour? As you read this chapter, you will learn the answers.

Journal *Activity*

You and Your World Can you remember a time when you got caught in a storm? Did the wind pushing against you almost stop you in your tracks? In your journal, describe the storm and how it felt to get caught in it. Include details such as the puddle you stepped in or the snow that blew into your coat or gloves.

As Wilbur Wright stood watching on the deserted beach at Kitty Hawk, North Carolina, his brother Orville took one of the most important trips in history—a 12-second, 36-meter leap toward the attainment of human flight.

Fuerzas en los fluidos

3

Es el 17 de diciembre de 1903. Wilbur y Orville Wright están en una playa desierta en Kitty Hawk, Carolina del Norte. Orville se sube a un extraño asiento de madera y lona. Un motor a gasolina de 12 caballos de fuerza se conecta con dos grandes hélices por medio de una cadena y un engranaje. Los hermanos Wright van a intentar una hazaña que nadie ha logrado antes. ¡Van a volar en esta máquina!

Los hermanos Wright se prepararon bien para su intento de vuelo. Durante 25 años estudiaron la dinámica de los vuelos aéreos. Hicieron experimentos con más de 200 superficies para alas en su túnel de viento casero. Observaron y analizaron el vuelo de los buitres, estudiando cómo las aves giran en el espacio sin perder el equilibrio.

Por fin están ahora listos. En un vuelo de sólo 12 segundos, el aeroplano vuela 36 metros. La distancia es pequeña, pero es un paso significativo para la ciencia: el vuelo de las personas es una realidad!

La primera máquina voladora fue diseñada en el siglo quince por Leonardo da Vinci. ¿Por qué se tardó tanto en volar con el primer aeroplano? ¿Cómo puede volar un avión a chorro a más de 800 kilómetros por hora? A medida que lees este capítulo, lo vas a saber.

Diario *Actividad*

Tú y tu mundo Te sorprendió alguna vez una tormenta? ¿No te parecía que el empuje del viento te impedía caminar? Describe en tu diario la tormenta y cómo te sentiste cuando te sorprendió. Incluye detalles tales como el charco que pisaste o la nieve que te entraba en el abrigo o los guantes.

Mientras Wilbur Wright lo miraba en la desierta playa de Kitty Hawk, Carolina del Norte, su hermano Orville inició uno de los vuelos más importantes de la historia— un salto de 12 segundos y 36 metros hacia el logro del vuelo humano.

Guide for Reading

Focus on these questions as you read.

▶ What causes fluid pressure?

▶ Why can differences in pressure cause fluids to move?

3–1 Fluid Pressure

When you think of forces and Newton's laws of motion, do you think only of solid objects—pushing a box, pulling a wagon, lifting a crate? Although you may not realize it, forces exist naturally in fluids as well. Fluids are substances that do not have a rigid shape. Liquids and gases are fluids. When you breathe, when you swim, when you drink from a straw, you are experiencing forces created by fluids. As a matter of fact, there is a force approximately equal to the weight of an automobile pushing down on you right now! Do you know why?

What Is Pressure?

All matter is made up of tiny particles. **The forces that exist in fluids are caused by the mass and motion of the particles making up the fluid.** In a solid, the particles are packed very tightly together. There is very little movement of the particles in a solid. In liquids and gases, however, the particles are not packed together so tightly. Thus they are able to move about more freely. The particles that make up fluids are moving constantly in all directions. As each particle moves, it pushes against other particles and against the walls of its container with a force that depends on the mass and acceleration of the particle. The "push," or force, particles exert over a certain area is called **pressure**. Fluid pressure is exerted equally in all directions.

Perhaps you are familiar with the word pressure as it is used to describe water, air, and even blood. Scientists define pressure as force per unit area. Pressure can be calculated by dividing the force exerted by a fluid by the total area over which the force acts:

$$\text{Pressure} = \frac{\text{Force}}{\text{Area}}$$

Figure 3–1 *Although they may not realize it, these wind surfers and cliff divers could not enjoy their activities without the forces exerted by fluids. What fluids are involved in the actions shown in these photos?*

Guía para la lectura

*Piensa en estas preguntas
mientras lees.*

▶ *¿Qué causa la presión de los
fluidos?*

▶ *¿Por qué las diferencias de
presión pueden hacer que
los fluidos se muevan?*

3-1 La presión de los fluidos

Cuando piensas en las fuerzas y en las leyes del movimiento de Newton, ¿piensas sólo en objetos sólidos—empujar una caja, tirar de un vagón, levantar un cajón? Es posible que no lo sepas, pero las fuerzas existen naturalmente también en los fluidos. Los fluidos son sustancias sin forma rígida. Los líquidos y los gases son fluidos. Cuando respiras, nadas o bebes con una pajita, experimentas fuerzas creadas por fluidos. Por ejemplo, en este momento, una fuerza igual al peso de un automóvil te está empujando hacia abajo. ¿Sabes por qué?

¿Qué es la presión?

Toda la materia está formada por pequeñas partículas. **Las fuerzas que existen en los fluidos son causadas por la masa y el movimiento de las partículas que los forman.** En un sólido, las partículas están muy apretadas y se mueven muy poco. En los líquidos y los gases, como no están tan apretadas, pueden moverse con más libertad. Las partículas que forman los fluidos se mueven constantemente en todas direcciones. Al moverse, cada partícula empuja a las demás y a las paredes del recipiente con una fuerza que depende de su masa y su aceleración. El empuje o fuerza de las partículas sobre cierta área se llama **presión**. La presión de los fluidos se ejerce por igual en todas direcciones.

Tal vez hayas oído la palabra presión cuando se usa para describir el agua, el aire e incluso la sangre. Los científicos definen la presión como fuerza por unidad de área. La presión puede calcularse dividiendo la presión ejercida por un fluido por el área total sobre la cual actúa la fuerza.

$$\text{Presión} = \frac{\text{Fuerza}}{\text{Area}}$$

Figura 3–1 *Tal vez no lo sepan, pero, estos jóvenes que practican "surfing" a vela y se zambullen desde las rocas no podrían hacerlo sin las fuerzas ejercidas por los fluidos. ¿Qué fluidos influyen en las acciones de las fotos?*

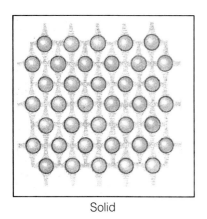
Solid

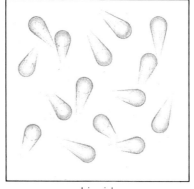
Liquid

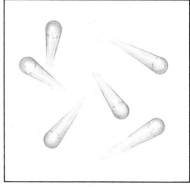
Gas

When force is measured in newtons (N) and area is measured in square centimeters (cm^2), pressure is measured in newtons per square centimeter (N/cm^2).

Air in the atmosphere exerts a pressure of 10.13 N/cm^2 at sea level. If your back has an area of approximately 1000 cm^2, then you have a force of 10,130 N pushing on your back. This is the force approximately equal to the weight of an automobile you read about earlier. What keeps this force from crushing you? The fluids inside your body also exert pressure. The air pressure outside your body is balanced by the fluid pressure inside your body. So you do not feel the outside force.

You are probably familiar with some important consequences of pressure. Many devices must be inflated to a particular pressure before they can operate properly. For example, a car whose tires are not properly inflated may not ride correctly or get its expected gas mileage. What will happen if a basketball is not filled to the proper pressure? Meteorologists also pay careful attention to pressure. Atmospheric pressure is an important indicator of weather conditions. High and low pressure areas are each associated with specific weather characteristics.

Differences in Pressure

You probably did not give much thought to what you were doing the last time you drank through a straw. But what you actually do when you suck on a straw is remove most of the air from inside the straw. This causes the pressure inside the straw to

Figure 3–2 *The arrangement and movement of the particles that make up a substance determine the characteristics of the substance. Notice that as you move from solids to gases, the particles become more spread out and motion increases. How does this explain why gases exert the greatest pressure?*

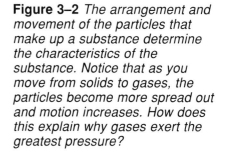
Activity Bank

Watering Your Garden Green, p.145

Figure 3–3 *This can was crushed because of a change in air pressure. Was the air pressure greater inside the can or outside it?*

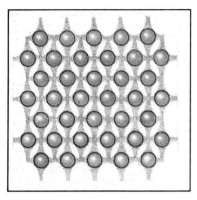
Sólido

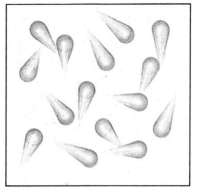
Líquido

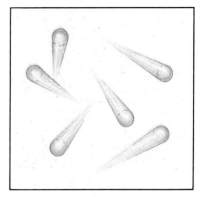
Gas

Figura 3–2 *La combinación y el movimiento de las partículas que forman una sustancia determinan sus características. Observa que a medida que vas de sólidos a gases, las partículas se separan más y aumenta el movimiento. ¿Cómo explicas, considerando esto, que los gases ejerzan la mayor presión?*

Así como la fuerza se mide en newtons (N) y el área en centímetros cuadrados (cm^2), la presión se mide en newtons por centímetro cuadrado (N/cm^2).

El aire de la atmósfera ejerce una presión de $10.13 N/cm^2$ al nivel del mar. Si tu espalda tiene un área de unos 1000 cm^2, hay sobre ella una fuerza de 10.130 N. Ésta es la fuerza que mencionamos antes, más o menos igual al peso de un automóvil. ¿Por qué esta fuerza no te aplasta? Los fluidos dentro de tu cuerpo también ejercen presión. La presión del aire fuera del cuerpo se equilibra con la de adentro. Por eso no sientes la fuerza exterior.

Tal vez algunas consecuencias importantes de la presión te resulten familiares. Muchos aparatos deben inflarse hasta alcanzar cierta presión para poder funcionar. Un automóvil cuyas ruedas no estén bien infladas no andará bien o no logrará el rendimiento en millas esperado. ¿Qué le pasará a una pelota de baloncesto si no está inflada con la presión correcta? Los meteorólogos también prestan mucha atención a la presión. La presión atmosférica es un indicador importante de las condiciones del tiempo. Las áreas de presión altas y bajas se asocian con características específicas del tiempo.

Diferencias en la presión

Tal vez la última vez que bebiste con un sorbete no prestaste demasiada atención a lo que hacías. Pero lo que realmente haces cuando chupas por un sorbete es chupar todo el aire que contiene. Esto hace que la presión dentro del sorbete disminuya. La presión

Pozo de actividades

Regando tu jardín, p. 145

Figura 3–3 *Esta lata se abolló por un cambio en la presión del aire. ¿Era más grande la presión adentro o afuera?*

Figure 3–4 *It would be very difficult for this girl to enjoy her ice cream soda if it were not for unequal air pressure. The air pressure pushing down on the liquid outside the straw is greater than the air pressure inside the straw. This difference in pressure forces the liquid up.*

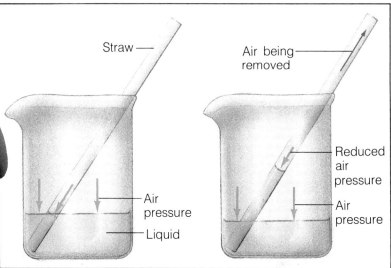

Straw

Air being removed

Reduced air pressure

Air pressure

Liquid

Air pressure

decrease. Standard air pressure, which is now greater than the air pressure inside the straw, pushes down on the surface of your drink. This push forces the drink up through the straw and into your mouth! See Figure 3–4. The principle that enables you to drink from a straw is an important property of fluids. **Fluids will move from areas of higher pressure to areas of lower pressure.**

The operation of a vacuum cleaner is another example of the principle of unequal air pressure. It may surprise you to learn that a vacuum cleaner does not suck up only dirt. A fan inside the cleaner causes the air pressure within the machine to become less than the pressure of the air outside the machine. The outside air pressure pushes the air and dirt into the vacuum cleaner. A filter then removes the dirt and releases the air. In addition to vacuum cleaners, all devices that involve suction take advantage of differences in pressure. This includes plungers, suction cups, and even medicine droppers.

One extremely important consequence of the principle of unequal pressure is your ability to breathe. When you breathe, you use a large muscle at the base of your rib cage to change the volume and pressure of the chest cavity. This muscle is called the diaphragm. When you inhale, the diaphragm flattens, giving your lungs room to expand. In turn, the air particles inside your lungs have more room to move about, which means that

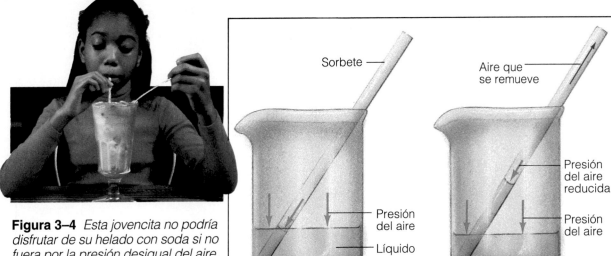

Figura 3–4 *Esta jovencita no podría disfrutar de su helado con soda si no fuera por la presión desigual del aire. La presión del aire, que empuja hacia abajo el líquido alrededor del sorbete, es mayor que la presión del aire dentro del sorbete. La diferencia de presión fuerza el líquido hacia arriba.*

Labels in figure: Sorbete · Aire que se remueve · Presión del aire · Líquido · Presión del aire reducida · Presión del aire

ACTIVIDAD

PARA HACER

La presión del aire

1. Obtén una botella de plástico vacía de un litro con una tapa ajustada.

2. Llena un cuarto de la botella con agua caliente.

3. Ajusta bien la tapa de la botella de modo que el aire no pueda entrar ni salir.

4. Pon la botella en el refrigerador por unos 5 minutos. Después anota la forma de la botella.

Cuando se enfría el aire caliente de la botella, las partículas se mueven más despacio y no se empujan tanto entre sí. Así, la presión del aire dentro de la botella disminuye.

¿Qué hace que la botella se doble hacia adentro?

estándar del aire, que es ahora mayor que la presión del aire dentro del sorbete, empuja la superficie de la bebida hacia abajo. Este empujón fuerza el líquido, por el sorbete, hacia arriba, ¡a tu boca! Mira la figura 3–4. El principio que te permite beber de un sorbete es una importante propiedad de los fluidos. **Los fluidos se mueven de las áreas de mayor presión a las de menor presión.**

La manera de funcionar de una aspiradora es otro ejemplo del principio de la presión desigual. Quizá no sepas que una aspiradora no aspira solamente polvo. Un ventilador interno hace que la presión interna de la máquina sea menor que la presión del aire afuera. Esa presión empuja el aire y el polvo hacia adentro de la aspiradora. Un filtro retiene el polvo y expulsa el aire. Además de la aspiradora, todos los aparatos que utilizan la succión, como sopapas, ventosas, e incluso goteros medicinales se basan en las diferencias de presión.

Una consecuencia sumamente importante del principio de la presión desigual es tu capacidad de respirar. Cuando respiras, usas un músculo grande situado en la base de tu caja torácica para cambiar el volumen y la presión de la cavidad pectoral. Este músculo se llama diafragma. Cuando aspiras aire, el diafragma se aplana, haciendo que los pulmones se expandan. A su vez, las partículas de aire dentro de los pulmones tienen más espacio para moverse, lo cual

the pressure decreases. When the pressure inside your lungs is less than the air pressure outside your body, air is forced through your mouth or nose into your lungs. When you exhale, the diaphragm moves upward, reducing the size of your lungs. This causes the pressure inside your lungs to increase to a pressure greater than that outside your body. Air is now forced out.

3–1 Section Review

1. Why does fluid pressure exist?
2. How is pressure calculated?
3. Explain how a woman weighing 500 N and wearing high-heeled shoes can exert a pressure on the floor equal to about three times the pressure exerted by a 45,000-N elephant.

Connection—*Life Science*
4. What can happen to a person's blood vessels if his or her blood pressure gets too high?

Figure 3–5 *Pop. Fizz. These are familiar sounds associated with opening certain containers. Many liquids are put into cans or bottles under high pressure. When the container is opened, that pressure is released.*

3–2 Hydraulic Devices

If there are no outside forces acting on a fluid, the pressure exerted by the fluid will be the same throughout. And the pressure will be exerted in every direction—up, down, sideways. Suppose you have a balloon filled with air and you poke your finger into it without popping it. Your finger adds pressure to the air at that point inside the balloon. The particles of the air are already packed tightly together and cannot escape. So what happens to this additional pressure applied to the air? The pressure at any point in a fluid is transmitted, or sent out, equally in all directions throughout the fluid. This means that the pressure is increased in every direction.

You have probably experienced this event without even knowing it. If you have a bottle completely filled with water and you try to push a stopper into it, what happens? You probably get wet as the water squirts out the top. The pressure applied to the water by

significa que la presión disminuye. Cuando la presión interna de tus pulmones es menor que la presión del aire fuera de tu cuerpo, el aire se introduce en tus pulmones a través de la nariz y la boca. Cuando exhalas, el diafragma se mueve hacia arriba, reduciendo el tamaño de los pulmones. Esto hace que la presión interior de los pulmones sea mayor que la de afuera, y que se expulse el aire.

3–1 Repaso de la sección

1. ¿Por qué existe la presión de los fluidos?
2. ¿Cómo se calcula la presión?
3. Explica cómo una mujer que pesa 500 N puede, cuando lleva zapatos de tacones altos, ejercer sobre el piso una presión unas tres veces mayor que la presión ejercida por un elefante de 45,000 N.

Conexión—*Biología*

4. ¿Qué les puede pasar a los vasos sanguíneos de una persona cuya presión sanguínea se eleva demasiado?

Figura 3–5 *¡Pum! ¡Sssss! Estos sonidos son comunes y se asocian con abrir ciertos envases. Muchos líquidos se ponen a presión en latas o botellas. Cuando se abre el envase, sale la presión.*

3–2 Mecanismos hidráulicos

Si no hay fuerzas exteriores actuando sobre un fluido, la presión ejercida por el fluido será constante y se ejercerá en todas direcciones—hacia arriba, abajo y los lados. Supón que tienes un globo lleno de aire y lo hundes con el dedo, sin hacerlo explotar. El dedo agrega presión al aire interior del globo en el punto en que lo aprieta. Las partículas de aire están muy apretadas y no pueden salir. ¿Qué le pasa entonces a la presión que se agregó? La presión aplicada a cualquier punto de un fluido se transmite por igual en todas direcciones a través del fluido. Esto significa que la presión aumenta en todas direcciones.

Probablemente hayas experimentado esto sin advertirlo. Si tienes una botella llena de agua y tratas de meterle un tapón, ¿qué ocurre? Lo más probable es que el agua salga de la botella y te moje. La presión que el

Guía para la lectura

Piensa en esta pregunta mientras lees.

▶ *¿Cómo logran las propiedades de la presión de un fluido hacer funcionar a los aparatos hidráulicos?*

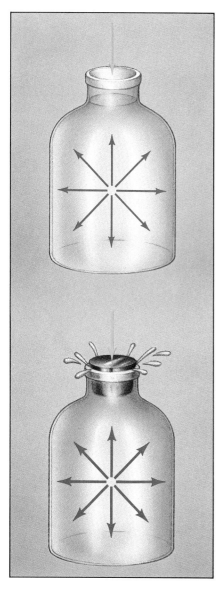

Figure 3–6 *A liquid in a confined space such as a bottle exerts pressure equally in all directions. When a stopper is pushed into the bottle, the added pressure it exerts is also transmitted equally in all directions—including up.*

the stopper acts equally in all directions—including up! **The transmission of pressure equally in all directions in a liquid is the principle behind hydraulic devices.** The brakes on your family car and a hydraulic lift used to raise heavy objects are examples of **hydraulic devices.** Hydraulic devices produce enormous forces with the application of only a very small force. In other words, hydraulic devices multiply forces. Let's see just how this works in the case of hydraulic brakes.

You may have wondered how it is possible that a rapidly moving car with a mass of more than 1000 kilograms can be stopped with a relatively light push on the brake pedal—a push certainly much lighter than you would need to exert if you were trying to stop the car from the outside. Imagine two movable pistons connected to a container of liquid as shown in Figure 3–7. The smaller piston can be pushed downward. This piston is like the piston connected to the brake pedal. When a force is exerted on the piston, the pressure created by the force pushes against the liquid. The pressure is transmitted equally throughout the liquid.

Now for the surprising part. The force experienced by the larger piston is greater than the force used to move the smaller piston. How does

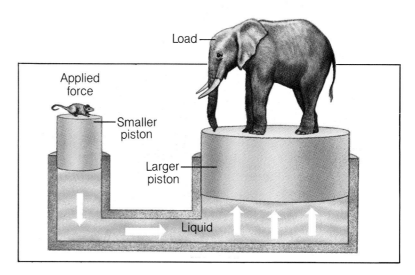

Figure 3–7 *In a hydraulic lift, the applied force moves the smaller piston down and adds pressure to the liquid. That pressure is transmitted equally in all directions, so the same pressure is exerted on the larger piston. But because the area of the larger piston is greater than the area of the smaller piston, more force is produced. The larger piston and its load move up.*

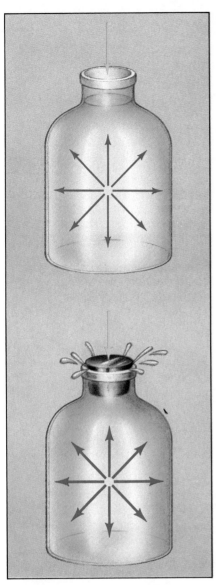

Figura 3-6 *Un líquido en un recipiente cerrado, como una botella, ejerce una presión igual en todas direcciones. Cuando se tapa la botella, la presión extra se transmite también en todas direcciones—incluso hacia arriba.*

tapón aplica al agua actúa por igual en todas direcciones ¡incluso hacia arriba! **El funcionamiento de los mecanismos hidráulicos se basa en el principio que dice que en un líquido la presión se transmite en todas direcciones por igual.** Los frenos del automóvil de tu familia y la grúa hidráulica usada para levantar objetos pesados son ejemplos de **mecanismos hidráulicos.** Los mecanismos hidráulicos producen fuerzas enormes con la aplicación de una fuerza mínima. En otras palabras, los mecanismos hidráulicos multiplican las fuerzas. Veamos cómo funciona esto en el caso de los frenos hidráulicos.

Tal vez te hayas preguntado cómo es posible que un automóvil que se mueve rápidamente y tiene una masa de unos 1000 kilogramos pueda detenerse con una leve presión sobre el freno—una fuerza por cierto mucho más leve que la que necesitarías para detenerlo desde afuera. Imagínate dos pistones móviles conectados a un recipiente con líquido como el de la figura 3–7. El pistón pequeño puede empujarse hacia abajo. Es similar al que va conectado al pedal del freno. Cuando se ejerce una fuerza sobre el pistón, la presión creada empuja contra el líquido. La presión se transmite por igual a través del líquido.

¡Y ahora la parte sorprendente! La fuerza que recibe el pistón grande es mayor que la que se aplicó al pistón pequeño. ¿Cómo puede suceder esto? La presión sobre

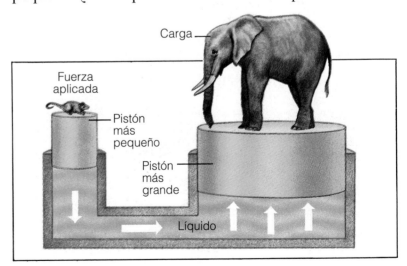

Figura 3-7 *La fuerza aplicada sobre el pistón más pequeño de un elevador hidráulico agrega presión al líquido. Esa presión se transmite por igual en todas direcciones, así que la misma presión se ejerce sobre el pistón más grande. Pero debido a que el área del pistón grande es mayor que el área del pequeño, se genera más fuerza. El pistón grande y su carga se elevan.*

Figure 3–8 *Besides being practical, hydraulic devices sometimes sustain life, as for this sea anemone, or provide endless fun, as for these children at the amusement park. No matter what the application, hydraulic devices are used to multiply force.*

this happen? The pressure on every square centimeter of the larger piston is equal to the pressure on every square centimeter of the smaller piston. The force exerted on a piston is the pressure of the liquid times the area of the piston. Since the number of square centimeters (or area) is greater on the larger piston, the force is greater. In the case of hydraulic brakes, the larger piston would be connected to the brake pads that slow the tires down. This is how a push on the brake pedal can bring a car to a halt.

You may already be familiar with some hydraulic devices. Barbers' chairs, automobile lifts, rescue ladders, and robotic equipment all use such devices. In addition, a number of living organisms make use of hydraulic pressure. A sea anemone can achieve a variety of shapes by the action of muscles on its seawater-filled body cavity. Earthworms move forward by repeated contractions of circular muscles along the body that act on their fluid-filled body cavities. The legs of some spiders are not extended only by muscles. Instead, the legs are extended by fluid driven into them under pressure.

3–2 Section Review

1. Explain the principle used in the operation of hydraulic devices.
2. Name four hydraulic devices with which you are familiar.

Critical Thinking—*Applying Concepts*
3. Without changing the size of the applied force or the small piston, how can you increase the amount of force that comes out of a hydraulic lift or ladder?

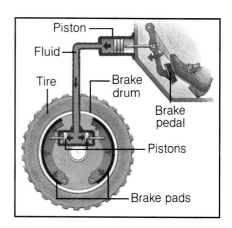

Figure 3–9 *Fluid in the brake system of a car multiplies the force exerted by the driver into a force great enough to stop the moving car. What force is used by the brake pads to stop the tire from turning?*

cada centímetro cuadrado del pistón grande es igual a la presión sobre cada centímetro cuadrado del pistón pequeño. La fuerza que se ejerce sobre el pistón es la presión del líquido multiplicada por el área del pistón. Como el número de centímetros cuadrados (o área) es mayor en el pistón grande, la fuerza es mayor. En el caso de los frenos hidráulicos, el pistón grande sería la zapata de los frenos, que detiene las ruedas. Así es como una presión sobre el pedal hace que el automóvil frene.

Puede que ya conozcas algunos mecanismos hidráulicos: sillas de peluquero, elevadores de automóviles, escaleras de rescate, aparatos robot, por ejemplo. Una variedad de seres vivos utilizan también la presión hidráulica. Una anémona de mar puede lograr una variedad de formas gracias a la acción de los músculos en sus cavidades corporales, llenas de agua de mar. Las lombrices pueden moverse gracias a las contracciones de músculos circulares que actúan sobre sus cavidades llenas de fluidos. Las patas de algunas arañas no se extienden debido a una acción muscular sino a fluidos que funcionan bajo presión.

Figura 3–8 *Además de ser prácticos, los mecanismos hidráulicos a veces posibilitan la vida, como la de esta anémona de mar, u ofrecen diversión como a estos niños en el parque de diversiones. Cualquiera sea su aplicación, los mecanismos hidráulicos se utilizan para multiplicar la fuerza.*

3–2 Repaso de la sección

1. Explica el principio usado en los mecanismos hidráulicos.
2. Nombra cuatro mecanismos hidráulicos que te sean familiares.

Pensamiento crítico—*Aplicación de conceptos*

3. Sin cambiar el tamaño de la fuerza que se aplica o el tamaño del pistón pequeño, ¿cómo puedes aumentar la fuerza producida por un elevador o una escalera hidráulica.

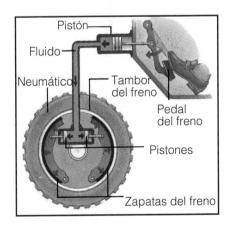

Figura 3–9 *El fluido del sistema de frenos de un auto multiplica la fuerza ejercida por el conductor, haciéndola tan grande como para detener el vehículo. ¿Qué fuerza usan las zapatas de los frenos para detener las ruedas?*

3-3 Pressure and Gravity

You learned that the pressure exerted by a fluid is the same throughout the fluid if there are no forces acting on the fluid. But there is one force that is always present. That force is gravity. Gravity pulls downward on all of the particles in a fluid.

The force of gravity produces some familiar results. For example, if you have ever swum to the bottom of a pool, then you remember how your ears began to ache as you went deeper. This happened because the pressure of the water increased rapidly with depth. **Due to the force of gravity, the pressure of any fluid varies with its depth.** The greater the depth, the greater the pressure. Let's see why.

The pool of water in Figure 3–10 has been broken up into five different levels. Because gravity pulls down on the particles in the top level, the entire level has a certain weight. The force of the weight of the first level pushes down on the second level. The second level, then, has the pull of gravity on its own particles plus the force of the weight of the first level. Therefore, the pressure at the second level is greater than the pressure at the first level. What about at the third level? The third level has the pull of gravity on its own particles plus the weight of the first two levels pushing down on it. So the pressure at the third level is greater than at either level above it. The bottom level (or greatest depth) of any fluid will have the greatest pressure because it has the greatest force pushing down on it from all the levels above it.

The increase in pressure that accompanies an increase in depth has some important effects.

Figure 3–10 *As any diver knows, the pressure in a fluid increases with depth. Where is the pressure greatest in a swimming pool?*

Weight = 1	1
Weight = 1 + 2	2
Weight = 1 + 2 + 3	3
Weight = 1 + 2 + 3 + 4	4
Weight = 1 + 2 + 3 + 4 + 5	5

Gravity

3–3 Presión y gravedad

Ya aprendiste que la presión ejercida por un fluido es la misma en todo el fluido si no hay fuerzas que actúen sobre éste. Pero hay una fuerza que está siempre presente: la gravedad. La gravedad atrae todas las partículas de un fluido hacia abajo.

La fuerza de gravedad produce algunos resultados familiares. Por ejemplo, si alguna vez nadaste hasta el fondo de una pileta de natación recordarás que tus oídos te dolían cuanto más profundo ibas. Esto ocurría porque la presión del agua aumentaba rápidamente con la profundidad. **Debido a la fuerza de gravedad la presión de los fluidos varía con su profundidad**. Cuanto mayor es la profundidad, mayor es la presión. Veamos por qué.

La piscina de la figura 3–10 se ha dividido en cinco niveles. Como la gravedad atrae las partículas del primer nivel, todo el nivel tiene cierto peso. La fuerza del peso del primer nivel empuja el segundo nivel. El segundo nivel, entonces, recibe la atracción de la gravedad en sus partículas más el peso del primer nivel. Por lo tanto la presión en el segundo nivel es mayor que la presión en el primer nivel. ¿Qué pasa en el tercer nivel? Éste recibe la atracción de la gravedad más el peso de los dos niveles superiores. Por eso la presión en el tercer nivel es mayor que en los anteriores. El nivel del fondo (o la mayor profundidad) de un fluido tendrá la mayor presión, dado que recibe la fuerza de todos los niveles anteriores.

El aumento de presión que acompaña el aumento de profundidad tiene algunos efectos importantes. A

Figura 3–10 *Como bien saben los buceadores, la presión de los fluidos aumenta con la profundidad. ¿Dónde es mayor la presión de una piscina?*

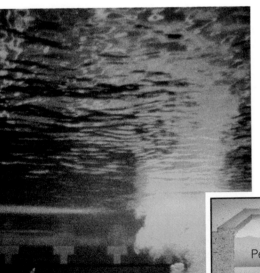

S ■ 68

Peso = 1	1
Peso = 1 + 2	2
Peso = 1 + 2 + 3	3
Peso = 1 + 2 + 3 + 4	4
Peso = 1 + 2 + 3 + 4 + 5	5

Gravedad

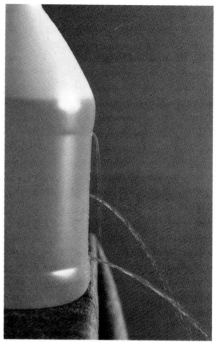

Figure 3–11 *Because pressure increases downward, the stream from the bottom hole in this container of water is strongest. Try it and see! The horizontal supporting ribs of a silo are closer together at the bottom than at the top. Why?*

Submarines that have descended too deep in the ocean have on occasion been crushed by the tremendous pressure. Divers cannot go too deep without experiencing serious problems caused by the increased pressure. Under high-pressure conditions, more nitrogen gas than usual dissolves in a diver's blood. When the diver resurfaces, the pressure on the body greatly decreases and the nitrogen gas leaves the blood. If the nitrogen leaves too quickly, it forms tiny bubbles that are often quite painful and can be dangerous. This condition is sometimes referred to as the bends. In order to prevent the bends, a diver must rise slowly to allow the dissolved nitrogen to be released gradually from the blood.

Water is not the only fluid in which pressure varies with depth. Our planet is surrounded by a fluid atmosphere. The pressure of our atmosphere also varies. In this case, the pressure varies with altitude, or height above the ground. The higher the altitude, the lower the pressure. In addition, at higher altitudes, there are fewer particles of air in a given area. Fewer particles pushing against one another results in lower pressure. At higher altitudes, the pressure inside your body becomes greater than the air pressure outside your body. You may feel the difference in pressure as a pain in your eardrums. When this happens, some air rushes out of your ears and you hear a "pop." As a result of the release of some of the air from inside your eardrum, the pressure inside your eardrum is again equal to the pressure outside your body.

Figura 3–11 *Como la presión aumenta hacia abajo, el chorro que sale del agujero inferior de este recipiente tiene más fuerza. ¡Compruébalo! Los soportes horizontales de un silo están más juntos abajo que arriba. ¿Por qué?*

veces, la tremenda presión de la profundidad del océano llegó a aplastar a submarinos que se habían sumergido demasiado. Los buceadores no pueden bajar a demasiada profundidad sin experimentar serios problemas causados por el exceso de presión. Bajo grandes presiones, más nitrógeno que el habitual se disuelve en la sangre de los buceadores. Cuando éstos vuelven a la superficie, la presión sobre el cuerpo se reduce, y el nitrógeno abandona la sangre. Si el nitrógeno sale muy rápidamente forma pequeñas burbujas que son muy dolorosas y pueden ser peligrosas. Esta condición se conoce como aeroembolia o parálisis de los buzos. Para evitarla, los buceadores deben ascender lentamente, para que el nitrógeno abandone la sangre de a poco.

El agua no es el único fluido cuya presión varía con la profundidad. Nuestro planeta está rodeado por una atmósfera fluida. La presión de nuestra atmósfera también varía. En este caso, la presión varía con la altitud, o altura por encima de la tierra. Cuanto más alta la altitud, más baja la presión. Además, a altitudes mayores, hay menos partículas de aire en un área determinada, lo que da como resultado menor presión. A mayor altitud, la presión interna de tu cuerpo es menor que la presión exterior del aire. Puedes sentir la diferencia de presión como un dolor en los tímpanos. Cuando esto ocurre, sale un poco de aire de tus oídos y oyes un "pop." Como resultado de la salida de aire de los tímpanos, la presión del aire dentro de tus oídos es igual a la presión de afuera.

ACTIVIDAD

PARA AVERIGUAR

La magia de un plomero

1. Humedece el borde inferior de una sopapa de plomero.

2. Aprieta la sopapa contra el asiento de un banco, una pizarra u otra superficie lisa.

¿Qué pasa si tratas de levantar la sopapa?

■ Utilizando lo que sabes sobre la presión del aire, explica cómo funciona la sopapa.

Guide for Reading

Focus on these questions as you read.

▶ *What is buoyancy?*
▶ *How does Archimedes' principle explain why an object floats or sinks?*

3–4 Buoyancy

Here is an experience that you have probably had. You have been able to lift a friend or heavy object while you were in or under water that you could not lift while you were out of the water. Objects submerged in a fluid appear to weigh less than they do out of the fluid. Why? Force (pressure) increases with depth. Thus the force at the bottom of an object in a fluid is greater than the force at the top of the object. The overall force is in the upward direction and acts against the downward weight of the object. The upward force is called the **buoyant** (BOI-uhnt) **force.** This phenomenon is known as **buoyancy.**

Think for a moment about what happens to the level of water in a bathtub when you sit down in it. The level rises. It does so because you move aside some of the water and take its place. Any object placed in water displaces, or moves aside, a certain amount of water. The amount of water that is displaced has a definite weight. Because the buoyant force was able to support this weight, this weight must be related to the size of the buoyant force.

More than 2000 years ago, the Greek scientist Archimedes discovered the nature of this relationship. **The buoyant force on an object is equal to the weight of the fluid displaced by the object.** This relationship between buoyancy and the weight of the displaced fluid is called **Archimedes' principle.**

The size of the buoyant force determines what will happen to an object placed in a fluid—that is,

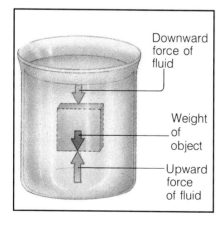

Figure 3–12 *Fluids exert an upward force that acts against the downward force exerted by the weight of the object. What is this upward force called?*

Downward force of fluid

Weight of object

Upward force of fluid

1. ¿Qué fuerzas hacen que la presión de los fluidos varíe con la profundidad? ¿Por qué?
2. ¿Por qué deben los buzos salir de a poco del agua?
3. ¿Por qué son los diques más gruesos en la base que en la parte superior?

Conexiones—*Biología*

4. Explica por qué es más difícil respirar a mayor altitud que al nivel del mar.

Guía para la lectura

Piensa en estas preguntas mientras lees.

▶ *¿Qué es la flotación?*

▶ *¿Cómo explica el principio de Arquímedes el hecho de que un objeto flote o se hunda?*

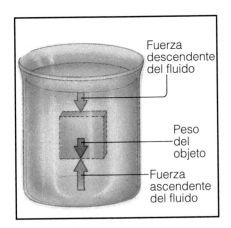

Figura 3–12 *Los fluidos ejercen una fuerza ascendente que actúa contra la fuerza descendente ejercida por el peso del objeto. ¿Cómo se llama la fuerza ascendente?*

3–4 La flotación

Probablemente hayas podido levantar debajo del agua un objeto o un(a) amigo(a) que no hubieras podido levantar fuera. Pareciera que los objetos pesan menos sumergidos dentro de un fluido que fuera. ¿Por qué? La fuerza (presión) aumenta con la profundidad. Así la fuerza que actúa en la base de un objeto dentro de un fluido es mayor que la que actúa sobre la parte superior del objeto. La fuerza ascendente actúa contra el peso del objeto, que empuja hacia abajo. La fuerza ascendente se llama **fuerza de flotación**. El fenómeno se conoce como **flotación**.

Piensa por un momento en lo que le pasa al nivel del agua de una bañera cuando te sientas en ella. El nivel sube, porque tú desplazas parte del agua y ocupas su lugar. Todo objeto puesto en el agua desplaza cierta cantidad de agua. La cantidad de agua desplazada tiene un peso. Como la fuerza de flotación sostenía este peso, el mismo debe relacionarse con la intensidad de la fuerza de flotación.

Hace más de 2000 años el científico griego Arquímedes descubrió la naturaleza de esta relación. **La fuerza de flotación de un objeto es igual al peso del fluido desplazado por el objeto.** Esta relación entre la flotación y el peso del fluido desplazado se llama **principio de Arquímedes**.

El tamaño de la fuerza de flotación determina lo que le pasará a un objeto puesto en un fluido—si va a

whether it will sink or float. The buoyant force can be greater than, less than, or equal to the weight of an object placed in the fluid. What do you think happens when the weight of an object placed in a fluid is less than or equal to the weight of the fluid it displaces—and therefore the buoyant force? You are correct if you said the object floats. **An object floats when it displaces a volume of fluid whose weight is greater than or equal to its own weight.**

Have you ever heard the expression "tip of the iceberg" applied to a situation in which only a few facts are known (the rest are hidden). This expression is based in science—in particular, in Archimedes' principle. An iceberg is a massive chunk of ice that has broken away from a glacier and is floating in the ocean. Because it is floating, you know that its weight must be less than or equal to the weight of the salt water it displaces. A volume of ice weighs slightly less than the same volume of salt water. Therefore, the buoyant force of the ocean pushes the iceberg upward. But because the weight of the iceberg and the weight of the displaced water are so close, the iceberg is pushed upward only a small amount. Close to 90 percent of the iceberg remains submerged. Icebergs can be extremely dangerous because a passing ship may see only the small portion that is above water—the tip—and thus be damaged by the much larger portion floating beneath the surface.

Exactly why do some substances float and others sink? The answer has to do with a physical property of both the object and the fluid called **density.** Density is the ratio of the mass of a substance to its volume. In other words, density is mass divided by volume ($D = M/V$). Here is an example. A block of wood placed in water will float. But the same size block of aluminum placed in water sinks. Why? For the displaced water to have a greater weight than the object (the condition for floating), the fluid must have a greater density than the object. Water, then, must be more dense than wood, but less dense than aluminum.

The conditions for floating can now be stated in terms of density: **An object will float in a fluid if the density of that object is less than the density of the fluid.** The density of water is 1 gram per cubic

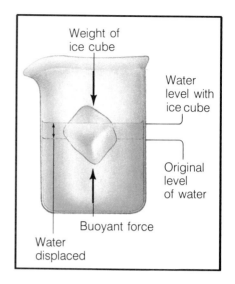

Figure 3–13 *An object placed in a fluid displaces an amount of fluid causing the level to rise. The buoyant force is equal to the weight of the displaced fluid. How can you measure the amount of water displaced by this ice cube?*

Activity Bank

Density Dazzlers, p.147

Figure 3–14 *Do not worry about the tip of an iceberg. It is what lies beneath the surface that is the problem! Because the density of ice is slightly less than the density of water, only a portion of an iceberg needs to be pushed up through the surface for the iceberg to float.*

hundirse o a flotar. La fuerza de flotación puede ser mayor, igual, o menor que el peso de un objeto en un fluido. ¿Qué crees que sucede cuando el peso de un objeto en un fluido es menor o igual al peso del fluido que desplaza—y por lo tanto que la fuerza de flotación? La respuesta correcta es: El objeto flota. **Un objeto flota cuando desplaza un volumen de líquido cuyo peso es mayor que, o igual a, su propio peso.**

¿Haz oído alguna vez la expresión "punta del témpano" aplicada a una situación de la cual sólo unos pocos hechos se conocen (el resto está oculto)? Esta expresión se basa en la ciencia—en especial en el principio de Arquímedes. Un témpano es un enorme pedazo de hielo que se ha separado de un glaciar y flota en el océano. Como flota, sabes que su peso debe ser igual o menor que el peso del agua salada que desplaza. Un volumen de hielo pesa un poco menos que el volumen de agua salada que desplaza. Por eso la fuerza de flotación del océano empuja el témpano hacia arriba. Pero, debido a que el peso del témpano y el del agua salada que desplaza son tan similares, sólo una pequeña parte del témpano sobresale de la superficie. Casi un 90 por ciento permanece sumergido. Los témpanos pueden ser muy peligrosos porque se ve sólo la parte que está por encima del agua—la punta—y un barco puede ser dañado por la parte de abajo.

¿Por qué flotan algunas sustancias y otras se hunden? Se debe a una propiedad física, tanto del objeto como del fluido, que se llama **densidad**. La densidad es la relación entre la masa de una sustancia y su volumen. En otras palabras, la densidad es la masa dividida por el volumen ($D = M/V$). Por ejemplo, un bloque de madera puesto en el agua flotará. En cambio, un bloque de aluminio del mismo tamaño se hundirá. ¿Por qué? Para que el agua desplazada tenga un peso mayor que el objeto (la condición de la flotación) el fluido debe tener una densidad mayor que la del objeto. El agua, por eso, debe ser más densa que la madera pero menos densa que el aluminio.

Podemos ahora enunciar la condición de la flotación en términos de densidad. **Un objeto flotará en un fluido si la densidad de ese objeto es menor que la densidad del fluido.** La densidad del agua es de 1 gramo por centímetro cúbico (1 g/cm^3). El bloque de

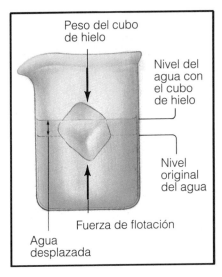

Figura 3–13 *Un objeto puesto en un fluido desplaza una cantidad de fluido, haciendo subir su nivel. La fuerza de flotación es igual al peso del fluido desplazado. ¿Cómo puedes medir el agua desplazada por este cubo de hielo?*

Pozo de actividades

Sorpresas de la densidad, p. 147

Figura 3–14 *No te preocupes por la punta de un témpano de hielo. ¡El problema es lo que está debajo de la superficie! Como la densidad del hielo es ligeramente menor que la del agua, basta con que sólo una porción del témpano salga fuera de la superficie para que flote.*

ACTIVITY

DISCOVERING

An Archimedean Trick

1. Obtain a cubic object such as a die.

2. Measure the volume of the cube. Volume equals length times width times height.

3. Obtain a graduated cylinder or small beaker into which you can place the cube. Fill half of the container with water. Record the volume of the water either by reading the level on the graduated cylinder or making a mark on the beaker with a glass-marking pencil.

4. Place the cube into the water. Make sure the cube is entirely under water. Record the volume shown on the container again.

5. Subtract the first volume measurement from the second volume measurement. Compare this difference with the volume of the cube you calculated.

Why is the second volume measurement greater than the first? Is there more water?

■ What does this experiment tell you about the fluid an object displaces?

■ Suppose the container of water was filled to the top. What would have happened when you placed the cube into the container?

centimeter (1 g/cm³). The wood block floats because the density of wood is about 0.8 g/cm³. The density of aluminum is 2.7 g/cm³—more than twice the density of water. So the aluminum block sinks. Aluminum can never displace a weight of water equal to its own weight. The density of lead is 11.3 g/cm³. It, too, sinks in water. What happens to lead and aluminum when they are placed in mercury, which has a density of 13.6 g/cm³?

You may wonder how objects such as steel ships are able to float in water, since the density of steel is 7.8 g/cm³. A ship is built of a shell of steel that is hollow inside. So the volume of the ship is made up mostly of air. The ship and air together have a density that is less than that of water. They can displace a weight of water equal to or greater than their weight. Can you explain why a ship will sink if its hull fills with water?

Air is also a fluid. So air exerts a buoyant force. You are buoyed up by the air. But because its buoyant force is so small, you cannot actually feel it. The density of air is only 0.00121 g/cm³. A balloon filled with helium gas will float in air because the density of helium is 0.000167 g/cm³. The density of carbon dioxide is almost twice the density of air. Will a balloon filled with carbon dioxide float in air?

Certain organisms and objects need to float at a certain depth, rather than at the surface. If the weight of a submerged object is exactly equal to the weight of the displaced fluid, the object will not move up or down. Instead, it will float at a constant depth. Most fishes have a gas-filled bladder whose

Figure 3–15 *This bather in the Dead Sea in Israel relaxes with the newspaper as she enjoys the results of density differences. Because the Dead Sea is very salty, it is very dense. Is the woman's density greater or less than that of the water?*

Treta estilo Arquímedes

1. Obtén un objeto cúbico, como un dado.

2. Mide el volumen del cubo. Volumen es igual al alto por ancho por profundidad.

3. Obtén un cilindro graduado o pequeña cubeta en el que puedas poner el cubo. Llena la mitad del recipiente con agua. Anota el volumen del agua leyendo el cilindro graduado o haciendo una marca en la cubeta con un lápiz para vidrio.

4. Pon el cubo en el agua. Asegúrate de que el cubo esté cubierto de agua. Anota el volumen del agua en el recipiente otra vez.

5. Resta la primera medida del agua de la segunda. Compara esta diferencia con el volumen del cubo que habías calculado.

¿Por qué es la medida del segundo volumen mayor que la del primero? ¿Hay más agua?

■ ¿Qué te dice este experimento acerca del fluido que desplaza un objeto?

■ Supón que el recipiente hubiera estado lleno de agua hasta el borde. ¿Qué hubiera pasado al poner el cubo adentro?

madera flota porque su densidad es de unos 0.8 g/cm³. La densidad del aluminio es 2.7 g/cm³—más del doble que la densidad del agua. El bloque de aluminio se hunde. El aluminio nunca podría desplazar un peso de agua igual a su propio peso. La densidad del plomo es 11.3 g/cm³. Se hunde también en el agua. ¿Qué pasa con el aluminio y el plomo si se los pone en mercurio, con una densidad de 13.6 g/cm³?

Podrías preguntarte cómo objetos tales como un buque de acero pueden flotar en el agua, dado que la densidad del acero es de 7.8 g/cm³. El buque está hecho de un casco de acero que es hueco adentro. Por eso el volumen del buque es mayormente aire. El acero y el aire tienen juntos una densidad menor que la del agua. Pueden desplazar un peso del agua igual o superior al propio peso. ¿Puedes explicar por qué el buque se hundiría si su casco se llenara de agua?

El aire es también un fluido. Por lo tanto ejerce una fuerza de flotación. El aire te hace flotar hacia arriba pero con poca fuerza, por lo cual no lo sientes. La densidad del aire es sólo 0.00121 g/cm³. Un globo lleno de helio flotará en el aire porque la densidad del helio es 0.000167 g/cm³. La densidad del monóxido de carbono es casi el doble que la del aire. ¿Flotará en el aire un globo lleno de monóxido de carbono?

Ciertos organismos y objetos flotan a cierta profundidad y no en la superficie. Si el peso de un objeto sumergido es exactamente igual al peso del fluido desplazado, el objeto no se moverá ni hacia arriba ni hacia abajo sino que flotará a una profundidad constante. La mayoría de los peces tienen una vejiga

Figura 3–15 *Esta bañista en el Mar Muerto en Israel descansa leyendo un diario y disfrutando de las diferencias de densidad. Como el Mar Muerto es muy salado, es muy denso. ¿Es la densidad de la mujer mayor o menor que la del agua?*

Figure 3–16 *At first glance you may see no relationship between hot-air balloons that rise high in the sky and a submarine that sinks deep into the ocean. But both must adjust their masses to rise, sink, or float at a certain level depending on the buoyant force. Why?*

volume changes to adjust to the buoyant force at various depths. Submerged submarines take on and discharge sea water as needed for the same reason. And the pilot of a hot-air balloon adjusts its weight to match the buoyant force of the air.

The concept of buoyancy is useful in many fields. Geology is a good example. According to the modern theory of plate tectonics and continental drift, the continents can be thought of as floating in a sea of slightly soft rock that acts like a fluid. The height of any continent in a particular area depends in part on the difference between its density and the density of the rock in which it is floating.

3–4 Section Review

1. Why does the buoyant force exist?
2. State Archimedes' principle in terms of buoyancy. In terms of density.
3. The density of ocean water is 1.02 g/cm³. Will a boat float higher in ocean water than in fresh water? Explain your answer.

Critical Thinking—*Designing an Experiment*
4. Suppose a friend finds a strange-looking object with no particular shape. Explain how you can determine the density of the object in order to identify the substance.

Figura 3–16 *A primera vista no puedes ver la relación entre los globos de aire caliente que se elevan en el cielo y el submarino que se hunde en el océano. Pero ambos deben adaptar sus masas para elevarse, hundirse o flotar a cierto nivel de acuerdo a la fuerza de flotación. ¿Por qué?*

llena de gas cuyo volumen cambia para adaptarse a la fuerza de flotación a varias profundidades. Los submarinos sumergidos absorben y descargan agua de mar con el mismo fin. Y el piloto de un globo de aire caliente gradúa el peso según la fuerza de flotación del aire. El concepto de flotación es útil en muchos campos. La geología es un buen ejemplo. De acuerdo con la teoría moderna de la estructura de la tierra en capas y de la deriva continental, se puede pensar que los continentes flotan en una base de roca ligeramente blanda que funciona como un fluido. La altura de un continente en un área particular dependería en parte de la diferencia entre su densidad y la densidad de la roca en la cual flota.

3–4 Repaso de la sección

1. ¿Por qué existe la fuerza de flotación?
2. Enuncia el principio de Arquímedes en términos de flotación y en términos de densidad.
3. La densidad del agua del océano es de 1.02 g/cm³. ¿Flotará un barco más arriba en el agua del mar que en agua dulce?

Pensamiento crítico—*Diseñar un experimento*
4. Supón que un(a) amigo(a) encuentra un objeto de forma imprecisa y aspecto extraño. Explica cómo puedes determinar la densidad del objeto para identificar la sustancia.

PARA HACER

Flotar o no flotar

1. Obtén un cilindro vacío. Una lata pequeña de jugo congelado abierta en ambos extremos te servirá.

2. Pon el cilindro sobre la tapa de un frasco.

3. Llena un cuenco con agua. Llena también un vaso con agua.

4. Mantén juntos la tapa y el cilindro y pónlos con cuidado en el cuenco con agua, con la tapa abajo. Sosténlos de modo tal que sólo unos 2 cm del cilindro sobresalgan del agua.

5. Saca la mano de la tapa del frasco y sostén sólo el cilindro. ¿Qué le pasa a la tapa del frasco?

6. Vuelca con cuidado agua del vaso en el cilindro. ¿Qué le pasa a la tapa del frasco cuando el nivel del agua del cilindro es igual al nivel del agua de afuera?

Explica tus observaciones de los pasos 5 y 6 en términos de presión del aire.

Figure 3–17 *You can demonstrate Bernoulli's principle by doing this simple experiment.*

Aᴄᴛɪᴠɪᴛʏ

DISCOVERING

Rolling Uphill

1. Place a hard-boiled egg or a potato in a small saucepan filled with water.

2. Hold the saucepan under running water so that the water runs between the egg (or potato) and the rim.

3. Tilt the saucepan toward you slightly. Where do you think the egg (or potato) will go? Are you correct?

■ Explain your observations.

3–5 Fluids in Motion

Now it is time for you to do a little discovering. Try this experiment. Get a long, thin strip of paper. Put the paper in a book by inserting about 5 centimeters of it between two pages. Hold the book upright in front of your mouth so that the paper hangs over the far side of the book as shown in Figure 3–17. Now blow gently across the top of the paper. What happens? If you do this experiment correctly, the piece of paper is pushed upward, or lifted.

What you have demonstrated is the principle formulated by the eighteenth-century Swiss scientist Daniel Bernoulli. **Bernoulli's principle** explains why all forms of flight are possible. **Bernoulli's principle explains that the pressure in a moving stream of fluid is less than the pressure in the surrounding fluid.** The faster a fluid moves, the less pressure it exerts.

When you blow across the top of the paper, you produce a moving stream of air. The pressure in this moving stream is less than the pressure in the surrounding air. So the air pressure under the paper is now greater than the air pressure above it. The paper is pushed up into the moving air. What has this to do with how airplanes fly?

Look at Figure 3–18, which shows the shape of an airplane wing. You will notice that the wing is round in the front, thickest in the middle, and narrow at the back. The bulge in the upper surface makes this surface longer than the lower surface. So when the wing moves forward, the air above the wing must travel a longer distance than the air

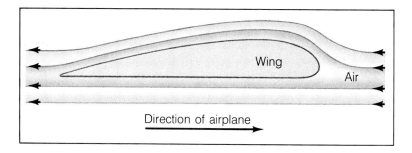

Figure 3–18 *An airplane wing is designed so that air passing over the wing travels faster than air passing beneath it. According to Bernoulli's principle, less pressure is exerted by a fluid that is flowing faster than another fluid. How does this explain how airplanes can fly?*

Figura 3–17 *Puedes comprobar el principio de Bernoulli mediante este simple experimento.*

Actividad

PARA AVERIGUAR

Rodando cuesta arriba

1. Pon un huevo duro o una papa en una pequeña olla llena de agua.

2. Sostén la olla bajo un chorro de agua de modo que el agua corra entre el huevo (o papa) y el borde de la olla.

3. Inclina la olla levemente hacia ti. ¿Hacia dónde crees que irá el huevo (o papa)?¿Estás en lo cierto?

■ Explica tus observaciones.

3–5 Fluidos en movimiento

Es hora de investigar un poco. Pon una tira larga y estrecha de papel en un libro. Inserta unos 5 cm. de la tira entre dos páginas. Sostén el libro frente a tu boca de modo que el papel sobresalga como se muestra en la figura 3–17. Ahora, sopla suavemente sobre el borde del libro en la dirección del papel. ¿Qué pasa? Si haces este experimento correctamente, el pedazo de papel se levanta.

Lo que has comprobado es un principio formulado por el científico suizo del siglo dieciocho Daniel Bernoulli. **El principio de Bernoulli** explica por qué todas las formas de vuelo son posibles. **El principio de Bernoulli afirma que la presión de una corriente de fluido en movimiento es menor que la presión del fluido que la rodea.** Cuanto más rápido se mueve un fluido, menos presión ejerce.

Cuando soplas en la dirección de la tira de papel, produces una corriente de aire en movimiento. La presión de esta corriente es menor que la del aire que la rodea. Por eso, la presión del aire debajo del papel es ahora mayor que la presión del aire sobre él. Esto empuja el papel hacia el aire en movimiento. ¿Qué tiene esto que ver con el vuelo de los aviones?

Mira la figura 3–18, que muestra la forma de un ala de avión. El ala es redonda al frente, más gruesa en el medio, y fina atrás. La curva en la parte de arriba hace que esta superficie sea más larga que la de abajo. Cuando el ala avanza, el aire de arriba debe recorrer una distancia mayor que el aire de abajo. Recuerda lo

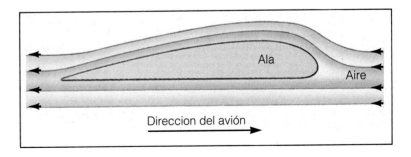

Figura 3–18 *El ala de un avión está diseñada de tal forma que el aire que pasa por encima del ala viaja con mayor rapidez que el aire que pasa por debajo. De acuerdo con el principio de Bernoulli se ejerce menos presión con un líquido que fluye con mayor rapidez que otro. ¿Cómo te explica esto el vuelo de los aviónes ?*

below the wing. Recalling what you know about speed, what must be true if the air above the wing travels a longer distance in the same amount of time? The air above the wing must be moving faster. According to Bernoulli's principle, then, the air above the wing exerts less pressure on the wing than the air below the wing. This creates an upward unbalanced force that keeps the airplane in the air.

Activity Bank

Baffling With Bernoulli, p.149

PROBLEM Solving

Attack of the Shower Curtain

Smash! You forcefully shut off your alarm clock and drag yourself out of bed. With your eyes only half open, you stumble into the shower. Blindly, you reach over and turn on the water. Aaaah! Suddenly, your eyes pop open as the shower curtain attacks you. You push it away but it comes right back. Instinctively, you shut off the water. To your relief, the shower curtain calms back down. You are a little confused. Could you have imagined all this? You turn the water back on and again the shower curtain moves toward you, climbing on your legs and encircling you. What is going on?

This is no horror story. In fact, it is a common experience you may have had.

Drawing Conclusions

Can you explain why some shower curtains are pulled into the shower with you? What are some ways you can stop the shower curtain from attacking?

que sabes acerca de la velocidad: ¿qué debe suceder si el aire de encima del ala recorre una distancia mayor en el mismo tiempo? El aire de encima debe moverse más rápido. Entonces, de acuerdo con el principio de Bernoulli, el aire de encima del ala ejerce menor presión sobre el ala que el aire de abajo. Esto crea una fuerza no equilibrada hacia arriba que mantiene al avión en el aire.

Pozo de actividades

Trucos de Bernoulli, p. 149

PROBLEMA a resolver

El ataque de la cortina de baño

¡Qué sueño! A la fuerza paras tu reloj despertador y sales de la cama. Con los ojos apenas abiertos, llegas a la ducha. Casi a ciegas abres el agua. ¡Aaaah! De pronto te sorprende el ataque de la cortina de baño. La empujas lejos de ti pero vuelve. Instintivamente, cierras el agua. Con alivio ves que la cortina se calma. Tú estás un poco confundido. ¿Podrías haberlo imaginado todo? Vuelves a abrir la llave de agua y otra vez la cortina se trepa a tus piernas, pegándose a tu cuerpo. ¿Qué ocurre?

No se trata de una historia de terror. Se trata de una experiencia común que debes haber vivido.

Sacando conclusiones

¿Puedes explicar por qué ciertas cortinas de baño quieren tomar un baño contigo? ¿Cuáles son algunas de las maneras de evitar el ataque de la cortina de baño?

Figure 3–19 *Animals that live underground must take advantage of Bernoulli's principle to keep air flowing through their burrows. These prairie dogs, for example, design their mounds so that air pressure above the hole is lower than air pressure inside the burrow. This causes the air inside to be pushed out. What other animals might use similar tactics?*

Figure 3–20 *Up, up, and away goes the beautiful kite as you run vigorously on a windy day. Where is the pressure greater, above or below the kite?*

You can use a simple kite to illustrate the basic ideas of flight. As you run with the kite, the air pushes upward on the kite and the kite rises. And once the kite's weight is balanced by the upward force, the kite remains up. You might want to demonstrate these ideas yourself. Go ahead—fly a kite!

Bernoulli's principle can be used to explain much more than just the flight of an airplane or a kite. You can also use Bernoulli's principle to explain why smoke goes up a chimney. In addition to the fact that hot air rises, smoke goes up a chimney because wind blows across the top of the chimney. This makes the pressure lower at the top of the chimney than at the bottom in the house. This difference in pressure causes the smoke to be pushed up.

3–5 Section Review

1. Explain Bernoulli's principle.
2. How is the shape of an object related to the effects of Bernoulli's principle?
3. Why do airplanes normally take off into the wind?

Critical Thinking—*Relating Cause and Effect*
4. Roofs of houses are sometimes pushed off from the inside by very strong winds. Explain this using Bernoulli's principle.

Figura 3–19 *A los animales que viven bajo tierra les es útil el principio de Bernoulli para ventilar sus túneles. Estas marmotas de las praderas por ejemplo, diseñan sus montículos de modo que la presión es menor encima del agujero que dentro del túnel. Esto hace que el aire del interior salga hacia arriba. ¿Qué otros animales podrían usar tácticas similares?*

Figura 3–20 *La cometa se aleja hacia lo alto mientras tú corres, en un día de viento. ¿Dónde es mayor la presión, encima o debajo de la cometa?*

Con una simple cometa se pueden ilustrar las ideas básicas del vuelo. Cuando corres, el aire empuja la cometa hacia arriba y ésta se eleva. Y una vez que la fuerza que va hacia arriba equilibra su peso, la cometa queda en lo alto. Tal vez quieras comprobar estas ideas. ¡Haz volar una cometa!

El principio de Bernoulli puede explicar mucho más que el vuelo de un avión o una cometa. Puedes usarlo para explicar por qué el humo sube por una chimenea. Además de subir porque el aire caliente sube, el humo se eleva porque el viento sopla por encima de la chimenea. Esto disminuye la presión arriba de la chimenea. La diferencia de presión con el interior de la casa fuerza entonces al humo a subir.

3–5 Repaso de la sección

1. Explica el principio de Bernoulli.
2. ¿Cómo se relaciona la forma de un objeto con los efectos del principio de Bernoulli?
3. ¿Por qué los aviones despegan normalmente contra el viento?

Pensamiento crítico—*Relacionar causa y efecto*

4. A veces los vientos fuertes arrancan los techos de las casas. Explica esto basándote en el principio de Bernoulli.

What a Curve!

It's the bottom of the ninth inning. There are two outs and two strikes on the batter as the pitcher winds up. The batter waits as the ball heads straight for his bat. The batter begins to swing. But wait! In the middle of his swing the ball swerves out of the bat's way. The game is over!

The key to a game-winning *curve ball* is spin. Why do spinning balls curve in flight?

As a spinning ball passes through the air, it drags air around itself in the direction of the spin. For example, consider a tennis ball that is spinning so that the top is being carried in the direction of motion of the ball and the bottom is being carried in the opposite direction. As the ball spins, some of the air will be dragged around in a circular pattern. This will happen as long as the surface of the ball is rough (which is why the fuzz is important). As the ball moves, the air through which it travels appears to move in the opposite direction. Thus the air dragged around the top of the ball is moving in the opposite direction from the air passing the ball.

You know that velocities in opposite directions combine by subtraction. Because of this, the air above the ball slows down. Below the ball, however, the air passing the ball and the air being dragged around the ball are in the same direction. This causes the air below the ball to speed up, as the velocities add together. The air on top of the ball is moving at a slower speed than the air below the ball.

According to Bernoulli's principle, the slower speed means a higher pressure. Thus the air on top of the ball exerts a greater pressure on the ball than the air beneath the ball. This forces the ball downward. A good tennis player can hit the ball with just enough topspin so that it appears to be going out of the court but drops sharply before the baseline.

If a pitcher wishes to make a ball curve, sidespin must be applied to the ball. The direction of the curve will depend on the direction of the sidespin. A spin to the right will curve the ball to the right. A spin to the left will curve the ball to the left. On a baseball, it is the seams that create the airflow around the ball.

So go out and practice Bernoulli's principle for yourself . . . Plaaaay ball!

¡Qué curva!

Es el final de la novena entrada. Hay dos fueras y dos pasadas con el bateador mientras el lanzador se prepara. El bateador espera la pelota que se dirige derecho hacia su bate. Se prepara para batear pero . . . ¡Un momento! Antes de que logre tocarla, la pelota cambia de dirección y elude el bate. ¡Se acabó el juego!

Una *pelota curva* gana el partido gracias al efecto giratorio. ¿Por qué siguen las pelotas con efecto una ruta curva?

Cuando una pelota va girando por el aire, arrastra consigo el aire en la dirección en que gira. Piensa por ejemplo en una pelota de tenis que gira de tal modo que la parte de arriba va en dirección del movimiento de la pelota y la parte de abajo en dirección opuesta. Cuando la pelota gira, hace que el aire se mueva en forma circular. Esto pasa si la superficie de la pelota es rugosa (por eso la pelusa es importante). Al moverse la pelota, el aire que atraviesa parece moverse en dirección opuesta. Así, el aire que arrastra la parte superior de la pelota se mueve en dirección opuesta al aire que pasa la pelota en su recorrido.

Ya sabes que las velocidades de dirección opuesta se combinan por la resta. Por eso la velocidad del aire de encima de la pelota disminuye. Pero debajo, el aire que pasa la pelota y el aire arrastrado por la pelota van en la misma dirección. Esto hace que el aire de abajo de la pelota aumente su rapidez, dado que las velocidades se suman. El aire de encima de la pelota se mueve más despacio que el aire de abajo de la pelota.

De acuerdo al principio de Bernoulli, a velocidad menor hay mayor presión. El aire de arriba de la pelota ejerce una presión mayor que el de abajo. Lo que fuerza la pelota hacia abajo. Un buen jugador de tenis puede lanzar la pelota con el efecto exacto para que parezca que va a salir de la cancha y a último minuto caiga adentro.

Si un lanzador quiere que la pelota tome una curva, debe aplicar un efecto de lado. La dirección de la curva dependerá de la dirección del efecto. El efecto hacia la derecha mandará la pelota en línea curva a la derecha, y viceversa.

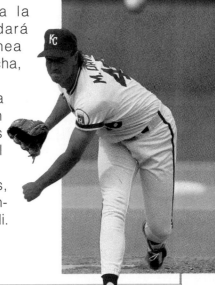

En la pelota de béisbol, son las costuras las que crean el flujo del aire.

Sal entonces, y practica el principio de Bernoulli. ¡A jugar!

Laboratory Investigation

A Cartesian Diver

Problem

What is the relationship between the density of an object and its buoyancy in a fluid?

Materials *(per group)*

copper wire
medicine dropper
large, clear-plastic bottle with
   an airtight lid
glass
water

Procedure 🔬

1. Wrap several turns of wire around the middle of the medicine dropper.

2. Fill the glass with water and place the dropper in the glass. The dropper should barely float, with only the very top of it above the surface of the water.

3. If the dropper floats too high, add more turns of wire. If the dropper sinks, remove some turns of wire.

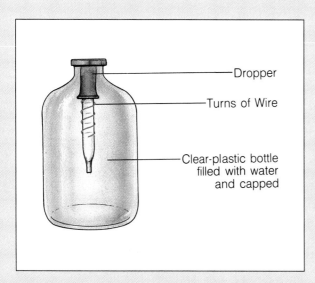

Dropper

Turns of Wire

Clear-plastic bottle
filled with water
and capped

4. Completely fill the large plastic bottle with water.

5. Place the dropper in the bottle of water. The water should overflow.

6. Screw the cap tightly on the bottle. No water or air should leak out when the bottle is squeezed.

7. Squeeze the sides of the bottle. Record your observations. If the dropper does not move, take it out and add more turns of wire.

8. Release the sides of the bottle. Record your observations.

Observations

1. What happens to the dropper when the sides of the bottle are squeezed?

2. What happens to the dropper when the sides of the bottle are released?

Analysis and Conclusions

1. What happens to the pressure of the water when you squeeze the sides of the bottle?

2. When you squeeze the bottle, some of the water is pushed up into the dropper. Why?

3. Why does the dropper sink when you squeeze the sides of the bottle?

4. Why does the dropper rise when you release the sides of the bottle?

5. How is the density of an object related to its buoyancy in a fluid?

6. **On Your Own** Leave the experimental setup in a place where you can observe it at various times of the day. What does it show about air pressure over a period of several days?

Investigación de laboratorio

Artimaña cartesiana

Problema

¿Cuál es la relación entre la densidad de un objeto y su flotación en un fluido?

Materiales *(por grupo)*

alambre de cobre
gotero
botella grande de plástico transparente, con tapa hermética
vaso
agua

Procedimiento ⚗

1. Enrosca un pedazo de alambre alrededor del gotero.

2. Llena el vaso con agua y pon el gotero en el vaso. El gotero debe flotar apenas, y sólo la punta debe estar fuera del agua.

3. Si el gotero flota demasiado arriba, agrega unas vueltas de alambre. Si se hunde, saca unas vueltas de alambre.

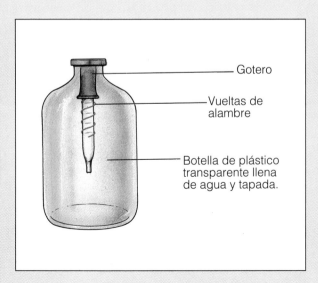

Gotero

Vueltas de alambre

Botella de plástico transparente llena de agua y tapada.

4. Llena la botella grande, por completo, con agua.

5. Pon el gotero en la botella de agua. El agua debe desbordarse.

6. Enrosca la tapa en la botella, ajustándola bien. Si se aprieta la botella, no deberá salir ni aire ni agua.

7. Aprieta los lados de la botella. Anota tus observaciones. Si el gotero no se mueve, sácalo de la botella y agrégale unas vueltas de alambre.

8. Suelta los lados de la botella. Anota tus observaciones.

Observaciones

1. ¿Qué le pasa al gotero cuando se aprietan los lados de la botella?

2. ¿Qué le pasa al gotero cuando se sueltan los lados de la botella?

Análisis y conclusiones

1. ¿Qué le pasa a la presión del agua cuando aprietas los lados de la botella?

2. Cuando aprietas la botella, parte del agua entra en el gotero. ¿Por qué?

3. ¿Por qué se hunde el gotero cuando tú aprietas los lados de la botella?

4. ¿Por qué sube el gotero cuando sueltas los lados de la botella?

5. ¿Cómo se relaciona la densidad de un objeto con su flotación en un fluido?

6. **Por tu cuenta** Deja el montaje del experimento en un lugar donde puedas observarlos varias veces por día. ¿Qué nos muestra con respecto a la presión del aire en un período de varios días?

Summarizing Key Concepts

3–1 Fluid Pressure

▲ Pressure is a force that acts over a certain area.

▲ The pressure a fluid exerts is due to the fact that the fluid is made up of particles that have mass and motion.

▲ All liquids and gases are fluids. All fluids exert pressure equally in all directions.

▲ Fluids can be pushed from areas of higher pressure to areas of lower pressure.

3–2 Hydraulic Devices

▲ Pressure applied to a fluid is transmitted equally in all directions throughout the fluid.

▲ In hydraulic devices, a small force acting on a small area is multiplied into a larger force acting on a larger area.

3–3 Pressure and Gravity

▲ As a result of gravity, the pressure a liquid exerts increases as the depth increases.

▲ Air pressure decreases as altitude increases.

3–4 Buoyancy

▲ Buoyancy is the phenomenon caused by the upward force of fluid pressure.

▲ The buoyant force on an object is equal to the weight of the fluid displaced by the object. This relationship is called Archimedes' principle.

▲ An object floats in a fluid when the buoyant force on the object is greater than or equal to the weight of the object.

▲ Density is the ratio of the mass of an object to its volume ($D = M/V$).

▲ An object will float in a fluid if its density is less than the density of the fluid.

3–5 Fluids in Motion

▲ Bernoulli's principle states that the pressure in a moving stream of fluid is less than the pressure in the surrounding fluid.

▲ The faster a fluid moves, the less pressure it exerts.

Reviewing Key Terms

Define each term in a complete sentence.

3–1 **Fluid Pressure**
pressure

3–2 **Hydraulic Devices**
hydraulic device

3–3 **Pressure and Gravity**

3–4 **Buoyancy**
buoyant force
buoyancy
Archimedes' principle
density

3–5 **Fluids in Motion**
Bernoulli's principle

Guía para el estudio

Resumen de conceptos claves

3–1 La presión de los fluidos

▲ La presión es una fuerza que actúa sobre cierta área.

▲ La presión que ejerce un fluido se debe a que los fluidos están hechos de partículas que tienen masa y movimiento.

▲ Todos los líquidos y gases son fluidos. Todos los fluidos ejercen igual presión en todas direcciones.

▲ Los fluidos pueden ser empujados de las áreas de más presión a las áreas de menos presión.

3–2 Mecanismos hidráulicos

▲ La presión que se aplica a un fluido se transmite, a través del fluido, en todas direcciones por igual.

▲ En los mecanismos hidráulicos, la acción de una fuerza mínima sobre un área pequeña produce una gran fuerza en un área grande.

3–3 La presión y la gravedad

▲ Como resultado de la gravedad, la presión ejercida por un líquido aumenta con la profundidad.

▲ La presión del aire disminuye al aumentar la altitud.

3–4 La flotación

▲ La flotación es el fenómeno causado por la fuerza ascendente de la presión de un fluido.

▲ La fuerza de flotación de un objeto es igual al peso del fluido que desplaza. Esta relación se llama principio de Arquímedes.

▲ Un objeto flota en un fluido cuando la fuerza de flotación aplicada al objeto es mayor que o igual al peso del objeto.

▲ La densidad es la relación entre la masa de un objeto y su volumen (D = M/V).

▲ Un objeto flotará en un fluido si su densidad es menor que la densidad del fluido.

3–5 Fluidos en movimiento

▲ El principio de Bernoulli afirma que la presión en una corriente de fluido en movimiento es menor que en el fluido que la rodea.

▲ Cuánto más rápido se mueve un fluido, menos presión ejerce.

Repaso de palabras claves

Define cada palabra o palabras con una oración completa.

3–1 La presión de los fluidos
presión

3–2 Mecanismos hidráulicos
mecanismo hidráulico

3–4 La flotación
fuerza de flotación
flotación
principio de Arquímedes
densidad

3–5 Los fluidos en movimiento
principio de Bernoulli

Chapter Review

Content Review

Multiple Choice

Choose the letter of the answer that best completes each statement.

1. Force that acts over a certain area is called
  a. density.   c. pressure.
  b. hydraulic.   d. gravity.

2. Pressure in a fluid is exerted
  a. upward only.   c. downward only.
  b. sideways only. d. in all directions.

3. The weight and motion of fluid particles creates
  a. volume.   c. pressure.
  b. mass.   d. density.

4. The pressure of a fluid varies with depth because of
  a. volume.   c. Bernoulli's principle.
  b. gravity.   d. Archimedes' principle.

5. The force of a fluid that pushes an object up is called
  a. hydraulics. c. buoyancy.
  b. gravity.   d. weight.

6. The relationship between buoyant force and weight of displaced fluid was stated by
  a. Archimedes. c. Orville Wright.
  b. Newton.   d. Bernoulli.

7. The buoyant force on an object is equal to the weight of the
  a. object.   c. container
  b. displaced fluid. d. entire fluid.

8. Compared with the slow-moving water along the edge of a river, the rapidly-moving stream in the middle exerts
  a. less pressure. c. more pressure.
  b. no pressure.   d. the same pressure.

9. When compared with the air that travels under an airplane wing, the air that travels over the wing
  a. is more dense. c. moves more slowly.
  b. is less dense. d. moves faster.

True or False

If the statement is true, write "true." If it is false, change the underlined word or words to make the statement true.

1. Pressure is force per unit <u>mass</u>.

2. Fluids will move from areas of <u>high</u> pressure to areas of <u>low</u> pressure.

3. Pressure varies with depth due to the force of <u>gravity</u>.

4. The force of a fluid that pushes an object up is called <u>buoyant</u> force.

5. The buoyant force on an object equals the <u>volume</u> of the displaced fluid.

6. An object will float in a fluid whose density is <u>less</u> than the density of the object.

7. Pressure in a moving stream of fluid is <u>greater than</u> the pressure in the surrounding fluid.

8. The flight of an airplane can be explained using <u>Bernoulli's</u> principle.

Concept Mapping

Complete the following concept map for Section 3–1. Refer to pages S6–S7 to construct a concept map for the entire chapter.

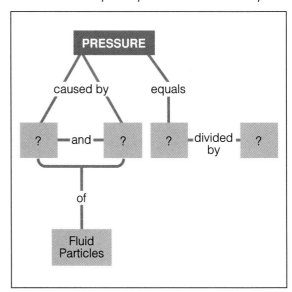

Repaso del capítulo

Repaso del contenido

Selección múltiple

Selecciona la letra de la respuesta que mejor complete cada frase.

1. La fuerza que actúa sobre cierta área se llama
   a. densidad.
   b. hidráulica.
   c. presión.
   d. gravedad.

2. La presión en un fluido se ejerce
   a. sólo hacia arriba.
   b. sólo hacia los lados.
   c. sólo hacia abajo.
   d. en todas direcciones.

3. El peso y el movimiento de las partículas de un fluido crean
   a. volumen.
   b. masa.
   c. presión.
   d. densidad.

4. La presión de un fluido varía con la profundidad por
   a. el volumen.
   b. la gravedad.
   c. el principio de Bernoulli.
   d. el principio de Arquímedes.

5. La fuerza de un fluido que empuja un objeto hacia arriba se llama
   a. hidráulica.
   b. gravedad.
   c. flotación.
   d. peso.

6. La relación entre la fuerza de flotación y el peso del fluido desplazado fue enunciada por
   a. Arquímedes.
   b. Newton.
   c. Orville Wright.
   d. Bernoulli.

7. La fuerza de flotación que actúa sobre un objeto es igual al peso del
   a. objeto.
   b. fluido desplazado.
   c. recipiente.
   d. total del fluido.

8. Comparada con la lentitud del agua de las orillas, la rápida corriente central de un río ejerce
   a. menos presión.
   b. nada de presión.
   c. más presión.
   d. la misma presión.

9. Comparado con el aire que circula por debajo del ala de un avión el aire que circula por encima
   a. es más denso.
   b. es menos denso.
   c. se mueve más despacio.
   d. se mueve más rápido.

Verdadero o falso

Si la afirmación es verdadera, escribe "verdad." Si es falsa, cambia las palabras subrayadas para que sea verdadera.

1. Presión es fuerza por unidad de <u>masa</u>.

2. Los fluidos se mueven de áreas de presión <u>alta</u> a áreas de presión <u>baja</u>.

3. La presión varía con la profundidad debido a la fuerza de <u>gravedad</u>.

4. La fuerza de un fluido que empuja un objeto hacia arriba se llama fuerza de <u>flotación</u>.

5. La fuerza de flotación que actúa sobre un objeto es igual al <u>volumen</u> del fluido desplazado.

6. Un objeto flotará en un fluido cuya densidad es <u>menor</u> que la del objeto.

7. La presión en una corriente de fluido en movimiento es <u>mayor que</u> la presión del fluido que la rodea.

8. El vuelo de un avión puede explicarse usando el principio de <u>Bernoulli</u>.

Mapa de conceptos

Completa el siguiente mapa de conceptos para la sección 3–1. Para hacer un mapa de conceptos de todo el capítulo, consulta las páginas S6–S7.

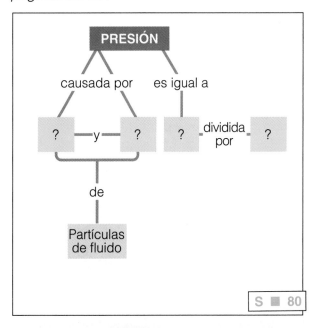

Concept Mastery

Discuss each of the following in a brief paragraph.

1. What is fluid pressure?
2. Explain why an astronaut must wear a pressurized suit in space.
3. Heating a fluid causes its pressure to increase. Why should you poke holes in the skin of a potato before it is baked?
4. Using the principle of fluid pressure, explain how a medicine dropper works.
5. Describe how a hydraulic device works.
6. Why does fluid pressure increase as depth increases?
7. What is the effect of increased water depth on a scuba diver?
8. Explain why you weigh more in air than you do in water.
9. Why does the canvas top of a convertible car bulge out when the car is traveling at high speed?
10. Hummingbirds expend 20 times as much energy to hover in front of a flower as they do in normal flight. Explain.

Critical Thinking and Problem Solving

Use the skills you have developed in this chapter to answer each of the following.

1. **Applying concepts** Air exerts a downward force of 100,000 N on a tabletop, producing a pressure of 1000 N/cm².
   a. What would be the force if the tabletop were twice as large?
   b. What would be the pressure if the tabletop were twice as large?
2. **Designing an experiment** The density of gold is 19.3 g/cm³. The density of pyrite, or fool's gold, is 5.02 g/cm³. Using mercury, density 13.6 g/cm³, describe an experiment by which you could tell the difference between samples of the two substances.
3. **Applying concepts** Explain why salad dressing made of oil and vinegar must be shaken before use.
4. **Applying concepts** Describe how you could make a sheet of aluminum foil float in water. How could you change its shape to make it sink?
5. **Applying concepts** A barge filled to overflowing with sand approaches a bridge over the river and cannot quite pass under it. Should sand be added to or removed from the barge?
6. **Applying concepts** A student holds two sheets of paper a few centimeters apart and lets them hang down parallel to each other. Then the student blows between the two papers. What happens to the papers? Why?
7. **Relating facts** A Ping-Pong ball can be suspended in the air by blowing a stream of air just above it. Explain how this works.

8. **Identifying relationships** Airplanes are riveted together at the seams. The rivets are installed so they are even with the outside surface. Why is it important that the outside surface be so smooth?
9. **Using the writing process** It's your first assignment as a cub reporter. You are to interview the Wright brothers after their pioneering flight. Make a list of five questions you would ask.

Dominio de conceptos

Comenta cada uno de los puntos siguientes en un párrafo breve.

1. ¿Qué es la presión de los fluidos?
2. Explica por qué un astronauta debe usar un traje presurizado en el espacio.
3. Al calentar un fluido, su presión aumenta. ¿Por qué debes hacer agujeros en la piel de una papa antes de cocerla al horno?
4. Explica cómo funciona un gotero medicinal usando el principio de la presión de los fluidos.
5. ¿Cómo funciona un mecanismo hidráulico?
6. ¿Por qué aumenta la presión de los fluidos al aumentar la profundidad?
7. ¿Cuál es el efecto que tiene en un buceador el aumento de la profundidad del agua?
8. Explica por qué pesas más en el aire que en el agua.
9. ¿Por qué el techo de lona de un convertible se infla cuando el auto viaja a gran velocidad?
10. Los colibríes usan 20 veces más energía cuando revolotean frente a una flor que en un vuelo normal. Explica.

Pensamiento crítico y solución de problemas

Usa las destrezas que has desarrollado en este capítulo para resolver lo siguiente.

1. **Aplicación de conceptos** El aire ejerce una fuerza descendente de 100,000 N sobre una mesa, produciendo una presión de 1000 N/cm^2.
   a. ¿Cuál sería la fuerza si la mesa fuera dos veces más grande?
   b. ¿Cuál sería la presión si la mesa fuera dos veces más grande?
2. **Diseñar un experimento** La densidad del oro es de 19.3 g/cm^3. La densidad de la pirita es de 5.02 g/cm^3. Diseña un experimento para averiguar la diferencia entre muestras de las dos sustancias usando mercurio, cuya densidad es de 13.6 g/cm^3.
3. **Aplicar conceptos** Explica por qué el aderezo de ensaladas hecho con aceite y vinagre debe agitarse para usarlo.
4. **Aplicar conceptos** Explica cómo harías para que una hoja de papel de aluminio flote en el agua. ¿Cómo le cambiarías la forma para que se hunda?
5. **Aplicar conceptos** Una barca sobrecargada de arena llega al puente en el río y no puede pasar. ¿Se le debería agregar o quitar arena para que pasara?
6. **Aplicar conceptos** Un estudiante sostiene dos hojas de papel, paralelas entre sí y con unos pocos centímetros de separación. Cuando sopla entre ellas, ¿qué les pasa a las hojas? ¿Por qué?
7. **Relacionar hechos** Se puede suspender una pelota de ping-pong en el aire, haciéndole pasar una corriente de aire por encima. Explica.

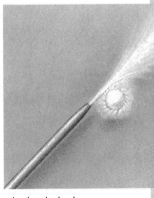

8. **Identificar relaciones** Los aviones tienen remaches en las costuras. Los remaches se instalan al nivel de la superficie exterior. ¿Por qué es importante que la superficie exterior sea lisa?
9. **Usar el proceso de la escritura** Es tu primer trabajo como periodista. Debes entrevistar a los hermanos Wright después de su primer vuelo. Haz una lista de cinco preguntas para hacerles.

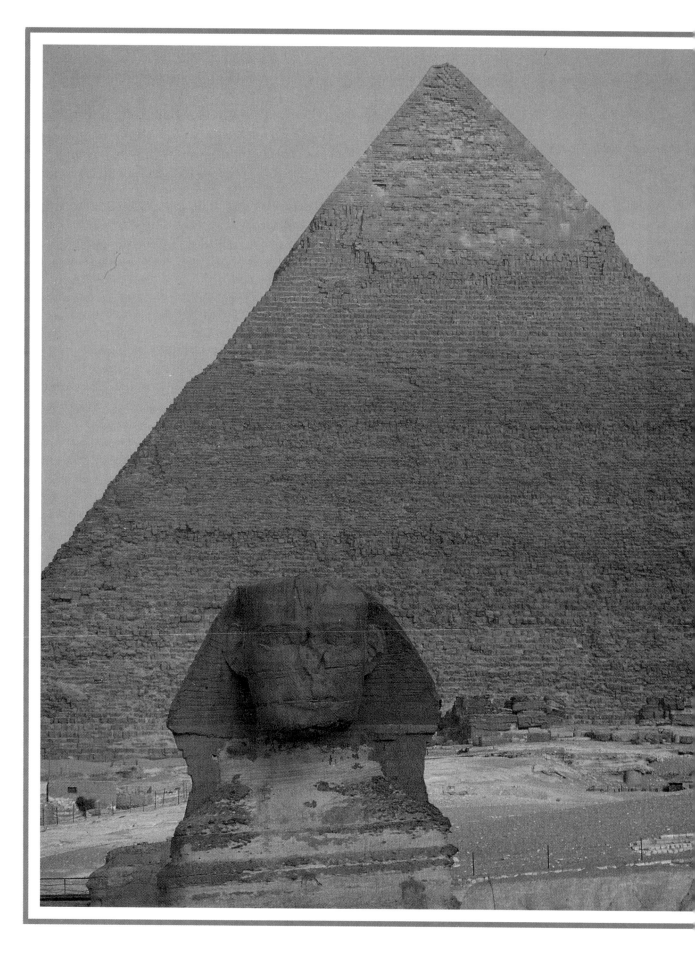

Work, Power, and Simple Machines

Guide for Reading

After you read the following sections, you will be able to

4–1 What It Means to Do Work
- Relate force, work, and distance.
- Calculate work.

4–2 Power
- Calculate power.

4–3 Machines
- Describe the role of machines in doing work.

4–4 Simple and Compound Machines
- Name the six simple machines.
- Show how simple machines are related to compound machines.

The Great Pyramid of Khufu in Egypt is one of the Seven Wonders of the World. It stands over 137 meters high. Its base covers an area large enough to hold ten football fields. More than 2 million stone blocks, each weighing about 20,000 newtons (about the weight of two large cars), make up its structure.

The Great Pyramid is a tribute to human effort and ingenuity. For it is exactly these two qualities that enabled the Egyptians to chisel the stone blocks from limestone quarries, to transport them to the pyramid site, and to raise them to the top of the magnificent structure.

The Egyptians had only simple machines with which to work. Their only source of power was human effort. Several hundred thousand people toiled for twenty years to build the Great Pyramid. Today, with modern machinery, it could be built with only a few hundred workers and in one fifth the time!

In this chapter you will learn about work, power, and simple machines. And you will gain an understanding of how machines make work easier—certainly easier than it was for the Egyptians who built the Great Pyramid.

Journal *Activity*

You and Your World Doorknobs, wheels, shovels, ramps, screwdrivers, and buttons are but a few examples of the many tools and machines you use each day. In your journal, explore how different your day would be if you lived during the time in which the pyramids were built—a time in which most of these devices did not exist. What devices would you miss most?

The Great Pyramid of Khufu stands at Giza, Egypt.

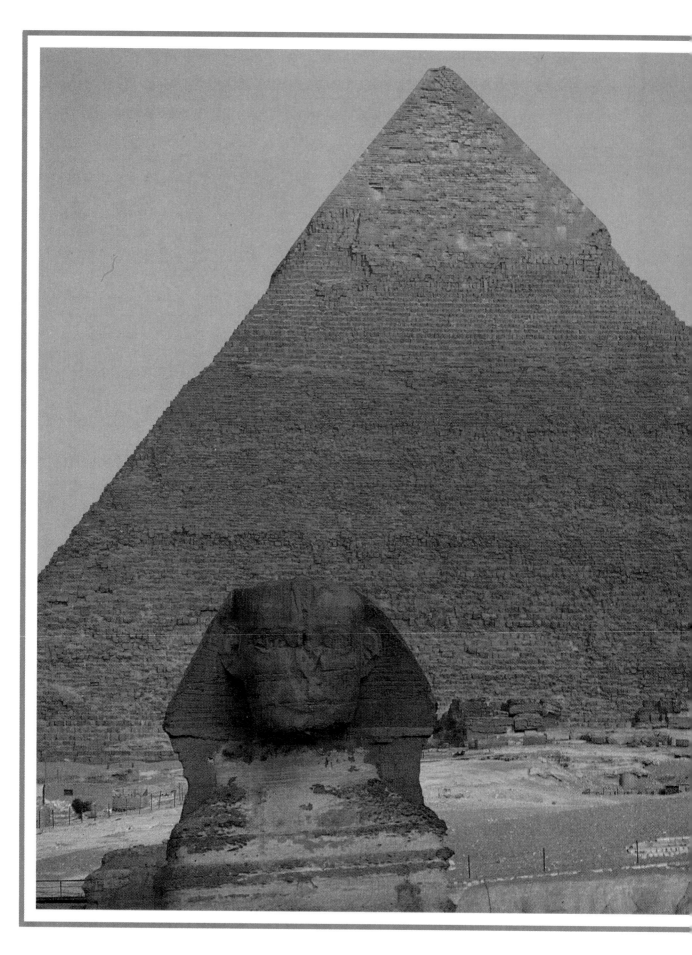

Trabajo, potencia y máquinas simples

4

Guía para el estudio

Después de leer las secciones siguientes, vas a poder

4–1 El significando de realizar trabajo

- Relacionar fuerza, trabajo y distancia.
- Calcular el trabajo.

4–2 Potencia

- Calcular la potencia.

4–3 Las máquinas

- Describir el rol de las máquinas en el trabajo.

4–4 Máquinas simples y compuestas

- Nombrar las seis máquinas simples.
- Mostrar cómo las máquinas simples se relacionan con las máquinas compuestas.

La Gran Pirámide de Kufu en Egipto es una de las siete maravillas del mundo. Tiene una altura de más de 137 metros. Su base cubre un área equivalente a la de más de diez campos de fútbol. Su estructura está hecha de más de 2 millones de bloques de piedra de un peso de unos 20,000 newtons cada uno (el peso aproximado de dos automóviles grandes).

La Gran Pirámide es un homenaje al esfuerzo y la ingeniosidad humanas. Estas dos cualidades les permitieron a los egipcios cincelar los bloques de piedra de las canteras, transportarlos al lugar de las pirámides, y elevarlos hasta la punta de la magnífica estructura.

Los egipcios contaban sólo con máquinas simples para trabajar. El esfuerzo humano era su única fuente de potencia. Varios cientos de miles de personas se afanaron durante veinte años para construir la Gran Pirámide. Hoy, con máquinas modernas, ¡se construiría con unos cientos de trabajadores en un quinto del tiempo!

En este capítulo estudiarás el trabajo, la potencia y las máquinas simples. Y comprenderás cómo las máquinas facilitan el trabajo, haciéndolo mucho más fácil de lo que fue para los egipcios que construyeron la Gran Pirámide.

Diario *Actividad*

Tú y tu mundo Los picaportes, las ruedas, palas, rampas, destornilladores y botones son ejemplos de las muchas herramientas y máquinas que usas todos los días. Indica en tu diario cómo sería diferente tu día si vivieras cuando se construyeron las pirámides—una época en que muchas de estas herramientas no existían. ¿De cuáles de ellas sentirías más la falta?

◀ *La Gran Pirámide de Kufu en Giza, Egipto.*

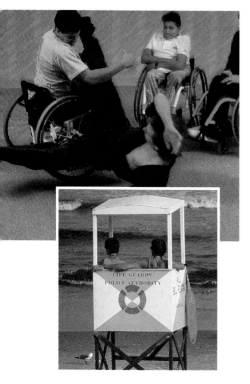

Figure 4–1 *A scientist knows that work is done only when a force moves an object through a distance. The karate student is doing work; the lifeguards are not. Why?*

4–1 What It Means to Do Work

People use the word work in many different ways. You say that you work when you study for a test. A lifeguard may use the word work to describe watching people swim in a pool or lake. A television newscaster thinks of work as reporting the news. All these people believe they are doing work. But a scientist would not agree!

The term **work** has a special meaning in science. Work is done only when a force moves an object. When you push, lift, or throw an object, you are doing work. Your force is acting on the object, causing it to move a certain distance. **A force acting through a distance is work.** You do work whenever you move something from one place to another.

Work is not done every time a force is applied, however. A force can be exerted on an object without work being done on the object. How can this be so? Suppose you push as hard as you can against a wall for several minutes. Obviously, the wall does not move. And although you may be extremely tired, you have not done any work. According to the definition of work, a force must be exerted over a distance. Although you have applied a force to the wall, the wall did not move. Thus no work has been done.

Figure 4–2 *In the scientific sense, why is no work being done by the person's arms in carrying the bag of groceries? Why is work being done in lifting the bag?*

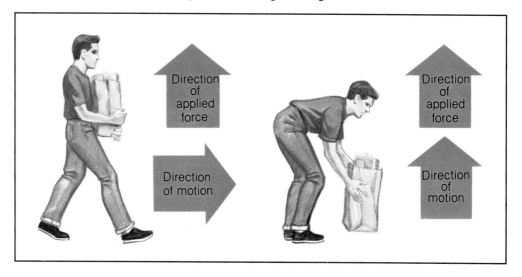

Guía para la lectura

*Piensa en esta pregunta
mientras lees.*

▶ *¿Cómo se relaciona el
trabajo con la fuerza y la
distancia?*

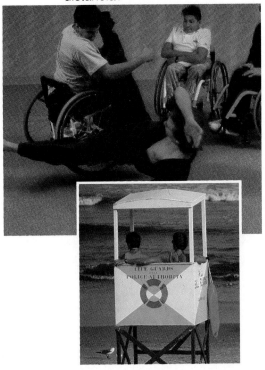

Figura 4–1 *Un científico sabe que
se realiza trabajo sólo cuando una
fuerza mueve un objeto a través de
una distancia. El estudiante de
karate realiza trabajo, los
salvavidas no. ¿Por qué?*

4–1 El significado de realizar trabajo

La palabra trabajo se usa de maneras diferentes. Tú
dices que trabajas cuando estudias para un examen. Un
salvavidas puede usar la palabra trabajo cuando habla
de vigilar bañistas en una piscina. Un periodista de
televisión piensa que trabajar es dar las noticias. Todos
ellos creen que están trabajando, ¡pero un cientifico no
estaría de acuerdo!

El término **trabajo** tiene un sentido especial en
ciencia. Existe trabajo sólo cuando una fuerza mueve un
objeto. Cuando tú empujas, levantas o lanzas un objeto,
estás realizando trabajo. Tu fuerza actúa sobre el objeto,
haciendo que se mueva a cierta distancia. **Trabajo es
una fuerza que actúa a través de una distancia.** Realizas
un trabajo siempre que mueves algo de un lugar a otro.

No siempre que se aplica una fuerza se realiza
trabajo. Puede ejercerse una fuerza sobre un objeto sin
realizar trabajo. ¿Cómo es posible? Supón que empujas
con fuerza contra una pared durante varios minutos. La
pared no se moverá. Y a pesar de que tú puedes haberte
cansado, no has realizado trabajo. De acuerdo con la
definición de trabajo, la fuerza debe ejercerse a través
de una distancia. A pesar de que ejerciste una fuerza
sobre la pared, ésta no se movió, por lo tanto no se
realizó ningún trabajo.

S ▪ 84

Figura 4–2 *En el sentido científico, ¿por qué los brazos de esta
persona no realizan trabajo al sostener la bolsa con las
compras? ¿Por qué se realiza trabajo al levantar la bolsa?*

Another important requirement for work to be done is that the distance the object moves must be in the same direction as the force applied to the object. Let's see just what this means. Imagine that you are given a heavy bag of groceries to carry. Your muscles exert an upward force on the bag in order to hold it up. Now suppose you walk toward the door. Have your arms done any work on the bag of groceries? The answer is no. The direction of movement of the bag is not the same as the direction of the applied force. The applied force is upward, whereas the direction of movement is forward. What would you have to do with the bag in order to do work on it?

The amount of work done in moving an object is equal to the force applied to the object times the distance through which the force is exerted (the distance the object moves):

Work = Force × Distance

Force is measured in newtons. Distance is measured in meters. So the unit of work is the newton-meter (N-m). In the metric system, the newton-meter is called the **joule** (J). A force of 1 newton exerted on an object that moves a distance of 1 meter does 1 newton-meter, or 1 joule, of work.

If you lifted an object weighing 200 N through a distance of 0.5 m, how much work would you do? The force needed to lift the object up must be equal to the force pulling down on the object. This is the object's weight. So the force is 200 N. The amount of work is equal to 200 N × 0.5 m, or 100 J.

ACTIVITY

CALCULATING

It Takes Work to Catch a Flight

There was an announcement made over the loudspeaker. The flight to Los Angeles was about to depart. A 600-newton woman who was waiting for the flight lifted her 100-newton suitcase a distance of 0.5 meter above the airport floor and ran 25 meters.

Calculate how much work was done by the woman's arms in moving the suitcase. Draw a diagram showing the forces and distances involved in this situation.

Explain how the work done would change if she had dragged her suitcase along horizontally instead of lifting it. Draw a diagram showing this situation.

Figura 4–3 *Todos sabemos que ser madre da mucho trabajo—en más de una manera. Observa esta chimpancé madre cargando su bebé, que ha decidido pasear gratis y sin hacer ningún esfuerzo.*

Otro requisito importante para la realización de trabajo es que el objeto en movimiento debe ir en la misma dirección que la fuerza aplicada. Veamos exactamente qué significa esto. Supón que te dan una pesada bolsa con comestibles para que la lleves. Tus músculos ejercen una fuerza hacia arriba para sostenerla. Supón ahora que caminas hacia la puerta. ¿Realizaron tus brazos trabajo con respecto a la bolsa? La respuesta es "no." La dirección del movimiento de la bolsa no es la misma que la dirección de la fuerza aplicada. La fuerza aplicada va hacia arriba, mientras que la dirección del movimiento es hacia adelante. ¿Qué podrías hacerle a la bolsa para realizar trabajo con ella?

La cantidad de trabajo realizado al mover un objeto es igual a la fuerza aplicada al objeto por la distancia recorrida ejerciendo la fuerza (la distancia a través de la cual se mueve el objeto).

Trabajo = Fuerza × Distancia

La fuerza se mide en newtons. La distancia se mide en metros. Por eso la unidad de trabajo es newton-metro (N-m). En el sistema métrico, el newton-metro se llama **julio** (J). Una fuerza de un newton ejercida sobre un objeto que se mueve a una distancia de un metro realiza un newton-metro, o un julio de trabajo. Si tú levantas un objeto que pesa 200 N recorriendo hacia arriba una distancia de 0.5 m, ¿cuánto trabajo realizas? La fuerza necesaria para llevar el objeto hacia arriba debe ser igual a la fuerza que atrae el objeto hacia abajo. O sea al peso del objeto. Así que la fuerza es de 200 N. La cantidad de trabajo es igual a 200 N x 0.5 m, o sea 100 J.

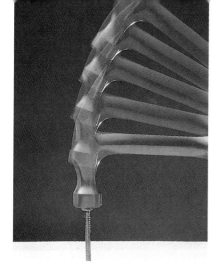

Figure 4–4 *A hammer pounding a nail exerts a force on the nail causing it to move a certain distance into the wood. Is work done on the hammer?*

4–1 Section Review

1. What is work?
2. How are force, work, and distance related?
3. What are the units of work?
4. A 900-N mountain climber scales a 100-m cliff. How much work is done by the mountain climber?

Critical Thinking—*Analyzing Information*

5. A small turtle slowly crawls along carrying a fallen bird feather on its back. After quite some time, the turtle passes an elephant standing still with five large lions on its back. Who is doing more work, the turtle or the elephant? Explain.

Guide for Reading

Focus on this question as you read.

▶ How is power related to work and time?

4–2 Power

The word **power** is like the word "work." It has different meanings to different people. But in science, power has a very specific meaning. Like speed, velocity, and acceleration, power tells you how fast something is happening—in this case, how fast work is being done. **Power is the rate at which work is done, or the amount of work per unit of time.**

Power, then, is calculated by dividing the work done by the time it takes to do it:

$$\text{Power} = \frac{\text{Work}}{\text{Time}}$$

Since work equals force times distance, the equation for power can also be written:

$$\text{Power} = \frac{\text{Force} \times \text{Distance}}{\text{Time}}$$

The unit of power is simply the unit of work divided by a unit of time, or the joule per second. This unit is also called a **watt** (W). One watt is equal to 1 joule per second (1 J/sec).

You are probably familiar with the watt as it is used to express electric power. Electrical appliances and light bulbs are rated in watts. A 50-watt light

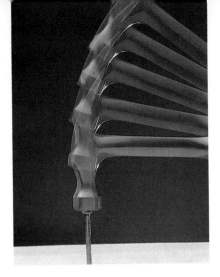

Figura 4–4 *Un martillo que golpea un clavo ejerce una fuerza que hace recorrer al clavo cierta distancia dentro de la madera. ¿Afecta el trabajo al martillo?*

Guía para la lectura

Piensa en esta pregunta mientras lees.

▶ *¿Cómo se relaciona la potencia con el trabajo y el tiempo?*

4–1 Repaso de la sección

1. ¿Qué es el trabajo?
2. ¿Cómo se relacionan fuerza, trabajo y distancia?
3. ¿Cuáles son las unidades del trabajo?
4. Un alpinista de 900 N sube a una roca de 100 m. ¿Cuánto trabajo hace el alpinista?

Pensamiento crítico—*Analizando información*

5. Una pequeña tortuga se arrastra lentamente con una pluma sobre el lomo. Después de un tiempo la tortuga pasa un elefante que lleva cinco leones sobre el lomo. ¿Quién hace más trabajo, la tortuga o el elefante? Explica.

4–2 La potencia

La palabra **potencia** es como la palabra "trabajo." Tiene significados diferentes para personas diferentes. Pero en ciencia, potencia tiene un significado específico. Como rapidez, velocidad y aceleración, la potencia te dice con cuánta rapidez ocurre algo—en este caso con cuánta rapidez se realiza el trabajo. **Potencia es la tasa de realización del trabajo, o cantidad de trabajo por unidad de tiempo.**

La potencia se calcula entonces dividiendo el trabajo realizado por el tiempo que toma realizarlo:

$$\text{Potencia} = \frac{\text{Trabajo}}{\text{Tiempo}}$$

Como trabajo es igual a fuerza por distancia, la ecuación para la potencia puede también enunciarse:

$$\text{Potencia} = \frac{\text{Fuerza} \times \text{Distancia}}{\text{Tiempo}}$$

La unidad de potencia es simplemente la unidad de trabajo dividida por la unidad de tiempo, o el julio por segundo. Esta unidad se llama también **vatio** (W). Un vatio es igual a un julio por segundo (1 J/s).

Tal vez conozcas el uso del vatio para expresar potencia eléctrica. Los aparatos domésticos eléctricos y las lamparillas eléctricas se miden en vatios. Una

Figure 4–5 *Both the man and the snowplow are doing work, but there is little doubt that the machine is doing more work in the same amount of time. So the machine has more power. How is power calculated?*

bulb does work at the rate of 50 joules per second. In the same second, a 110-watt light bulb does 110 joules of work. The 110-watt light bulb is more powerful than the 50-watt light bulb. Large quantities of power are measured in kilowatts (kW). One kilowatt equals 1000 watts. The electric company measures the electric power you use in your home in kilowatts.

Perhaps you can now see why a bulldozer has more power than a person with a shovel. The bulldozer does more work in the same amount of time. As the process of doing work is made faster, power is increased. Can you explain why it takes more power to run up a flight of stairs than it takes to walk up?

4–2 Section Review

1. What is power? What is the relationship among power, work, and time?
2. What is a watt?
3. A small motor does 4000 J of work in 20 sec. What is the power of the motor in watts?

Critical Thinking—*Relating Concepts*
4. Suppose you ride in a sleigh being pulled by horses at 16 kilometers per hour. Another sleigh being pulled at 10 kilometers per hour travels the same distance you do. Which horses are more powerful? How is speed related to power?

ACTIVITY

DOING

Work and Power

1. Determine your weight in newtons. (Multiply your weight in pounds by 4.5).

2. Determine how many seconds it takes you to walk up a flight of stairs.

3. Determine how many seconds it takes you to run up the same flight of stairs. Be careful as you run.

4. Measure the vertical height of the stairs to the nearest 0.01 meter.

5. Using the formula work = weight x height, calculate the work done in walking and running up the stairs.

6. Calculate the power needed for walking and for running up the stairs.

Is there a difference in the work done in walking and running? In the power?

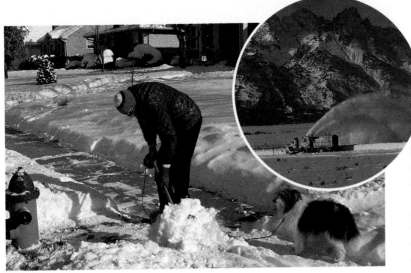

Figura 4–5 *Tanto el hombre como la barredora de nieve realizan trabajo, pero no hay duda de que la barredora realiza más trabajo en el mismo tiempo. O sea que la máquina tiene más potencia. ¿Cómo se calcula la potencia?*

lamparilla de 50 vatios trabaja a razón de 50 julios por segundo y una lamparilla de 110 vatios realiza 110 julios. La lamparilla de 110 vatios tiene más potencia que la de 50 vatios. Grandes cantidades de potencia se miden en kilovatios (kW). Un kilovatio es igual a 1000 vatios. La compañía eléctrica mide tu uso de electricidad en kilovatios.

Ahora te das cuenta que una topadora tiene más potencia que una persona con una pala. La topadora hace más trabajo en el mismo tiempo. A medida que se acelera el proceso del trabajo, aumenta la potencia. ¿Puedes explicar ahora por qué se necesita más potencia para subir corriendo una escalera que para subirla a paso normal?

4–2 Repaso de la sección

1. ¿Qué es potencia? ¿Cuál es la relación entre potencia, trabajo y tiempo?
2. ¿Qué es un vatio?
3. Un motor pequeño realiza 4000 J de trabajo en 20 s. ¿Cuál es la potencia del motor en vatios?

Razonamiento crítico—*Relacionando conceptos*
4. Supón que vas en un trineo tirado por caballos a 16 kilómetros por hora. Otro trineo recorre la misma distancia a 10 kilómetros por hora. ¿Qué caballos tienen más potencia? ¿Cómo se relaciona la velocidad con la potencia?

CONNECTIONS

The Power of Nature

■ Nebraska: Buildings are blown apart. Houses and cars are thrown about like toys. A beautiful town is leveled in a matter of minutes.

■ New York: A defenseless city is crippled by a two-foot blanket of snow.

■ Florida: Tall, stately palm trees are bent over as far as they can go. Fierce winds break windows and knock off roofs while sheets of rain batter coastal cities.

■ Ohio: A rural area is evacuated as flood waters approach.

What force is powerful enough to cause so much destruction? What force is capable of doing the work required to move people, buildings, and water? As you may have already guessed, the source of this awesome power is nature!

Powerful *weather* conditions are a result of the interactions of several factors in the Earth's atmosphere. In particular, changes in weather are caused by movements of air masses. An air mass is a large volume of air that has the same temperature and contains the same amount of moisture throughout. When two different air masses meet, an area called a front is created. The weather at a front is usually unsettled and stormy. And when two fronts collide—watch out! The results are rainstorms, thunderstorms, hail storms, or snowstorms, depending on the characteristics of the various air masses.

Weather affects people daily and it influences them and the world around them. The type of homes people build, the clothes they wear, the crops they grow, and the jobs they work at are all determined by the weather. It is important to appreciate the fact that despite all of our technological advances, the greatest source of power is still found in nature. And when this power is destructive, or even inconvenient, we are ultimately defenseless.

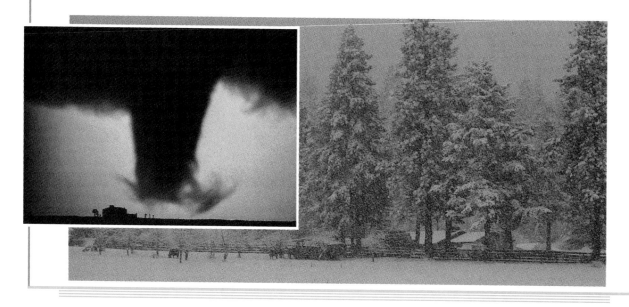

CONEXIONES

La potencia de la naturaleza

■ Nebraska: Los edificios caen destruidos. Las casas y los carros vuelan por el aire como juguetes. En unos minutos se arrasa una hermosa ciudad.

■ New York: La ciudad indefensa está inmóvil bajo un manto de dos pies de nieve.

■ Florida: Las altas palmeras se doblan al máximo. Vientos feroces rompen ventanas y levantan techos mientras la lluvia azota a las ciudades costeras.

■ Ohio: Se evacúa un área rural al aproximarse una inundación.

¿Qué fuerza es tan poderosa como para causar tanta destrucción? ¿Qué fuerza puede mover personas, edificios y agua? La fuente de esta potencia asombrosa, ¡es la naturaleza!

Condiciones poderosas del *tiempo* son el resultado de la interacción de varios factores en la atmósfera terrestre. En particular, los cambios de tiempo se deben a los movimientos de masas de aire. Una masa de aire es un gran volumen de aire que tiene la misma temperatura y porcentaje de humedad. Cuando dos masas de aire diferentes se encuentran, se crea un área llamada frente. En los frentes el tiempo es generalmente tormentoso e inestable. Y cuando dos frentes chocan ¡cuidado! El resultado son tormentas de lluvia, truenos, granizo o nieve, según las características de las masas que se enfrentan.

El tiempo nos afecta a diario, y también al mundo que nos rodea. El tipo de casas que construimos, las ropas que usamos, las cosechas que sembramos, y los trabajos que hacemos, están determinados por el tiempo. Es importante considerar que, a pesar de todos los avances tecnológicos, la mayor fuente de potencia se encuentra aún en la naturaleza. Y cuando esta potencia es destructiva, o sólo molesta, estamos indefensos ante ella.

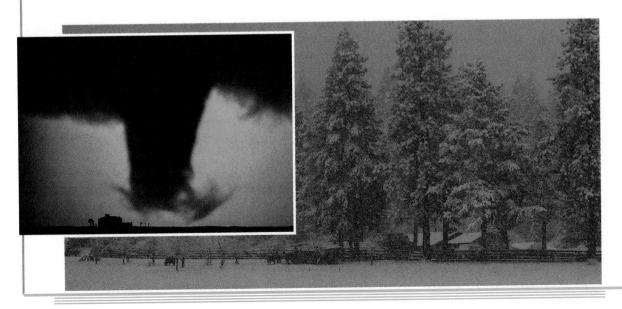

4-3 Machines

Think about performing some common activities without the devices you normally use. Consider eating soup without a spoon, opening the door without a doorknob, removing snow without a shovel, cutting the lawn without a lawn mower. For centuries, people have looked for ways to make life more enjoyable by using devices that make work easier.

An instrument that makes work easier is called a **machine.** Machines are not limited to the complicated devices you may be thinking of—car engines, airplanes, computers, factory equipment. In fact, some machines do not even have moving parts. A machine is any device that helps you to do something.

How Do Machines Make Work Easier?

There are always two types of work involved in using a machine: the work that goes into the machine and the work that comes out of the machine. The work that goes into the machine is called the **work input.** The work input comes from the force that is applied to the machine, or the effort force. When you use a machine, you supply the

Guide for Reading

Focus on this question as you read.

▶ *How do machines affect work?*

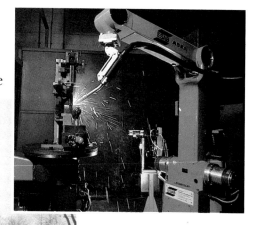

Figure 4–6
Machines have come a long way—from simple water wheels to automated robots. Regardless of their complexity, all machines have the same purpose: to make work easier.

4-3 Las máquinas

Piensa en realizar algunas actividades comunes sin los mecanismos que usas normalmente. Por ejemplo, tomar la sopa sin cuchara, abrir una puerta sin picaporte, juntar nieve sin pala, cortar el pasto sin cortadora. Durante siglos las personas han tratado de hacer la vida más llevadera inventando mecanismos para facilitar el trabajo.

Una **máquina** es un instrumento que facilita el trabajo. Las máquinas no se limitan a mecanismos complicados como motores de carros, aviones, computadoras y equipo de factorías. En realidad, algunas máquinas ni siquiera tienen partes móviles. Una máquina es cualquier mecanismo que te ayuda a hacer algo.

¿Cómo facilitan las máquinas el trabajo?

Usar una máquina implica siempre dos tipos de trabajo: el trabajo que entra en ella y el trabajo que sale. El trabajo que entra se llama **trabajo inicial** o esfuerzo. El trabajo inicial proviene de la fuerza que se aplica a la máquina, o el esfuerzo. Cuando usas una máquina, tú aportas el esfuerzo inicial. Debido a que ejerces esta fuerza a través

Guía para la lectura

Piensa en esta pregunta mientras lees.

▶ *¿Cómo afectan las máquinas el trabajo?*

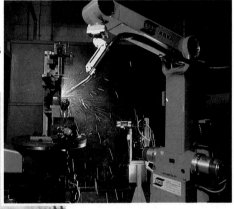

Figura 4–6 *Las máquinas han evolucionado mucho— de simples ruedas de molino a robots automatizados. Más o menos complejas, todas tienen el mismo propósito: facilitar el trabajo.*

CTIVITY

READING

Science in a Chocolate Factory

You may have seen or heard of a movie about a zany inventor called Willie Wonka and his fantastic chocolate factory. In this factory, Wonka creates a collection of wonderful machines that perform all sorts of tasks—including making bubble gum. The movie was based on an equally entertaining book called *Charlie and the Chocolate Factory* by Roald Dahl. You might enjoy reading this delightful story.

effort force. Because you exert this force over some distance, you put work into the machine.

Of course the machine does work too. The machine exerts a force, called an output force, over some distance. The work done by the machine is called the **work output.** The work output is used to overcome the force you and the machine are working against. This force, which opposes the effort force, is called the resistance force. The resistance force is often the weight of the object being moved. For example, when you use a shovel to move a rock, your effort is opposed by the rock's weight. The rock's weight is the resistance force.

Machines do not increase the work you put into them. This is a very important idea that you should keep in mind as you continue to read about machines. The work that comes out of a machine can never be greater than the work that goes into the machine. Like momentum, work is conserved. Why, then, do we say that machines make work easier?

What machines do is change the factors that determine work. **Machines make work easier because they change either the size or the direction of the force put into the machine.** Any change in the size of a force is accompanied by a change in the distance through which the force is exerted. If a machine multiplies the force you put into it, the output force (the force you get out of a machine) will be exerted over a shorter distance. If a machine exerts an output force over a longer distance than the

Figure 4–7 *A machine can make a task easier in one of three ways. It can multiply the size of the force, but decrease the distance over which the force moves. It can multiply the distance over which the force moves, but decrease the size of the force. Or it can leave both force and distance unchanged, but change the direction in which the force moves.*

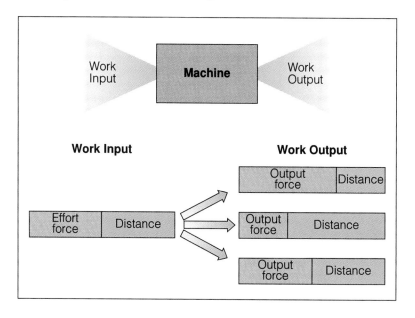

ACTIVIDAD

de una distancia, pones trabajo en la máquina.

Por supuesto, también la máquina realiza trabajo. La máquina ejerce una fuerza sobre cierta distancia, llamada fuerza de salida. El trabajo realizado por la máquina se llama **trabajo final**. El trabajo final vence la fuerza en contra de la cual trabajan tanto la máquina como tú. Esta fuerza, que se opone al esfuerzo o trabajo inicial se llama fuerza de resistencia. La fuerza de resistencia es a menudo el peso del objeto que estamos moviendo. Por ejemplo, si usas una pala para mover piedras, tu esfuerzo se opone al peso de las piedras. Ese peso es la fuerza de resistencia.

Las máquinas no aumentan el trabajo que tú pones en ellas. Esta idea es muy importante y debes tenerla presente. El trabajo final que sale de una máquina nunca puede ser mayor que el trabajo inicial. Como el momento, el trabajo se conserva. ¿Por qué decimos entonces que las máquinas facilitan el trabajo?

Lo que las máquinas hacen es modificar los factores que determinan el trabajo. **Las máquinas facilitan el trabajo cambiando el tamaño o la dirección de la fuerza que se pone en la máquina.** Todo cambio en el tamaño de una fuerza va acompañado de un cambio en la distancia a través de la cual se ejerce la fuerza. Si la máquina multiplica la fuerza que tú pusiste en ella, la fuerza de salida se ejercerá sobre una distancia menor. Si la máquina ejerce una fuerza de salida a través de una distancia mayor que el esfuerzo inicial, la fuerza de

Figura 4–7 *Una máquina puede facilitar una tarea de una de estas tres maneras. Puede multiplicar el tamaño de la fuerza, pero reducir la distancia en la cual se mueve. Puede multiplicar la distancia en la cual se mueve la fuerza pero reducir su tamaño. O puede no afectar la fuerza ni la distancia, pero cambiar la dirección en la cual se mueve la fuerza.*

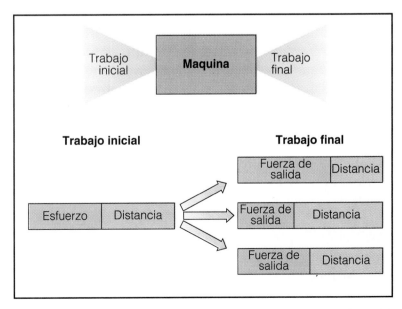

Figure 4–8 *Believe it or not, a merry-go-round is a type of machine. The children who push the merry-go-round provide the effort force. The output force spins the children riding on the merry-go-round in circles.*

effort force, the output force will be less than the effort force. Because work is conserved (it does not change), what you increase in force you pay for in distance, and what you increase in distance is at the expense of force. In other words, most machines make work easier by multiplying either force or distance—but never both. No machine can multiply both force and distance!

Determining How Helpful a Machine Is

As you just learned, the work that comes out of a machine (work output) can never be greater than the work that goes into the machine (work input). In reality, the work output is always less than the work input. Do you know why? The operation of any machine always involves some friction. Some of the work the machine does is used to overcome the force of friction. Scientists have a way of comparing the work output of a machine to its work input—and thereby knowing how much work is lost to friction. The comparison of work output to work input is called the **efficiency** of a machine. The closer work output is to work input, the more efficient the machine. What does this mean in terms of friction?

Efficiency is expressed as a percentage. Efficiency can never be greater than 100 percent, because the work output can never be greater than the work input. In fact, there is no machine that has an efficiency of 100 percent. Machines with the smallest

Figure 4–9 *Many attempts have been made to create a machine with 100 percent or more efficiency—a perpetual motion machine. So far, this has proved impossible. What force reduces the efficiency of a machine?*

Figura 4–8 *Lo creas o no, el carrusel es un tipo de máquina. Los niños que lo empujan realizan el trabajo inicial. El trabajo final hace girar a los niños que van en el carrusel.*

salida será menor que el efuerzo inicial. Debido a que el trabajo se conserva (no cambia) lo que se gana en fuerza se pierde en distancia, y lo que se gana en distancia se pierde en fuerza. En otras palabras, la mayoría de las máquinas facilitan el trabajo multiplicando o la fuerza o la distancia, pero nunca ambas. ¡Ninguna máquina puede multiplicar la fuerza y la distancia!

Determinando lo útil que es una máquina

Como acabas de aprender, el trabajo producido por una máquina (trabajo final) no puede ser mayor que el trabajo que se pone en la máquina (trabajo inicial). En realidad, el trabajo final es siempre menor que el trabajo inicial. ¿Sabes por qué? El trabajo de todas las máquinas implica algo de fricción. Parte del trabajo de la máquina se usa para vencer la fuerza de fricción. Los científicos pueden comparar el trabajo final y el trabajo inicial de una máquina—y saber por lo tanto cuánto se perdió debido a la fricción. A esta comparación se le llama la **eficiencia** de una máquina. Cuanto más cercano es el trabajo final al trabajo inicial, más eficiente es la máquina. ¿Qué significa esto en términos de fricción?

La eficiencia se expresa como un porcentaje. Nunca puede ser mayor de un 100 por ciento, porque el trabajo final no puede ser mayor que el trabajo inicial. Ninguna máquina puede en realidad tener una eficiencia de un 100

Figura 4–9 *Muchas veces se intentó crear una máquina con una eficiencia de un 100 por ciento o más—una máquina de movimiento perpetuo—lo cual hasta ahora ha sido imposible. ¿Qué fuerza reduce la eficiencia de una máquina?*

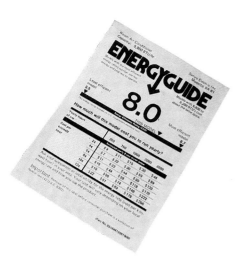

Figure 4–10 *Many household appliances come with guides that inform potential customers of the efficiency of the appliance. A more efficient appliance will be easier to run and will save the owner money on the electric bill.*

amount of friction are the most efficient. For this reason, it is important to keep a machine well lubricated and in good condition.

In addition to knowing how efficient a machine is, we can also determine how helpful a machine is. What we mean by helpful is how many times the machine multiplies the effort force to overcome the resistance force. The number of times a machine multiplies the effort force is called the **mechanical advantage** of the machine. The mechanical advantage tells you how much force is gained by using the machine. The more times a machine multiplies the effort force, the easier it is to do the job.

4–3 Section Review

1. What is a machine?
2. What advantage is there to using a machine if it does not multiply the work put into it?
3. What is effort force? Resistance force?
4. What is efficiency? Mechanical advantage?

Critical Thinking—*Drawing Conclusions*
5. Describe the relationship between friction and the efficiency of a machine.

Guide for Reading

Focus on these questions as you read.

▶ *How are the six simple machines the basis for all machines?*

▶ *What is a compound machine?*

4–4 Simple and Compound Machines

The devices you think of when you hear the word "machine" are actually combinations of two or more simple machines. **There are six types of simple machines: the inclined plane, the wedge, the screw, the lever, the pulley, and the wheel and axle.**

Inclined Plane

Suppose you had to raise a car to a height of 10 centimeters. How would you do it? Certainly not by lifting the car straight up. But you could do it if you pushed the car up a ramp. A ramp would make the job easier to do. Although a ramp does not alter the amount of work that is needed, it does alter the way

Figura 4–10 *Muchos aparatos domésticos se venden con guías que informan a los compradores sobre su eficiencia.Un aparato más eficiente será más fácil de utilizar y ahorrará dinero al comprador porque su cuenta de electricidad será menor.*

por ciento. Las máquinas con la menor cantidad de fricción son las más eficientes. Por eso es importante mantener las máquinas bien lubricadas y en buenas condiciones.

Además de saber lo eficiente que es una máquina, podemos determinar lo útil que es. Lo que queremos decir con "útil" es cuántas veces la máquina multiplica el esfuerzo inicial para vencer la fuerza de resistencia. El número de veces que una máquina multiplica el esfuerzo se llama la **ventaja mecánica** de la máquina. La ventaja mecánica indica cuánta fuerza se gana al usar la máquina. Cuantas más veces una máquina multiplique el esfuerzo o trabajo inicial, más fácil será realizar la tarea.

4–3 Repaso de la sección

1. ¿Qué es una máquina?
2. ¿Qué ventaja tiene usar una máquina si no multiplica el trabajo que se pone en ella?
3. ¿Qué es el esfuerzo o trabajo inicial? ¿Y la fuerza de resistencia?
4. ¿Qué es la eficiencia? ¿Y la ventaja mecánica?

Pensamiento crítico—*Sacando conclusiones*
5. Describe la relación entre la fricción y la eficiencia de una máquina.

Guía para la lectura

Piensa en estas preguntas mientras lees.

▶ *¿En qué sentido son las seis máquinas simples la base de todas las otras máquinas?*

▶ *¿Qué es una máquina compuesta?*

4–4 Máquinas simples y compuestas

Al oir la palabra "máquina" piensas usualmente en mecanismos que son, en realidad, combinaciones de dos o más máquinas simples. **Hay seis clases de máquinas simples: el plano inclinado, la cuña, el tornillo, la palanca, la polea, y la cabria.**

El plano inclinado

Supón que debes elevar un carro a una altura de 10 centímetros. ¿Cómo lo haces? Por cierto, no levantas el carro en línea recta. Pero podrías hacerlo si utilizaras una rampa. Una rampa te facilitaría el trabajo. Si bien la rampa no cambia la cantidad de trabajo necesario, cambia la

in which the work is done. A ramp decreases the amount of force you need to exert, but it increases the distance over which you must exert your force. Remember, what you gain in force, you pay for in distance.

A ramp is an example of an **inclined plane.** An inclined plane is simply a straight slanted surface. An inclined plane is a simple machine with no moving parts. The less slanted the inclined plane, the longer the distance over which the effort force is exerted and the more the effort force is multiplied. Thus the mechanical advantage of an inclined plane increases as the slant of the plane decreases. The principle of the inclined plane was of great importance in ancient times. Ramps enabled the Egyptians to build their pyramids and temples. Since then, the inclined plane has been put to use in many devices from door locks to farming plows to zippers.

WEDGE   In many devices that make use of the inclined plane, the inclined plane appears in the form of a **wedge.** A wedge is an inclined plane that moves. In a wedge, instead of an object moving along the inclined plane, the inclined plane itself moves to raise the object. As the wedge moves a greater distance, it raises the object with greater force. A wedge is usually a piece of wood or metal that is thinner at one end. Most wedges are made up of two inclined planes. A knife and an ax are two examples.

The longer and thinner a wedge is, the less the effort force required to overcome the resistance force. (This is true of the inclined plane as well.) When you sharpen a wedge, you are increasing its mechanical advantage by decreasing the effort force that must be applied in using it. A sharpened ax requires less effort force because the edge is thinner.

A lock is another device that depends on the principle of the wedge. Think for a moment about the shape of a key. The edges go up and down in a certain pattern. The edges of a key are a series of wedges. The wedges lift up a number of pins of different lengths inside the lock. When all of the pins are lifted to the proper height, which is accomplished by the shape of the key, the lock opens.

Figure 4–11 *An inclined plane is a slanted surface used to raise an object. An inclined plane decreases the size of the effort force needed to move an object. What happens to the distance through which the effort force is applied?*

Figure 4–12 *As a wedge is moved through an object to be cut, a small effort force is able to overcome a large resistance force. How can the mechanical advantage of a wedge be increased?*

manera en que se realiza el trabajo. La rampa disminuye la cantidad de fuerza que debes ejercer, aunque aumenta la distancia a lo largo de la cual debe ejercerla. Recuerda, lo que ganas en fuerza lo pierdes en distancia.

La rampa es un ejemplo de **plano inclinado**. Un plano inclinado es simplemente una superficie plana con un declive. Un plano inclinado es una máquina simple que carece de partes móviles. Cuanto menor sea el declive del plano inclinado, mayor será la distancia en la cual deberá ejercerse el esfuerzo, y más se multiplicará el esfuerzo. Así, la ventaja mecánica del plano inclinado aumenta a medida que disminuye su declive. El principio del plano inclinado fue de gran importancia en la antigüedad. Gracias a las rampas fue posible que los egipcios construyeran pirámides y templos. Desde entonces el plano inclinado se ha usado en muchos mecanismos, desde cerraduras hasta arados y cremalleras.

LA CUÑA En muchos mecanismos que usan el plano inclinado, éste tiene forma de **cuña**. Una cuña es un plano inclinado que se mueve. En lugar de un objeto que se mueve a lo largo de un plano inclinado, en la cuña, el plano inclinado se mueve para levantar el objeto. Cuando se mueve a una distancia mayor, levanta el objeto con mayor fuerza. Una cuña es usualmente un pedazo de madera o metal afinado en un extremo. La mayoría están hechas de dos planos inclinados, como el hacha y el cuchillo, por ejemplo

Cuánto más larga y fina es una cuña, menor es el esfuerzo requerido para vencer la fuerza de resistencia. (Esto pasa también con el plano inclinado.) Cuando afilas una cuña, aumentas su ventaja mecánica al disminuir el esfuerzo que debes aplicar. Un hacha afilada requiere menos esfuerzo porque su borde es más fino.

La cerradura es otro mecanismo que depende del principio de la cuña. Piensa en la forma de una llave. Sus bordes suben y bajan, son una serie de cuñas. Las cuñas levantan una serie de pinchos de distintos largos dentro de la cerradura. Cuando todos los pinchos se elevan a cierta altura, lo que se logra gracias a la forma de la llave, la cerradura se abre.

Figura 4–11 *Un plano inclinado es una superficie en declive que se usa para levantar un objeto. El plano inclinado reduce el tamaño del esfuerzo necesario para mover un objeto. ¿Qué le pasa a la distancia a lo largo de la cual se aplica el esfuerzo?*

Figura 4–12 *Cuando movemos una cuña en un objeto para cortarlo, un pequeño esfuerzo vence una gran fuerza de resistencia. ¿Cómo puede aumentarse la ventaja mecánica de una cuña?*

Figure 4–13 *A plow is a device that uses a combination of wedges to cut, lift, and turn over the soil. You have probably never given much thought to the zipper that fastens your clothes. But zippers consist of wedges. One wedge is used to open the zipper. Two different wedges are used to push the two sides together.*

The zipper is another important application of the wedge. Zippers join or separate two rows of interlocking teeth. Have you ever tried to interlock the two sides of a zipper with your hands? It is almost impossible to create enough force with your fingers to join the two rows of teeth. However, the part of the zipper that you pull up or down contains three small wedges. These wedges turn the weak effort force with which you pull into a strong force that either joins or separates the two sides. Without these wedges, you would not be able to use the zipper.

SCREW Just as the wedge is an inclined plane that moves, the **screw** is an inclined plane wrapped around a central bar, or cylinder, to form a spiral. A screw rotates, and with each turn moves a certain distance up or down. A screw multiplies an effort force by acting through a long distance. The closer

Figure 4–14 *Screws come in a variety of shapes and sizes. A bolt and a spark plug are but two examples. How is a screw related to an inclined plane?*

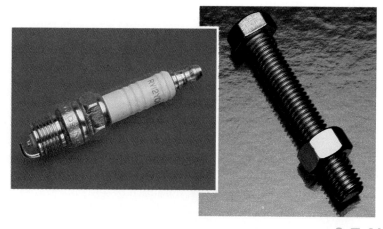

Figura 4–13 *Un arado es un mecanismo que usa una combinación de cuñas para cortar, levantar y dar vuelta el suelo. Tal vez nunca hayas pensado en la cremallera de tu ropa. Pero es también una cuña. Con una cuña se abre la cremallera y con dos se la cierra.*

La cremallera es otra aplicación importante de la cuña. Las cremalleras unen o separan dos hileras de dientes entrelazados. ¿Trataste alguna vez de cerrar con la mano estos dientes? Es casi imposible crear tanta fuerza con los dedos. Pero la parte del cierre que mueves hacia arriba o abajo tiene tres pequeñas cuñas. Estas cuñas convierten tu pequeño esfuerzo en una gran fuerza que une o separa los dos lados. Sin estas cuñas, no podrías usar el cierre.

EL TORNILLO Así como la cuña es un plano inclinado que se mueve, el **tornillo** es un plano inclinado que gira alrededor de una barra central o cilindro, en forma de espiral. Un tornillo gira y con cada vuelta recorre una distancia hacia arriba o abajo. El tornillo multiplica el esfuerzo al actuar a lo largo de una distancia grande.

Figura 4–14 *Hay tornillos de formas y tamaños diversos. Un bulón y un fusible son dos ejemplos. ¿Cómo se relaciona un tornillo con un plano inclinado?*

together the threads, or ridges, of a screw, the longer the distance over which the effort force is exerted and the more the force is multiplied. Thus the mechanical advantage of a screw increases when the threads are closer together.

The wood screw and the corkscrew are two obvious examples of the screw. Another example is a nut and bolt. In a nut and bolt, the nut has to turn several times to move forward a short distance. However, the nut moves along the bolt with a much greater force than the effort force used to turn it. Faucets and jar lids also take advantage of the principle of a screw. It is important for a jar lid to close tightly, but it requires a great deal of force to achieve a tight seal. Inside a jar lid are the threads of a screw. They fit into those on the top of the jar. You exert a small effort force when you turn the lid. However, your effort force is multiplied because you exert it over a long distance as you turn the lid many times. The large output force seals the jar.

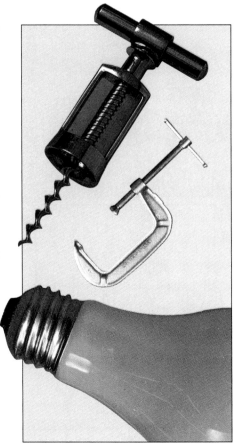

Figure 4–15 *These screws increase the amount of force applied in turning them, but decrease the distance over which the force is applied.*

Lever

Have you ever ridden on a seesaw or pried open a can with a screwdriver? If so, you are already familiar with the simple machine called a **lever.** A lever is a rigid bar that is free to pivot, or move about, a fixed point. The fixed point is called the **fulcrum.** When a force is applied on a part of the bar by pushing or pulling it, the lever swings about the fulcrum and overcomes a resistance force. Here is an example. Let's suppose you are using a crowbar to remove a nail from a piece of wood. When you push down on one end of the crowbar, the nail moves in the other direction—in this case, up. The crowbar changes the direction of the force. But the force exerted on the nail by the crowbar moves a shorter distance than the effort force you exert on the crowbar. In other words, you push down through a longer distance than the nail moves up. Because work is conserved, this must mean that the crowbar multiplies the effort force you apply.

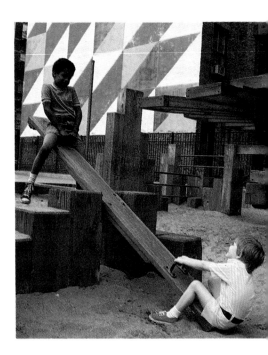

Figure 4–16 *An essential attraction of any playground, a seesaw, is a lever. Why is a seesaw a simple machine?*

Cuanto más cerca estén las vueltas de la rosca de un tornillo, mayor es la distancia en la cual se ejerce el esfuerzo y más se multiplica la fuerza. Asi, la ventaja mecánica de un tornillo aumenta cuanto más juntas estén las vueltas de la rosca.

El tornillo para madera y el sacacorchos son dos ejemplos obvios de tornillo. Otro ejemplo es un bulón con su tuerca. La tuerca debe en este caso dar varias vueltas para recorrer una distancia pequeña. Pero la tuerca se mueve alrededor del bulón con mucha más fuerza que el esfuerzo ejercido para hacerla girar. En las llaves del agua y las tapas de frascos también se usa el principio del tornillo. Para cerrar herméticamente la tapa de un frasco se requiere mucha fuerza. Las vueltas de tornillo del interior de la tapa encajan en las del frasco. Cuando haces girar la tapa ejerces un pequeño esfuerzo que se multiplica, porque lo ejerces muchas veces en una gran distancia.

La palanca

¿Has jugado en un sube y baja, o abierto una lata con un destornillador? Si lo has hecho, conoces el mecanismo simple llamado **palanca**. Una palanca es una barra rígida que está libre para moverse respecto a un punto fijo. El punto fijo se llama **punto de apoyo**. Cuando se aplica una fuerza en parte de la palanca empujándola o tirando de ella, la palanca se basa en el apoyo para vencer la fuerza de resistencia. Por ejemplo, supongamos que tú usas una sacaclavos achatado para sacar un clavo de la madera. Cuando empujas hacia abajo un extremo, libre, el clavo se mueve hacia arriba. El sacaclavos ha cambiado la dirección de la fuerza que aplicaste. Pero la fuerza que el sacaclavos ejerce sobre el clavo se mueve una menor distancia que la fuerza que tú ejerces sobre la barra. En otras palabras, tú empujas hacia abajo a lo largo de una distancia mayor que la recorrida hacia arriba por el clavo. Como se conserva el trabajo, la palanca multiplica el esfuerzo aplicado.

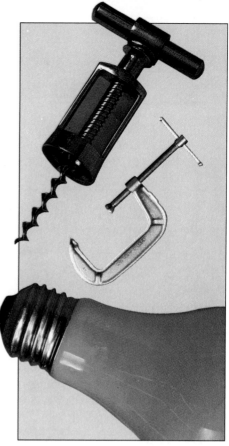

Figura 4–15 *Estos tornillos aumentan el tamaño de la fuerza aplicada para enroscarlos, pero disminuyen la distancia sobre la cual se aplica la fuerza.*

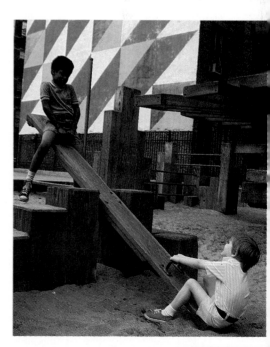

Figura 4–16 *Una parte esencial de todo parque de juegos, el sube y baja, es una palanca. ¿Por qué es también una máquina simple?*

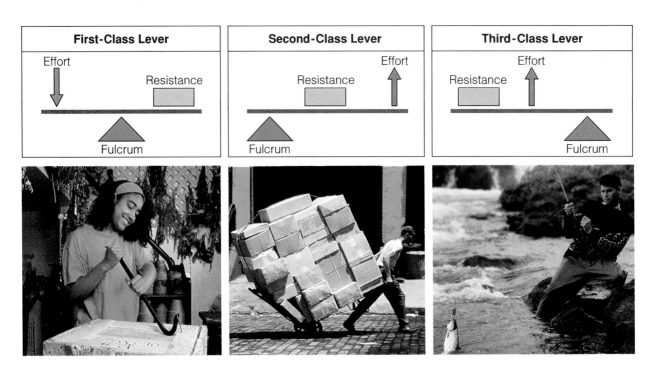

First-Class Lever	Second-Class Lever	Third-Class Lever

Figure 4–17 *The relative positions of the effort force, resistance force, and fulcrum determine the three classes of levers. Which lever multiplies effort force as well as changes its direction? Which lever multiplies the distance of the effort force?*

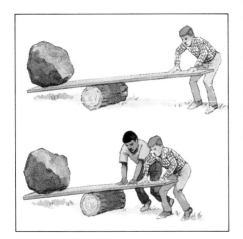

Figure 4–18 *One person may be able to lift a large rock with a sturdy lever. The same rock, however, would require a much greater effort force if the length of the lever was shortened. Should the effort force be applied closer to or farther away from the fulcrum to make a chore easier?*

In the case of the crowbar, the fulcrum is between the effort force (your push) and the resistance force (the nail). The fulcrum of a lever is not always between the effort force and the resistance force, however. Sometimes it is at the end of the lever. In fact, levers are divided into three groups, or classes, depending on the location of the fulcrum and the forces. Levers such as a crowbar, seesaw, and pliers are in the first class.

A wheelbarrow is a second-class lever. In a wheelbarrow, the fulcrum is at the end. The wheel acts as the fulcrum. The resistance force is the weight of the load in the wheelbarrow (often rock or soil). And the effort force, which is at the other end of the lever, is the force that you apply to the handles to lift the wheelbarrow. In this case, the effort force is exerted over the distance you lift the handles. The load moves a much shorter distance than you actually lift the handles. Keeping in mind that work is always conserved, you can see that because distance is decreased by the wheelbarrow, force must be increased. So you must exert a smaller force with

Palancas de primera clase	Palancas de segunda clase	Palancas de tercera clase

Figura 4–17 *La posiciones relativas del esfuerzo, la fuerza de resistencia y el punto de apoyo, determinan las tres clases de palancas. ¿Qué palanca multiplica el esfuerzo y cambia al mismo tiempo la dirección? ¿Qué palanca multiplica la distancia del esfuerzo?*

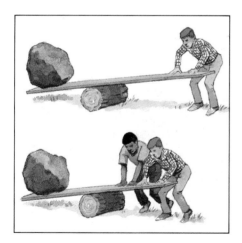

Figura 4–18 *Una persona podría levantar una gran roca con una palanca resistente. Pero si se acortara el largo de la palanca, haría falta una fuerza mayor. Para facilitar la tarea ¿debemos aplicar la fuerza más lejos o más cerca del punto de apoyo?*

En el caso del sacaclavos, el punto de apoyo está entre tu esfuerzo y la fuerza de resistencia (el clavo). El punto de apoyo de una palanca no siempre está entre el punto donde se aplica el esfuerzo y la fuerza de resistencia. A veces está al final de la palanca. Las palancas se dividen en tres clases, según dónde estén su apoyo y sus fuerzas. Palancas como sacaclavos, el sube y baja y la pinza, pertenecen a la primera clase.

La carretilla es una palanca de segunda clase. El punto de apoyo (la rueda) está al final. La fuerza de resistencia es el peso de la carga (a menudo rocas o tierra). Y el esfuerzo, la fuerza que aplicas a las manijas para levantar la carretilla, está en el otro extremo. En este caso, el esfuerzo se ejerce sobre la distancia a la cual elevas las manijas. La carga se eleva a una distancia mucho menor. Recordando que el trabajo siempre se conserva, puedes ver que, dado que la carretilla disminuye la distancia, la fuerza debe aumentar. Por eso bastará con ejercer una

Figure 4-19 *"Row. Row. Row" shouts the captain as the crew team sweats through an early morning practice. Although they may hardly be aware of it, their work is made much easier by the action of levers. Where are the levers in this photo?*

the wheelbarrow than you would need to if you lifted the soil directly, but you must exert your force for a longer distance. Like most first-class levers, levers in this second class multiply force but decrease distance. In this second class of levers, however, the direction in which you lift is the same as the direction in which the load moves. A second-class lever does not change the direction of the force applied to it. Doors, nutcrackers, and bottle openers are additional examples of second-class levers. Can you explain why by identifying the location of the fulcrum and forces?

A fishing pole is a third-class lever. The fixed point, or fulcrum, is at the end of the pole where you are holding it. The effort force is applied by your other hand as you pull back on the pole. At the top of the pole is the resistance force. In this case, you need to move your effort force only a short distance to make the end of the pole move a greater distance. A lever in the third class reduces the effort force required but multiplies the distance through which the output force moves. Shovels, hoes, hammers, tweezers, and baseball bats are third-class levers.

Have you ever tried to pry open a can of paint with a short stick? If so, you know that it is rather difficult to do. But what if you use a longer stick or even a screwdriver? The task becomes much easier. What this example illustrates is that where you push or pull on a lever is just as important as the amount of force you apply to it. Less effort force can move the same load if that force is applied farther

ACTIVITY

DOING

Levers

1. Tape five large washers together to form a resistance force.

2. Obtain a rigid 30-centimeter (cm) ruler to use as a lever and a pen to use as a fulcrum.

3. Place the washers on the 1-cm mark. Place the pen under the ruler at the 10-cm mark.

4. Push down on the ruler at the 30-cm mark. Your push is the effort force.

5. Move the pen to the 15-cm mark and again push down at the 30-cm mark.

6. Compare your effort force in steps 4 and 5.

7. Move the pen to the 20-cm mark and again push down on the 30-cm mark.

What is the effect on the effort force of decreasing the distance between it and the fulcrum? What class lever is this?

Figura 4–19 *"Remen, remen, remen," grita el capitán mientras la tripulación suda durante una sesión de práctica. Aunque ellos no se den cuenta, su trabajo es mucho más fácil debido a las palancas. ¿Cuáles son las palancas en esta foto?*

fuerza menor con la carretilla que la fuerza que aplicarías si levantaras la tierra directamente, pero a una distancia mayor. Como la mayoría de las palancas de primera clase, las de la segunda multiplican la fuerza, pero además disminuyen la distancia. En esta clase sin embargo, la dirección en que tú levantas es la misma en la que se mueve la carga. Una palanca de segunda clase no cambia la dirección en que se aplica el esfuerzo. Otros ejemplos de esta clase son las puertas, los cascanueces y los abridores de botellas. ¿Puedes explicar por qué, considerando la posición del punto de apoyo y de las fuerzas?

Una caña de pescar es una palanca de tercera clase. El punto de apoyo está donde tú sostienes la cuña. La otra mano aplica el esfuerzo cuando tiras la caña hacia atrás. En la punta de la caña está la fuerza de resistencia. En este caso necesitas mover tu esfuerzo sólo una pequeña distancia para que la punta de la caña se mueva a una gran distancia. Una palanca de tercera clase reduce el esfuerzo necesario pero multiplica la distancia a través de la cual se mueve la fuerza final. Palas, azadas, martillos, pinzas y bates de béisbol son palancas de tercera clase.

¿Intentaste alguna vez abrir una lata de pintura con un palo corto? Si lo hiciste, sabes que es muy difícil. ¿Y si usas un palo más largo, o un destornillador? Así resulta más fácil. Este ejemplo prueba que es tan importante el lugar de la palanca en que aplicas la fuerza como el tamaño de la fuerza. Un esfuerzo menor puede mover la misma carga si se aplica más lejos del punto de apoyo. Si

away from the fulcrum. As long as the resistance force (the load) is closer to the fulcrum than the effort force, the lever will multiply the effort force. This is true for first- and second-class levers. For third-class levers, however, the resistance force is always farther away from the fulcrum than the effort force. So these levers cannot multiply force. But this should not surprise you because you learned that a fishing pole does not multiply force, only distance.

Some familiar instruments are examples of combinations of levers. A pair of scissors, for example, is a combination of two first-class levers. The fulcrum is the center of the scissors, where the two blades are connected. The object to be cut exerts the resistance force. The effort force is exerted by the person using the scissors.

A grand piano is another example of levers working together. Each key on the piano is linked to a complex system of levers. The levers transmit movement from the player's fingers to the felt-tipped hammer, which strikes the tight piano wire and sounds a note. These levers multiply movement so that the hammer moves a greater distance than the player's fingertips. Similarly, a manual typewriter converts a small movement of the fingertip into a long movement of the key to the paper.

Pulley

Have you ever raised or lowered a window shade? If so, you were using another type of simple machine, the **pulley.** A pulley is a rope, belt, or chain wrapped around a grooved wheel. A pulley can function in two ways. It can change the direction of a force or the amount of force.

Suppose you had to lift a very heavy object by yourself. How would you do it? It would be quite difficult, if not impossible, to lift the object directly off the ground. It would be easier to attach the object to a rope that moves through a pulley attached to the ceiling, and then pull down on the rope. After all, pulling down on a rope is a lot easier than lifting the object directly up. By using a pulley, you can change the direction in which you have to apply the force. A pulley that is attached to a structure is called a fixed pulley. A fixed pulley does not multiply

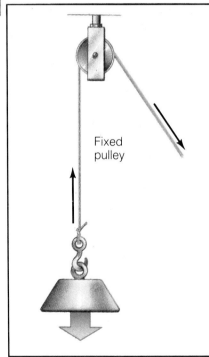

Figure 4–20 *A fixed pulley makes lifting an object easier by changing the direction of the effort force. These unlucky lobsters have been hoisted up with the use of a fixed pulley.*

la fuerza de resistencia (la carga) está más cerca del punto de apoyo que del esfuerzo, la palanca multiplicará el esfuerzo. Esto se aplica a las dos primeras clases de palancas. Sin embargo, en las palancas de tercera clase, la fuerza de resistencia está siempre más lejos del punto de apoyo que del esfuerzo. Por eso, no multiplican la fuerza, sólo la distancia. Como tú ya sabes, la caña de pescar por ejemplo, multiplica sólo la distancia.

Algunos instrumentos comunes son ejemplos de combinaciones de palancas. Las tijeras por ejemplo, son una combinación de dos palancas de primera clase. El punto de apoyo está en el centro, donde se conectan las dos partes. El objeto a cortarse ejerce la fuerza de resistencia y la persona que usa las tijeras aplica el esfuerzo.

Un piano de cola es otro ejemplo de palancas combinadas. Cada tecla del piano está conectada a un complejo sistema de palancas. Las palancas transmiten el movimiento de los dedos a martillos con puntas de fieltro que golpean las cuerdas, haciendo sonar las notas. Estas palancas multiplican el movimiento de tal modo que los martillos recorren más distancia que los dedos del pianista. Una máquina de escribir manual convierte el movimiento menor de los dedos en uno mayor, de la tecla hasta el papel.

La polea

¿Has levantado o bajado alguna vez una cortinilla? Entonces, has usado otro tipo de máquina simple, la **polea**. Una polea es una cuerda, tira o cadena que pasa por una rueda acanalada. Puede funcionar de dos maneras, cambiando la dirección o el tamaño de la fuerza.

Supón que tienes que levantar un objeto muy pesado por tu cuenta. ¿Cómo lo haces? Sería muy difícil, si no imposible, levantarlo directamente del suelo. Sería más fácil atarlo a una cuerda que pasara por una polea que colgara del techo, y tirar de la cuerda. Tirar de una cuerda es mucho más fácil que levantar el objeto directamente. Al usar la polea cambias la dirección en que debes aplicar el esfuerzo. Una polea que está unida a una estructura se llama polea fija. Una polea fija no multiplica el esfuerzo. Sólo cambia su

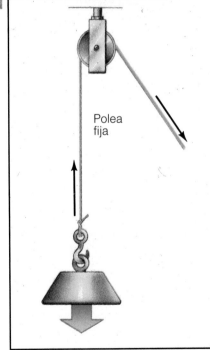

Figura 4–20 *Una polea fija facilita que se levante un objeto cambiando la dirección del esfuerzo. Estas desafortunadas langostas han llegado al barco por medio de una polea fija.*

Polea
fija

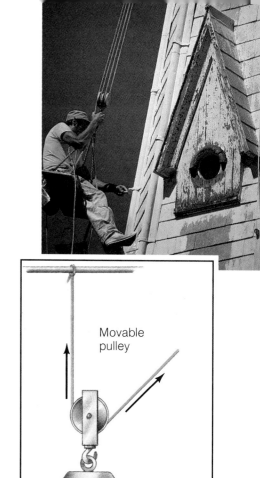

Figure 4–21 *A movable pulley moves with the resistance force. Do movable pulleys change the direction of the effort force?*

an effort force. It only changes the direction of the effort force. The fact that the effort force is not changed tells you something about the distance the object moves. Because work output can never be greater than work input, if the pulley does not change the amount of force, it does not change the distance the force moves. So the distance you pull is the same as the distance the object moves.

Pulleys can be made to multiply the force with which you pull on them. This is done by attaching a pulley to the object you are moving. This type of pulley is called a movable pulley. Look at the pulley in Figure 4–21. For each meter the load moves, the force must pull two meters. This is because as the load moves, both the left and the right ropes move. Two ropes each moving one meter equals two meters. So although a movable pulley multiplies the effort force, you must exert that effort force for a greater distance than the distance the output force moves the object. Movable pulleys, however, cannot change the direction of an effort force.

A greater mechanical advantage can be obtained by combining fixed and movable pulleys into a pulley system. As more pulleys are used, more sections of rope are attached to the system. Each additional section of rope helps to support the object. Thus less force is required. This increases the mechanical advantage. A block and tackle is a pulley system.

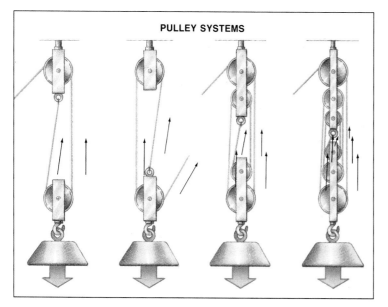

PULLEY SYSTEMS

Figure 4–22 *By combining fixed and movable pulleys into a pulley system, the mechanical advantage is increased. The block and tackle on this boat is an example of a pulley system.*

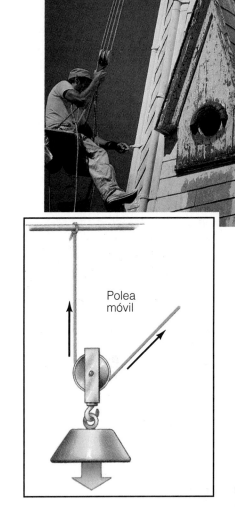

dirección. El hecho de que no se cambie el esfuerzo, te indica algo sobre la distancia que recorre el objeto. Como el trabajo final no puede ser mayor que el trabajo inicial, si la polea no cambia el tamaño del esfuerzo, tampoco cambia la distancia que recorre el esfuerzo. Por eso la distancia a que tú tiras es la misma que recorre el objeto.

Para que las poleas multipliquen el esfuerzo, se le pone una polea al objeto que quieres mover. Este tipo de polea se llama polea móvil. Mira la polea de la figura 4–21. Si la carga recorre un metro, el esfuerzo debe recorrer dos. Esto ocurre porque al moverse la carga, tanto la cuerda de la derecha como la de la izquierda se mueven. Dos cuerdas que se desplazan un metro cada una, resultan en dos metros de desplazamiento. Así, si bien la polea móvil multiplica el esfuerzo, debes ejercer dicho esfuerzo a través de una distancia mayor que la distancia a que la fuerza final mueve el objeto. Las poleas móviles sin embargo no pueden cambiar la dirección del esfuerzo.

Una ventaja mecánica mayor puede obtenerse combinando poleas fijas y móviles en un sistema de poleas. A medida que se usan más poleas, se agregan al sistema más secciones de cuerda. Cada sección adicional ayuda a sostener el objeto. Asi, se requiere menos esfuerzo. Esto aumenta la ventaja mecánica. Un aparejo de poleas es un sistema de poleas.

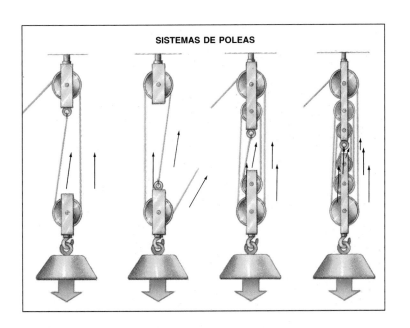

SISTEMAS DE POLEAS

Figura 4–22 *La ventaja mecánica es major si se combinan poleas fijas y móviles en un sistema. El aparejo de poleas de este velero es un ejemplo de sistema de poleas.*

ACTIVITY

Wheel and Axle

Do you think you would be able to insert a screw into a piece of wood using your fingers? Why not try it and see. You will find it is almost impossible to do—which is precisely why you use a screwdriver! A screwdriver enables you to turn the screw with relative ease. A screwdriver is an example of a tool that uses the principle of a **wheel and axle.**

A wheel and axle is a simple machine made up of two circular objects of different sizes. The wheel is the larger object. It turns about a smaller object called the axle. Because the wheel is larger than the axle, it always moves through a greater distance than the axle. A force applied to the wheel is multiplied when it is transferred to the axle, which travels a shorter distance than the wheel. Remember, work must remain the same. The mechanical advantage depends on the radius of the wheel and of the axle. If the radius of the wheel is four times greater than the radius of the axle, every time you turn the wheel once, your force will be multiplied by four.

Bicycles, Ferris wheels, gears, wrenches, doorknobs, and steering wheels are all examples of wheels and axles. Water wheels also use the principle of a wheel and axle. The force of the water on the

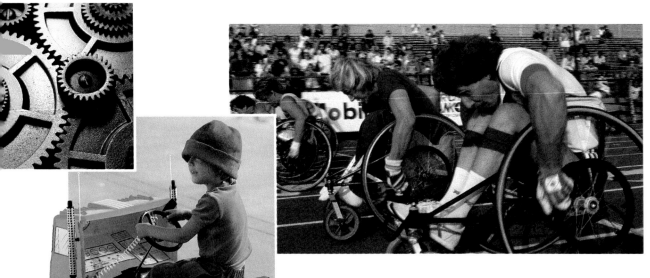

Figure 4-23 *A youngster enjoys a ride with the help of several wheels and axles. Can you identify them? Applying a small effort force to the wheel causes it to move through a greater distance than the axle. Thus the force is multiplied at the axle. The same principle is responsible for the operation of a wheelchair and of gears.*

ACTIVIDAD
PARA PENSAR

*Máquinas simples
a tu alrededor*

1. Haz una tabla de datos con seis columnas. Encabeza cada una con el nombre de las seis máquinas simples.

2. Recorre tu casa, garaje, jardín, escuela. Identifica todas las máquinas simples que veas. Anota tus observaciones en la tabla de datos.

3. Extiende tus observaciones localizando máquinas simples en otros lugares como tiendas, supermercados, bancos y parques de juegos.

¿Cuál es la máquina simple más común? ¿Y la menos común?

La cabria

¿Crees que podrías meter un tornillo en la madera usando los dedos? Inténtalo y verás. Es casi imposible hacerlo—¡por eso usas un destornillador! El destornillador te permite hacerlo con relativa facilidad. El destornillador es un ejemplo de herramienta que usa el principio de **la rueda y el eje**, o una **cabria**.

Una cabria es una máquina simple hecha de dos objetos circulares de diferente tamaño. La rueda es el objeto más grande. Gira alrededor de un objeto más pequeño (de menor radio) llamado eje. Debido a que la rueda es más grande que el eje, se mueve a través de una distancia mayor. El esfuerzo aplicado a la rueda se multiplica al transferirse al eje, que se desplaza a través de una distancia más corta que la rueda. Recuerda que el trabajo debe permanecer igual. La ventaja mecánica depende del radio de la rueda y el del eje. Si el radio de la rueda es cuatro veces más grande que el del eje, cada vez que das una vuelta a la rueda el esfuerzo que aplicas se multiplica por cuatro. Las bicicletas, ruedas mágicas, engranajes, llaves de plomeros picaportes, y volantes, son ejemplos de cabrias. Las ruedas de un molino de agua usan también el principio de la cabria. La fuerza

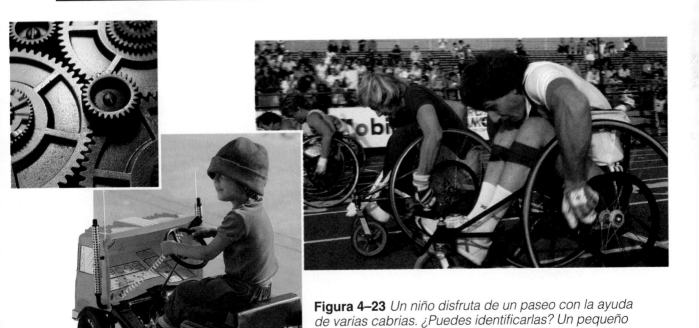

Figura 4–23 *Un niño disfruta de un paseo con la ayuda de varias cabrias. ¿Puedes identificarlas? Un pequeño esfuerzo aplicado a la rueda hace que ésta se mueva a través de una distancia mayor que el eje. Así la fuerza se multiplica en el eje. El mismo principio hace funcionar la silla de ruedas y el engranaje.*

paddles at the rim produces a strong driving force at the central shaft. Windmills use sails to develop power from the wind. The force of wind along the sails produces a strong driving force at the central shaft. A less pleasant but direct descendant of the windmill is the dentist's drill, which uses a stream of air to turn the drill.

Compound Machines

A car is not one of the six simple machines you have just learned about. Rather, a car is a combination of simple machines: wheels and axles; a gearshift lever; a set of transmission gears; a brake lever; and a steering wheel, to name just a few.

Cars, bicycles, watches, and typewriters are all examples of compound machines. Most of the machines you use every day are compound machines. **A compound machine is a combination of two or more simple machines.**

You are surrounded by a great variety of compound machines. How many compound machines do you have in your home? A partial list might include a washing machine, VCR, blender, sewing machine, and vacuum cleaner. Compound machines make doing work easier and more enjoyable. But remember that machines, simple or compound, cannot multiply work. You can get no more work out of a machine than you put into it!

Figure 4–24 *The wheel and gears of a bicycle consist of a combination of simple machines. How many can you identify?*

4–4 Section Review

1. Describe the six simple machines.
2. How is slant related to the mechanical advantage of an inclined plane, wedge, and screw?
3. How can you increase the mechanical advantage of a wheel and axle? A lever?

Connection—*You and Your World*
4. An elevator is continously lifted up and lowered down. Which of the six simple machines would be most important to the operation of an elevator? Explain your reasoning.

ACTIVITY
DOING

Compound Machines

Design a machine that uses all six simple machines. Your machine should do something useful, like wash a pet snail or scratch your back. Draw a diagram or build a model of your machine. Label each simple machine. Accompany your model with a short written explanation of what your machine does.

del agua sobre las aspas del borde de la rueda produce una gran fuerza en el eje central. Los molinos de viento usan las aspas para derivar potencia del viento. La fuerza del viento en las aspas produce una gran fuerza en el eje central. Un descendiente directo, aunque menos placentero del molino es el torno de dentista, que usa una corriente de aire para hacer girar el torno.

Máquinas compuestas

Un automóvil no es una de las seis máquinas simples que acabas de estudiar. Es más bien una combinación de máquinas simples: cabrias, una palanca de engranajes, un juego de engranajes de trasmisión, una palanca de freno y una rueda que hace de volante, por nombrar unas pocas.

Autos, bicicletas, relojes y máquinas de escribir son ejemplos de máquinas compuestas. La mayoría de las máquinas que usas a diario son máquinas compuestas. **Una máquina compuesta es una combinación de dos o más máquinas simples.**

Todos estamos rodeados de una gran variedad de máquinas compuestas. ¿Cuántas hay en tu casa? Una lista parcial incluiría lavadora, VCR, licuadora, máquina de coser, aspiradora. Las máquinas compuestas facilitan el trabajo y lo vuelven más placentero. Pero no pueden, al igual que las máquinas simples, multiplicar el trabajo. ¡No puedes sacar de una máquina más trabajo del que pones en ella!

Figura 4–24 *La rueda y los engranajes de una bicicleta son una combinación de máquinas simples. ¿Cuántas puedes identificar?*

4–4 Repaso de la sección

1. Describe las seis máquinas simples.
2. ¿Cómo se relaciona el declive con la ventaja mecánica del plano inclinado, la cuña y el tornillo?
3. ¿Cómo puedes aumentar la ventaja mecánica de una cabria? ¿Y de una palanca?

Conexión—*Tú y tu mundo*
4. Un elevador se hace bajar y subir continuamente. ¿Cuál de las seis máquinas simples sería la más importante para el funcionamiento de un elevador? Explica tu razonamiento.

ACTIVIDAD

PARA HACER

Máquinas compuestas

Diseña una máquina que combine las seis máquinas simples. Tu máquina debería hacer algo útil, como lavar un caracol o rascarte la espalda. Haz un dibujo o construye un modelo de la máquina. Rotula cada máquina simple. Escribe una explicación breve del trabajo que hace tu máquina.

Laboratory Investigation

Up, Up, and Away!

Problem

How do pulleys help you to do work?

Materials *(per group)*

> ring stand and ring
> spring balance calibrated in newtons
> weight
> string
> single pulley

Procedure

1. Tie one end of a small piece of string around the weight. Tie the other end to the spring balance. Weigh the weight. Record the weight in newtons. Untie the string and weight.

2. Attach the ring about one half to three fourths of the way up the ring stand.

3. To construct a single fixed pulley, hang the pulley directly onto the ring as shown.

4. Tie the weight to one end of a string.

5. Pass the other end of the string over the pulley and tie it to the spring balance.

6. Pull down slowly and steadily on the spring balance and record the force needed to raise the weight.

7. To make a single movable pulley, tie one end of a string to the ring.

8. Pass the other end of the string under the pulley and tie it to the spring balance as shown.

9. Attach the weight directly onto the pulley.

10. Raise the weight by pulling the spring balance upward. Record the force shown on the spring balance.

Observations

1. How much force was needed to lift the weight using the fixed pulley?

2. How much force was needed to lift the weight using the movable pulley?

Analysis and Conclusions

1. How does a fixed pulley help you do work?

2. How does a movable pulley help you do work?

3. What could you do to lift an object with greater ease than either the fixed pulley or the movable pulley alone?

4. **On Your Own** Using what you learned about pulleys, figure out how many movable pulleys you would need to lift a 3600-N boat using a force of 450 N.

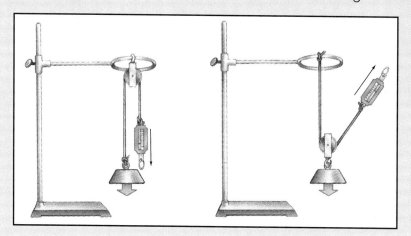

Investigación de laboratorio

¡Levántalo ya!

Problema

¿Cómo ayudan las poleas a realizar trabajo?

Materiales *(por grupo)*

soporte de probeta y aro
balanza a resorte calibrada en newtons
pesa
cordel
polea simple

Procedimiento

1. Ata a la pesa en la punta de un trozo corto de cordel. Ata la otra punta a la balanza del resorte. Pesa la pesa. Anota el peso en newtons. Saca el cordel de la pesa.

2. Asegura el aro al soporte en el medio o a tres cuartos de la base.

3. Para construir una polea fija simple, cuelga la polea en el aro como se muestra.

4. Ata la pesa a un extremo del cordel.

5. Pasa el otro extremo del cordel sobre la polea y átalo a la balanza.

6. Tira hacia abajo lenta y uniformemente de la balanza y anota la fuerza necesaria para levantar la pesa.

7. Para hacer una polea móvil, ata un extremo del cordel al aro.

8. Pasa el otro extremo del cordel bajo la polea, y átalo a la balanza a resorte como se muestra.

9. Engancha la pesa en la polea.

10. Levanta la pesa tirando de la balanza hacia arriba. Anota la fuerza que indica la balanza.

Observaciones

1. ¿Cuánta fuerza se necesitó para levantar la pesa usando la polea fija?

2. ¿Cuánta fuerza se necesitó para levantar la pesa usando la polea móvil?

Análisis y conclusiones

1. ¿Cómo te ayuda una polea fija a realizar trabajo?

2. ¿Cómo te ayuda una polea móvil a realizar trabajo?

3. ¿Qué podrías hacer para levantar un objeto con más facilidad en lugar de usar cada polea fija o móvil, por separado?

4. **Por tu cuenta** Usando lo que aprendiste sobre poleas, averigua cuántas poleas móviles necesitarías para levantar un velero de 3,600 N usando una fuerza inicial de 450 N.

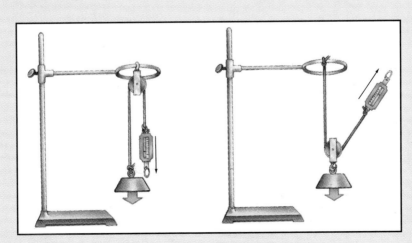

Study Guide

Summarizing Key Concepts

4–1 What It Means to Do Work

▲ Work is the product of force applied to an object times the distance through which the force is applied.

▲ The metric unit of work is the joule.

4–2 Power

▲ Power is the rate at which work is done.

▲ The metric unit of power is the watt.

4–3 Machines

▲ A machine changes either the size or direction of an applied force.

▲ Effort force is force applied to a machine. Work put into a machine is work input.

▲ Work that comes out of a machine is work output. Work output overcomes the resistance force.

▲ The comparison of work output to work input is called efficiency.

▲ The mechanical advantage of a machine is the number of times the machine multiplies the effort force.

4–4 Simple and Compound Machines

▲ There are six simple machines: the inclined plane, the wedge, the screw, the lever, the pulley, and the wheel and axle.

▲ The inclined plane is a slanted surface.

▲ The wedge is a moving inclined plane.

▲ The screw is an inclined plane wrapped around a cylinder.

▲ The lever is a rigid bar that is free to move about the fulcrum when an effort force is applied. There are three classes of levers depending upon the locations of the fulcrum, the effort force, and the resistance force.

▲ A pulley is a chain, belt, or rope wrapped around a grooved wheel. A fixed pulley changes the direction of an effort force. A movable pulley multiplies the effort force.

▲ A wheel and axle is a simple machine made up of two circular objects with different diameters.

▲ A compound machine is a combination of two or more simple machines.

Reviewing Key Terms

Define each term in a complete sentence.

4–1 What It Means to Do Work
work
joule

4–2 Power
power
watt

4–3 Machines
machine
work input
work output

efficiency
mechanical advantage

4–4 Simple and Compound Machines
inclined plane
wedge
screw
lever
fulcrum
pulley
wheel and axle

Resumen de conceptos claves

4–1 El significado de realizar trabajo

▲ Trabajo es el producto de una fuerza aplicada a un objeto por la distancia a través de la cual se aplica la fuerza.

▲ La unidad métrica de trabajo es el julio.

4–2 La potencia

▲ Potencia es la tasa de realización del trabajo.

▲ La unidad métrica de potencia es el vatio.

4–3 Las máquinas

▲ Una máquina cambia o el tamaño o la dirección de la fuerza aplicada.

▲ El esfuerzo es la fuerza que se aplica a una máquina. El trabajo que se le pone a una máquina es el trabajo inicial.

▲ El trabajo que sale de una máquina es el trabajo final. El trabajo final vence la fuerza de resistencia.

▲ La comparación entre el trabajo final y el trabajo inicial se llama eficiencia.

▲ La ventaja mecánica de una máquina es el número de veces que ésta multiplica el esfuerzo.

4–4 Máquinas simples y compuestas

▲ Hay seis máquinas simples: el plano inclinado, la cuña, el tornillo, la palanca, la polea y la cabria.

▲ El plano inclinado es una superficie en declive.

▲ La cuña es un plano inclinado móvil.

▲ El tornillo es un plano inclinado enroscado en un cilindro.

▲ La palanca es una barra rígida que está en libertad de moverse con respecto a un punto de apoyo cuando se le aplica un esfuerzo. Hay tres grupos de palancas según la ubicación del punto de apoyo, el esfuerzo y la fuerza de resistencia.

▲ Una polea es una cadena, tira o cuerda que pasa por una rueda acanalada. Una polea fija cambia la dirección del esfuerzo. Una polea móvil multiplica el esfuerzo.

▲ Una cabria es una máquina simple hecha de dos objetos circulares con diámetros diferentes.

▲ Una máquina compuesta es una combinación de dos o más máquinas simples.

Repaso de palabras claves

Define cada palabra o palabras con una oración completa.

4–1 El significado de realizar trabajo
trabajo
julio

4–2 La potencia
potencia
vatio

4–3 Las máquinas
máquina
trabajo inicial
trabajo final

eficiencia
ventaja mecánica

4–4 Máquinas simples y compuestas
plano inclinado
cuña
tornillo
palanca
punto de apoyo
polea
cabria

Chapter Review

Content Review

Multiple Choice

Choose the letter of the answer that best completes each statement.

1. Even if a large force is exerted on an object, no work is performed if
   a. the object moves.
   b. the object does not move.
   c. the power is too large.
   d. the power is too small.
2. The rate at which work is done is called
   a. energy.   c. power.
   b. efficiency.   d. mechanical advantage.
3. Two forces always involved in using a machine are
   a. effort and fulcrum.
   b. friction and fulcrum.
   c. resistance and wattage.
   d. effort and resistance.
4. The comparison between work output and work input is
   a. power.   c. mechanical advantage.
   b. efficiency.   d. friction.
5. Decreasing the slant of an inclined plane increases its
   a. mechanical advantage.
   b. effort force.
   c. power.
   d. work output.
6. The effort force is multiplied in a
   a. corkscrew.   c. baseball bat.
   b. fixed pulley.   d. fishing pole.
7. An example of a second-class lever is a
   a. seesaw.   c. door.
   b. shovel.   d. crowbar.
8. Neither force nor distance is multiplied by a (an)
   a. inclined plane.   c. movable pulley.
   b. wheel and axle.   d. fixed pulley.
9. A gear in a watch is an example of a
   a. pulley.   c. lever.
   b. wheel and axle. d. screw.
10. An example of a compound machine is a
    a. school bus.   c. crowbar.
    b. pliers.   d. ramp.

True or False

If the statement is true, write "true." If it is false, change the underlined word or words to make the statement true.

1. Work equals force times <u>time</u>.
2. The unit of work in the metric system is the newton-meter or <u>joule</u>.
3. Power is work divided by <u>force</u>.
4. In the metric system, the unit of power is the <u>newton</u>.
5. Work done by a machine is called <u>work output</u>.
6. <u>Friction</u> reduces the efficiency of a machine.
7. A <u>pulley</u> is an inclined plane that moves.
8. An ax is an example of a <u>wheel and axle</u>.

Concept Mapping

Complete the following concept map for Section 4–1. Refer to pages S6–S7 to construct a concept map for the entire chapter.

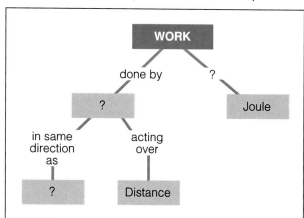

Repaso del capítulo

Repaso del contenido

Selección múltiple

Selecciona la letra de la respuesta que complete mejor cada frase.

1. Aunque se ejerza una gran fuerza sobre un objeto, no se realiza trabajo si
   a. el objeto se mueve.
   b. el objeto no se mueve.
   c. la potencia es muy grande.
   d. la potencia es muy pequeña.

2. La tasa de realización del trabajo se llama
   a. energía.
   b. eficiencia.
   c. potencia.
   d. ventaja mecánica.

3. Dos fuerzas siempre presentes cuando se usa una máquina son
   a. el esfuerzo y el punto de apoyo.
   b. la fricción y el punto de apoyo.
   c. la resistencia y el voltaje.
   d. el esfuerzo y la resistencia.

4. La comparación entre trabajo final y trabajo inicial es
   a. la potencia.
   b. la eficiencia.
   c. la ventaja mecánica.
   d. la fricción.

5. Si se disminuye el declive de un plano inclinado se aumenta su
   a. ventaja mecánica.
   b. esfuerzo.
   c. potencia.
   d. trabajo final.

6. El esfuerzo se multiplica en
   a. un sacacorchos.
   b. una polea fija.
   c. un bate de béisbol.
   d. una caña de pescar.

7. Un ejemplo de palanca de segunda clase es
   a. el sube y baja.
   b. la pala.
   c. la puerta.
   d. el sacaclavos.

8. Ni fuerza ni distancia se multiplican con
   a. un plano inclinado.
   b. una cabria.
   c. una polea móvil.
   d. una polea fija.

9. Un engranaje de reloj es un ejemplo de
   a. polea.
   b. cabria.
   c. palanca.
   d. tornillo.

10. Un ejemplo de máquina compuesta es
    a. un autobús escolar.
    b. una pinza.
    c. una barra doblada con ranura.
    d. una rampa.

Verdadero o falso

Si la afirmación es verdadera, escribe "verdad." Si es falsa, cambia las palabras subrayadas para que sea verdadera.

1. Trabajo es igual a fuerza por <u>tiempo</u>.
2. La unidad de trabajo en el sistema metrico es el newton-metro o <u>julio</u>.
3. Potencia es trabajo dividido por <u>fuerza</u>.
4. En el sistema métrico, la unidad de potencia es el <u>newton</u>.
5. El trabajo hecho por una máquina se llama <u>trabajo final</u>.
6. La <u>fricción</u> reduce la eficiencia de una máquina.
7. La <u>polea</u> es un plano inclinado movible.
8. El hacha es un ejemplo de <u>cabria</u>.

Mapa de conceptos

Completa el siguiente mapa de conceptos para la sección 4–1. Para hacer un mapa de conceptos de todo el capítulo, consulta las páginas S6–S7.

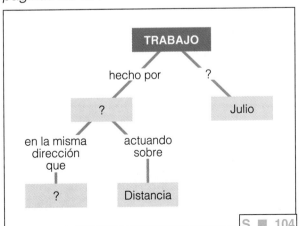

Concept Mastery

Discuss each of the following in a brief paragraph.

1. The mythical god Atlas is known for the fact that he holds up a stationary Earth. Does Atlas perform any work? Explain your answer.
2. Explain how machines make work easier. Use several examples in your answer.
3. Why is a dull razor less helpful than a sharp razor?
4. What is the difference between a screw whose threads are close together and a screw whose threads are far apart?
5. You have been given the task of moving a huge box of baseballs to a shelf that is 1 meter above the floor. There are three ramps available for you to use. They all have a height of 1 meter. However, the first one is 1 meter long, the second is 2 meters long, and the third is 3 meters long. Which ramp will make your task easiest? Why?
6. How can you increase the efficiency of a pulley?
7. Why is a bicycle a compound machine?

Critical Thinking and Problem Solving

Use the skills you have developed in this chapter to answer each of the following.

1. **Applying information** You are walking along the road when you stop to help someone who is changing a tire. Using a jack like the one shown on the right, you lift the rear end of the car with one hand. What type of simple machine is a car jack? How does it work? Does a car jack multiply force or distance? How does the length of the arm affect the use of the jack?
2. **Applying definitions** For each of the following situations, determine whether work is being done. Explain each answer.
   a. You are babysitting for a friend by watching the child while it naps.
   b. You are doing homework by reading this chapter.
   c. You are doing homework by writing answers to these questions.
3. **Developing a model** Suppose you have a large crate you wish to lift off the floor. To accomplish this you have been given a pulley and some rope. The crate has a hook on it, as does the ceiling. Describe two ways in which you could use this

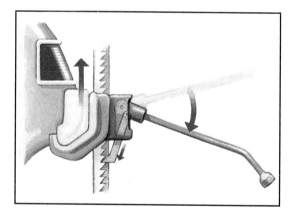

equipment to raise the crate. Accompany each description with a diagram showing how you would set it up.

4. **Using the writing process** You are a brilliant and creative inventor famous for your unusual machines. You have recently completed your most outstanding project—an odd-looking, but very important machine. Write an explanation that will be given to the scientific world describing your machine, how you built it, what it is composed of, and what it does.

Dominio de conceptos

Comenta cada uno de los puntos siguientes en un párrafo breve.

1. El dios mítico Atlas es conocido por sostener inmóvil un globo terráqueo. ¿Realiza Atlas algún trabajo? Explica tu respuesta.
2. Explica cómo facilitan las máquinas el trabajo. Usa varios ejemplos en tu respuesta.
3. ¿Por qué es menos útil una navaja para afeitar sin afilar que una afilada?
4. ¿Cuál es la diferencia entre un tornillo cuyas roscas están juntas y un tornillo cuyas roscas están separadas?
5. Se te ha dicho que pongas una gran caja de pelotas de béisbol en un estante que está a 1 metro de altura. Hay tres rampas que puedes usar. Todas tienen una altura de 1 metro. Pero la primera tiene 1 metro de largo, la segunda 2 metros de largo y la tercera 3 metros de largo. ¿Cuál de las rampas hará más fácil tu tarea? ¿Por qué?
6. ¿Cómo puedes aumentar la eficiencia de una polea?
7. ¿Por qué es la bicicleta una máquina compuesta?

Pensamiento crítico y solución de problemas

Usa las destrezas que has desarrollado en este capítulo para resolver lo siguiente.

1. **Aplicar la información** Vas por un camino y te detienes para ayudar a alguien que está cambiando una rueda. Usando un gato como el que ves a la derecha, levantas la parte de atrás del automóvil con una mano. ¿Qué tipo de máquina simple es un gato? ¿Cómo funciona? ¿Multiplica la fuerza o la distancia? ¿Cómo afecta el largo del brazo el uso del gato?
2. **Aplicar definiciones** Determina, en cada uno de los casos siguientes, si se realiza trabajo. Explica cada respuesta.
   a. Tú estas cuidando el bebé de una amiga, y lo observas mientras duerme.
   b. Haces tu tarea de casa y lees este capítulo.
   c. Haces tu tarea de casa y escribes las respuestas de estas preguntas.
3. **Desarrollar un modelo** Supón que tienes un gran cajón que quieres levantar del piso. Para hacerlo te han dado una polea y una cuerda. El cajón tiene un gancho, y el techo también. Describe dos maneras de usar estos elementos para levantar el cajón.

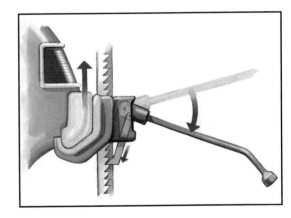

Para cada descripción, haz un diagrama que muestre cómo harías el trabajo.

4. **Usar el proceso de la escritura** Tú eres un brillante inventor famoso por tus máquinas inusuales. Acabas de terminar tu proyecto más importante, una máquina de aspecto extraño pero muy importante. Escribe una explicación de tu creación para el mundo científico donde describas la máquina, cómo la construiste, por qué elementos está formada y qué hace.

Energy: Forms and Changes

Guide for Reading

After you read the following sections, you will be able to

5–1 Nature of Energy
- Identify five forms of energy.

5–2 Kinetic and Potential Energy
- Compare kinetic energy and potential energy.
- Relate kinetic energy to mass and velocity.

5–3 Energy Conversions
- Describe different types of energy conversions.

5–4 Conservation of Energy
- Explain what Einstein said about the relationship between matter and energy.

5–5 Physics and Energy
- Relate the law of conservation of energy to motion and machines.

Within the large, cold clouds of gas and dust, small particles begin to clump together. Their own gravitational force and the pressure from nearby stars cause these small clumps to form a single large mass. Like a monstrous vacuum cleaner, gravitational force attracts more and more particles of dust and gas. The gravitational force becomes so enormous that the bits of matter falling faster and faster to the center begin to heat up. The internal temperature reaches 15 million degrees. Subatomic particles called protons collide with one another at tremendous speeds. The normal electromagnetic force of repulsion between protons is overcome by the force of particle collisions. The protons fuse together to form helium. During this process, part of the matter is transformed into energy. A star is born!

What is energy? How can energy from our sun be changed into useful energy on the Earth? Is the total energy in the universe constant? As you read further, you will find answers to these questions.

Journal *Activity*

You and Your World   Think about the last time you were awakened by a violent thunderstorm. Were you frightened or excited? Did you pay more attention to the lightning or to the thunder? What did you think might happen? In your journal, explore the ideas and feelings you had on this occasion. Include any questions you have about thunderstorms.

◀ *The formation of the Orion Nebula is evidence of the interaction of matter and energy.*

Energía: formas y cambios

Dentro de las grandes y frías nubes de gas y polvo comienzan a amontonarse pequeñas partículas. Su propia fuerza gravitacional y la presión de estrellas cercanas hace que estos pequeños cúmulos se unan en una gran masa única. Como una aspiradora monstruosa, la fuerza gravitacional atrae más y más partículas de gas y polvo. La fuerza gravitacional crece tanto que los pedazos de materia que caen cada vez más rápido en su centro comienzan a calentarse. La temperatura interna alcanza los 15 millones de grados. Partículas subatómicas llamadas protones chocan entre sí a velocidades tremendas. La fuerza electromagnética normal de repulsión entre protones cede ante la fuerza del choque de las partículas. Los protones se fusionan, formando helio. En el proceso, parte de la materia se transforma en energía. ¡Ha nacido una estrella!

¿Qué es la energía? ¿Cómo puede la energía del sol transformarse en energía útil en la Tierra? ¿Es la energía total del universo constante? Leyendo lo que sigue hallarás respuestas para estas preguntas.

Diario *Actividad*

Tú y tu mundo Piensa en la última vez en que te despertó una tormenta con truenos. ¿Tuviste miedo o te gustó? ¿Prestaste más atención a los relámpagos o a los truenos? ¿Qué pensaste que estaba pasando? Explora en tu diario las ideas y sentimientos que tuviste. Incluye las preguntas que tengas sobre las tormentas de truenos.

◀ *La formación de la nébula de Orión muestra la interacción de materia y energía.*

5–1 Nature of Energy

On July 4, 1054, the sudden appearance of a new star was recorded by the Chinese. The star shone so brightly that it could be seen even during the day. After 23 days, the distant star began to disappear. What the Chinese had observed was an exploding star, or supernova. The energy released by a supernova is capable of destroying a nearby solar system in just a few hours. A supernova is one of the greatest concentrations of energy in the universe.

A supernova is a very dramatic example of energy release. But not all forms of energy are quite that dramatic. In fact, you live in an ocean of **energy.** Energy is all around you. You can hear energy as sound, you can see it as light, and you can feel it as wind. You use energy when you hit a tennis ball, compress a spring, lift a grocery bag. Living organisms need energy for growth and movement. Energy is involved when a bird flies, a bomb explodes, rain falls from the sky, and electricity flows in a wire.

Figure 5–1 *Energy is all around you, continually shaping and reshaping the Earth and maintaining all the life that exists upon it.*

5–1 La naturaleza de la energía

El 4 de julio de 1054 se registro en China la sorprendente aparición de una nueva estrella. Era tan brillante que podía verse incluso durante el día. Después de 23 días, la lejana estrella comenzó a desaparecer. Lo que los chinos vieron era la explosión de una estrella, o una supernova. La energía liberada por una supernova puede destruir en unas horas un sistema solar cercano. Una supernova es una de las mayores concentraciones de energia del universo.

Una supernova es un ejemplo muy notable de liberación de energía. Pero no todas las formas de energía son tan impresionantes. Vivimos en un océano de **energía**. La energía te rodea. Puedes oírla como sonido, verla como luz, sentirla como viento. Tú usas energía al golpear una pelota, presionar un resorte o levantar una bolsa de comestibles. Los organismos vivos necesitan energía para crecer y moverse. Cuando un pájaro vuela, una bomba explota, la lluvia cae, la electricidad circula por un cable, la energía está

Figura 5–1 *La energía te rodea, actuando continuamente sobre la Tierra y alimentando toda la vida que existe en ella.*

What is energy that it can be involved in so many different activities? **Energy can be defined as the ability to do work.**

If an object or organism does work (exerts a force over a distance to move an object), the object or organism uses energy. You use energy when you swim in a race. Electric charges in a current use energy as they move along a wire. A car uses energy to carry passengers from one place to another. Because of the direct connection between work and energy, energy is measured in the same unit as work. Energy is measured in joules (J).

In addition to using energy to do work, objects can gain energy because work is being done on them. If work is done on an object, energy is given to the object. When you kick a football, you give some of your energy to the football to make it move. When you throw a bowling ball, you give it energy. When that bowling ball hits the pins, it loses some of its energy to the pins, causing them to fall down.

Figure 5–2 *Although he may not realize it, this young boy has energy simply because he is in motion. The same is true of the cascading waterfall.*

Forms of Energy

Energy appears in many forms. **The five main forms of energy are mechanical, heat, chemical, electromagnetic, and nuclear.** It may surprise you to learn that your body is an "energy factory" that stores and converts various forms of energy. After reading about each form of energy, see if you can describe how your energy factory works.

MECHANICAL ENERGY Matter that is in motion has energy. The energy associated with motion is called **mechanical energy.** Water in a waterfall has a great amount of mechanical energy. So does wind. An automobile traveling at 95 km/hr has mechanical energy. A jet plane cruising at 700 km/hr has even more! When you walk, ride a bike, or hit a ball, you use mechanical energy. Sound is a type of mechanical energy. Even the blood flowing through your blood vessels has mechanical energy.

HEAT ENERGY All matter is made up of tiny particles called atoms that are constantly moving. The internal motion of the atoms is called **heat energy**. The faster the particles move, the more heat energy is produced. Rub your hands together for several

actuando. ¿Qué es la energía, que puede participar en tantas actividades diferentes? **La energía puede definirse como la capacidad de realizar trabajo.**

Si un objeto u organismo trabaja (ejerce una fuerza a través de una distancia para mover un objeto) el objeto u organismo usa energía. Tú usas energía cuando nadas. Las cargas eléctricas de la corriente usan energía cuando se mueven por un cable. Un automóvil usa energía para llevar pasajeros de un lado a otro. Debido a la conexión directa entre trabajo y energía, la energía se mide en julios (J), igual que el trabajo.

Además de usar energía para realizar trabajo, los objetos obtienen energía cuando se trabaja en ellos. Si se trabaja en un objeto, se le da energía. Cuando pateas una pelota le das parte de tu energía para que se mueva. Si lanzas una bola de boliche, le das energía. Cuando la bola golpea los bolos, les da parte de su energía, haciéndolos caer.

Figura 5–2 *Tal vez este niño no lo sepa, pero tiene energía simplemente porque está en movimiento. Lo mismo ocurre con el agua de la cascada.*

Formas de energía

La energía se presenta en muchas formas. **Las cinco formas principales de energía son: mecánica, calórica, química, electromagnética y nuclear.** Puede sorprenderte saber que tu cuerpo es una "factoría de energía" que almacena y transforma varias formas de energía. Después de leer sobre las siguientes formas de energía describe cómo funciona tu factoría de energía.

ENERGÍA MECANICA La materia que se mueve tiene energía. La energía asociada con el movimiento se llama **energía mecánica.** El agua de una cascada tiene mucha energía mecánica. El viento también. Un carro que va a 95 km/h tiene energía mecánica. ¡Un avión a chorro que vuela a 700 km/h tiene mucha más! Cuando caminas, montas en bicicleta o golpeas una pelota, usas energía mecánica. El sonido es un tipo de energía mecánica. Incluso la sangre que circula por tus venas tiene energía mecánica.

ENERGÍA CALÓRICA La materia esta hecha de partículas llamadas átomos que están en movimiento constante. El movimiento interno de los átomos se llama **energía calórica.** Cuanto más rápido se mueven las partículas, más energía calórica se produce. Frótate las manos durante unos segundos. ¿Sentiste calor?

ACTIVIDAD

PARA HACER

La energía en las noticias

1. Divide una hoja de papel en cinco columnas.

2. Escribe en cada columna uno de los siguientes títulos: energía mecánica, energía calórica, energía química, energía electromagnética, energía nuclear.

3. Lee un periódico y pon una marca en la columna correspondiente cada vez que se nombre una de estas formas de energía.

¿Qué forma de energía se menciona con más frecuencia? ¿Será siempre esta forma de energía la más mencionada?

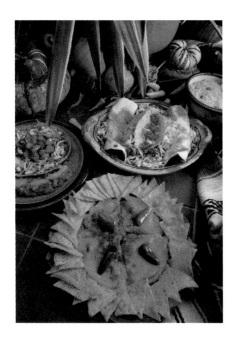

Figure 5–3 *Lots of delicious foods to eat have an added benefit. They are a source of energy. What type of energy is stored in food?*

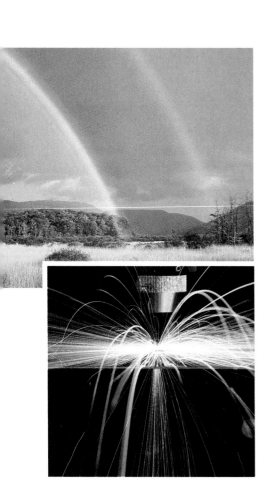

seconds. Did you feel heat? Using the friction between your hands, you converted mechanical energy (energy of motion) into heat energy! Heat energy usually results from friction. Heat energy causes changes in the temperature and phase (solid, liquid, gas) of any form of matter. For example, it is heat energy that causes your ice cream cone to melt and drip down your hand.

CHEMICAL ENERGY   Energy is required to bond atoms together. This energy is called **chemical energy**. Often, when bonds are broken, this chemical energy is released. The fuel in a rocket engine has stored chemical energy. When the fuel is burned, chemical energy is released and converted into heat energy. When you start a fire in a charcoal grill, you are releasing chemical energy. When you digest food, bonds are broken to release energy for your body to store and use. When you play field hockey or lacrosse, you are using the chemical energy stored in your muscles that you obtained from food.

ELECTROMAGNETIC ENERGY   Moving electric charges have the ability to do work because they have **electromagnetic energy.** Power lines carry electromagnetic energy into your home in the form of electricity. Electric motors are driven by electromagnetic energy. Light is another form of electromagnetic energy. Each color of light—red, orange, yellow, green, blue, violet—represents a different amount of electromagnetic energy. Electromagnetic energy is also carried by X-rays, radio waves, and laser light.

NUCLEAR ENERGY   The nucleus, or center, of an atom is the source of **nuclear energy.** When the nucleus splits, nuclear energy is released in the form of heat energy and light energy. Nuclear energy is also released when lightweight nuclei collide at high speeds and fuse (join). The sun's energy is produced from a nuclear fusion reaction in which hydrogen nuclei fuse to form helium nuclei. Nuclear energy is the most concentrated form of energy.

Figure 5–4 *Light, whether seen as a beautiful rainbow or used as laser beams, is an important part of everyday life. No matter how it is used, light is a form of energy. What form of energy is light?*

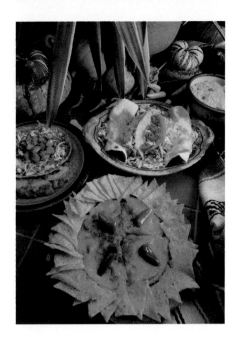

Figura 5–3 *Muchas comidas deliciosas tienen una ventaja adicional. Son una fuente de energía. ¿Qué tipo de energía se almacena en la comida?*

Usando la fricción entre tus manos convertiste energía mecánica (energía de movimiento) en energía calórica. La energía calórica proviene, usualmente, de la fricción. La energía calórica transforma la temperatura y el estado (sólido, líquido, gaseoso) de la materia. Por ejemplo, la energía calórica derrite un helado y hace que chorree por tu mano.

ENERGÍA QUÍMICA Se requiere energía para unir los átomos entre sí. A esta energía se la llama **energía química**. A menudo, cuando se rompe la unión de los átomos, se libera esta energía. El combustible de un cohete espacial tiene energía química almacenada. Cuando se quema combustible, la energía química se libera y se convierte en energía calórica. Cuando haces un fuego en una parrilla a carbón, liberas energía química. Cuando digieres la comida, se rompen uniones de átomos, liberando energía que tu cuerpo almacena y usa. Cuando juegas al hockey, usas la energía química que sacaste de la comida y almacenaste en los músculos.

ENERGÍA ELECTROMAGNÉTICA Las cargas eléctricas que se mueven tienen la capacidad de realizar trabajo porque tienen **energía electromagnética**. Los cables eléctricos llevan a tu casa energía electromagnética en forma de electricidad. Cada color de luz—rojo, naranja, amarillo, verde, azul, violeta—representa una cantidad diferente de energía electromagnética. Los rayos X, ondas de radio, y rayos láser también tienen energía electromagnética.

ENERGÍA NUCLEAR El núcleo o centro de un átomo es la fuente de la **energía nuclear**. Cuando el núcleo se parte, se libera energía nuclear en forma de energía calórica y lumínica (de luz). También se libera energía nuclear cuando núcleos livianos chocan a altas velocidades y se fusionan. La energía del sol se produce a partir de una reacción de fusión nuclear en la cual núcleos de hidrógeno se fusionan formando núcleos de helio. La energía nuclear es la forma de energía más concentrada.

Figura 5–4 *La luz, ya sea como un hermoso arco iris o como rayos laser, es parte importante de la vida diaria. De cualquier modo que se use, es una forma de energía. ¿Qué forma de energía es la luz?*

5–1 Section Review

1. What is energy?
2. Can energy be transferred from one object to another? Explain.
3. What are the different forms of energy?
4. Why is energy measured in the same unit as work?

Connection—*You and Your World*

5. It is energy you must pay for on your electric bill. Electric companies usually express the total amount of energy used in kilowatt-hours (kW-h)—the flow of 1 kilowatt of electricity for 1 hour. How many joules of energy do you get when you pay for 1 kW-h? (1 J = 1 watt x 1 second; 1 kW = 1000 watts; 1 hour = 3600 seconds)

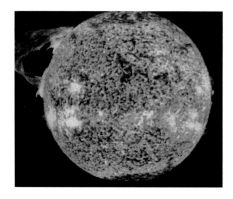

Figure 5–5 *A solar flare erupts from the sun at temperatures greater than 50,000°C. What form of energy is responsible for the characteristics of the sun?*

5–2 Kinetic and Potential Energy

Guide for Reading

Focus on this question as you read.

▶ *What is the difference between kinetic energy and potential energy?*

Stretch a rubber band between your thumb and index finger. Keep the rubber band stretched without any motion. How long can you hold it this way? After a short while, as your fingers begin to tire, you become aware of the energy in the rubber band. Yet the rubber band is not moving! This is because the energy of the stretched rubber band is stored in it. Remember that energy is the ability to do work. Release your thumb and the rubber band moves. As the rubber band moves back to its normal shape, it does work.

The energy that you felt when you stretched the rubber band was different from the energy displayed when the rubber band snapped back to its original shape. They are two different states of energy. The five different forms of energy you just learned about can be classified into either one of these states of energy. The two states are called **kinetic energy** and **potential energy.**

5–1 Repaso de la sección

1. ¿Qué es la energía?
2. ¿Puede la energía transmitirse de un objeto a otro? Explica.
3. ¿Cuáles son las diferentes formas de energía?
4. ¿Por qué se mide la energía con la misma unidad que el trabajo?

Conexión—*Tú y tu mundo*
5. Cuando pagas la cuenta de la electricidad pagas por energía. Las compañías eléctricas usualmente expresan el total de energía usada en kilovatios—hora (kW/h)—el fluir de un kilovatio de energía durante 1 hora. ¿Cuántos julios de energía obtienes si pagas por un kW/h? (1 J = 1 vatio x 1 segundo; 1 kW = 1000 vatios; 1 hora = 3600 segundos)

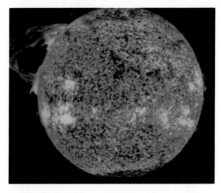

Figura 5–5 *Una llamarada solar surge del sol a temperaturas mayores de 50,000 grados centígrados. ¿Qué forma de energía es responsable de las características del sol?*

5–2 Energía cinética y potencial

Estira una banda de goma entre el pulgar y el índice. Mantenla estirada sin moverte. ¿Por cuánto tiempo puedes sostenerla así? Después de unos momentos los dedos se te cansan y comienzas a sentir la energía de la banda de goma. ¡Sin embargo la banda de goma no se mueve! Esto se debe a que la energía está almacenada en la banda de goma. Recuerda que energía es la capacidad de realizar trabajo. Saca el dedo pulgar y la banda se moverá. Al volver a su posición normal, la banda de goma realiza trabajo.

La energía que sentiste cuando estirabas la banda de goma es diferente de la energía en evidencia cuando ésta volvió a su lugar. Son dos estados diferentes de energía. Las cinco formas diferentes de energía que acabamos de estudiar pueden clasificarse en uno de estos dos estados de energía. Los dos estados se llaman **energía cinética** y **energía potencial**.

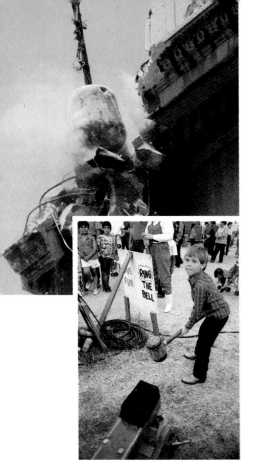

Kinetic Energy

An object that is moving can do work on another object by colliding with that object and moving it through a distance. A flying rubber band does work when it flattens a house of cards. A swinging hammer does work on a nail as it drives the nail into a piece of wood. A wrecking ball does work as it knocks down a wall. Because an object in motion has the ability to do work, it has energy. **The energy of motion is called kinetic energy.** The word kinetic comes from the Greek word *kinetikos* which means "motion." Why do the particles in matter have kinetic energy?

Suppose you are accidentally hit with a tennis ball that has been tossed lightly toward you. It probably does not hurt you. Now suppose you are hit with the same tennis ball traveling at a much greater speed. You can certainly feel the difference! The faster an object moves, the more kinetic energy it has. So kinetic energy is directly related to the velocity of an object. You have more kinetic energy when you run than when you walk. In baseball, a fast ball has more kinetic energy than a slow curve. When does a skier have more kinetic energy, when skiing downhill or cross-country?

Figure 5–6 *One powerful bang and the energy in a moving hammer enables this youngster to win a prize. The same type of energy—energy of motion—can demolish a building. What is this type of energy called?*

Do all objects with the same velocity have the same kinetic energy? Think about the tennis ball again. Suppose this time it rolls across the tennis court and hits you in the foot. Compare this with getting hit in the foot by a bowling ball traveling at the same speed as the tennis ball. The bowling ball is much more noticeable because the bowling ball has more kinetic energy than the tennis ball. A battleship moving at 40 km/hr has much more kinetic energy than a mosquito moving at the same velocity. So kinetic energy must depend on something other than just velocity. The battleship has more kinetic energy because it has greater mass. Kinetic energy depends on both mass and velocity. The mathematical relationship between kinetic energy (K.E.), mass, and velocity is:

$$\text{K.E.} = \frac{\text{mass} \times \text{velocity}^2}{2}$$

Figure 5–7 *Although this horse and colt may be running at the same velocity, they each have a different amount of kinetic energy because they have different masses.*

Energía cinética

Un objeto que se mueve puede realizar trabajo en otro objeto al chocar con dicho objeto y moverlo a través de cierta distancia. Una banda de goma estirada que se suelta de pronto contra una casa hecha de barajas la hará caer. Un martillo realiza trabajo en un clavo a medida que lo hunde en la madera. Una bola de demolición realiza trabajo al derrumbar una pared. Debido a que un objeto en movimiento tiene la capacidad de realizar trabajo, tiene energía. **La energía del movimiento se llama energía cinética.** La palabra "cinética" viene de la palabra griega *kinetikos* que significa "movimiento." ¿Por qué tienen las partículas de materia energía cinética?

Supón que alguien lanza una pelota de tenis hacia ti accidentalmente y con poca fuerza. Es probable que no te lastime. Supón ahora que te golpea la misma pelota a una velocidad mucho mayor. ¡Sin duda sentirías la diferencia! Cuánto más rápido se mueve un objeto, más energía cinética tiene. La energía cinética se relaciona directamente con la velocidad de un objeto. Tú tienes más energía cinética cuando corres que cuando caminas. En béisbol, una pelota rápida tiene más energía que una curva lenta. ¿Tiene un esquiador más energía cinética esquiando por el campo o colina abajo?

¿Tienen todos los objetos que van a la misma velocidad, la misma energía cinética? Piensa otra vez en la pelota de tenis. Supón que rueda por la cancha y te golpea el pie. Compara esto con el golpe que recibirías de una bola de boliche lanzada a la misma velocidad. Sentirías más la bola de boliche porque tiene más energía cinética. Un barco de guerra que se mueve a 40 km/h tiene mucha más energía cinética que un mosquito que se mueve a la misma velocidad. La energía cinética debe entonces depender de algo más que velocidad. El barco de guerra tiene más energía cinética porque tiene más masa. La energía cinética depende de la velocidad y de la masa. La relación matemática entre energía cinética (E.C.), masa y velocidad es:

$$\text{E.C.} = \frac{\text{masa} \times \text{velocidad}^2}{2}$$

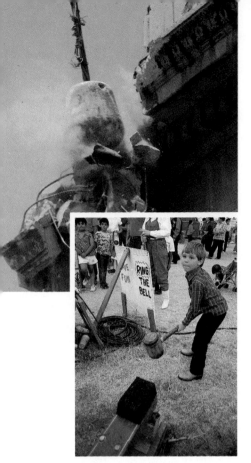

Figura 5–6 *Un golpe poderoso y la energía de un martillo en movimiento hacen que este niño gane un premio. El mismo tipo de energía—de movimiento—puede demoler un edificio. ¿Cómo se llama esta energía?*

Figura 5–7 *El caballo y el potro corren tal vez a la misma velocidad, pero tienen diferentes cantidades de energía cinética porque tienen masas diferentes.*

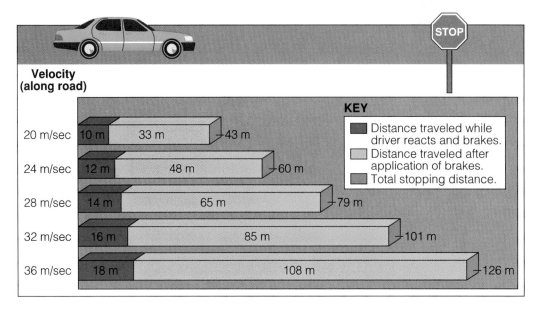

Velocity (along road)

Velocity	Distance traveled while driver reacts and brakes	Distance traveled after application of brakes	Total stopping distance
20 m/sec	10 m	33 m	43 m
24 m/sec	12 m	48 m	60 m
28 m/sec	14 m	65 m	79 m
32 m/sec	16 m	85 m	101 m
36 m/sec	18 m	108 m	126 m

KEY
- Distance traveled while driver reacts and brakes.
- Distance traveled after application of brakes.
- Total stopping distance.

Figure 5–8 *A car requires a longer distance in which to stop when traveling at faster velocities. Notice how quickly the distance increases for a small increase in velocity.*

According to this equation, an increase in either mass or velocity will mean an increase in kinetic energy. Which of these two factors, mass or velocity, will have a greater effect on kinetic energy? Why?

Now suppose you want to push a heavy box across the floor. You must exert a force on the box to move it. Thus you do work on the box. Before you moved the box, it did not have kinetic energy because it did not have velocity. As you give it kinetic energy, the box picks up velocity. The more work you do, the faster the box will move. When you increase the velocity of an object, you increase its kinetic energy. The change in the kinetic energy of the box is equal to the work you have done on it.

Potential Energy

You just read that some objects are able to do work as a result of their motion. Other objects can do work because of their position or shape. **Potential energy is energy of position.** A stretched rubber band has the potential, or ability, to fly across the room. A wound-up watch spring also has potential energy. It has the potential to move the hands of the watch around when it unwinds. An archer's taut (tightly stretched) bow has the potential to send an arrow gliding toward a target. A brick being held high above the ground has the potential to drive a stake into the ground when it falls onto it.

ACTIVITY

CALCULATING

Computing Kinetic Energy

Complete the following table.

Which has the greater effect on the kinetic energy of a body, mass or velocity?

Object	Mass (kg)	Velocity (m/sec)	Kinetic Energy (J)
A	1	1	
B	2	1	
C	1	2	
D	2	2	

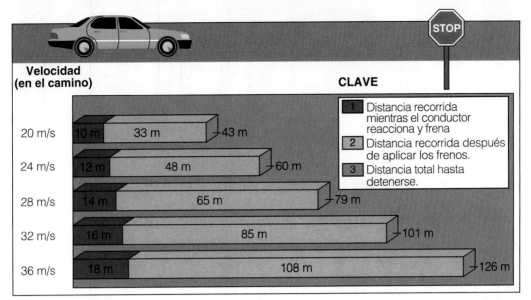

Velocidad (en el camino)

CLAVE

1 Distancia recorrida mientras el conductor reacciona y frena
2 Distancia recorrida después de aplicar los frenos.
3 Distancia total hasta detenerse.

20 m/s — 10 m — 33 m — 43 m
24 m/s — 12 m — 48 m — 60 m
28 m/s — 14 m — 65 m — 79 m
32 m/s — 16 m — 85 m — 101 m
36 m/s — 18 m — 108 m — 126 m

Figura 5–8 *Un automóvil necesita más distancia para detenerse cuando va a mayor velocidad. Observa cuánto mayor es el aumento de distancia que el aumento de velocidad.*

De acuerdo a esta ecuación, un aumento de masa o de velocidad significa un aumento de la energía cinética. ¿Cuál de estos dos factores, masa o velocidad, tendrá más efecto en la energía cinética? ¿Por qué?

Supón ahora que quieres empujar una caja pesada por el piso. Debes aplicarle una fuerza a la caja para moverla y realizar trabajo. Antes de moverla, la caja no tenía energía cinética porque no tenía velocidad. A medida que le das energía cinética, la caja adquiere velocidad. Cuanto más trabajo hagas, más rápido se moverá. Cuando aumentas la velocidad de un objeto, aumentas su energía cinética. El cambio en la energía cinética de la caja es igual al trabajo que pusiste en ella.

Energía potencial

Acabas de leer que algunos objetos pueden realizar trabajo si se mueven. Otros objetos pueden realizar trabajo por su posición o forma. **La energía potencial es una energía de posición.** Una banda de goma estirada tiene el potencial, o la capacidad, de volar a través del cuarto. Una cuerda de reloj enroscada también tiene energía potencial. Tiene el potencial de mover las agujas del reloj cuando se desenrosca. El arco tenso de un arquero tiene el potencial de lanzar una flecha hasta el blanco. Un ladrillo, sostenido a cierta altura, tiene el potencial de hundir una estaca en la tierra, si la golpea cayéndole encima.

Actividad

PARA CALCULAR

Cómputo de energía cinética

Completa la siguiente tabla.

¿Cuál de las dos, masa o velocidad, tiene un efecto mayor en la energía cinética?

Objeto	Masa (kg)	Velocidad (m/s)	Energía cinética (J)
A	1	1	
B	2	1	
C	1	2	
D	2	2	

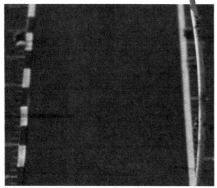

Potential energy is related to work in a different way than kinetic energy is. Remember that a moving object has kinetic energy because it can do work as it moves. But an object with potential energy is not moving or doing work. Instead, it is storing the energy that was given to it when work was done on it. It has the ability, or potential, to give that energy back by doing work. The spring acquired potential energy because work was done on it by the person winding the watch. Work was done by the person who pulled back on the bow's arrow. The brick acquired potential energy because work was done in lifting it.

Potential energy is not always mechanical, or associated with movement. For example, the chemical energy stored in food is an example of potential energy. The energy is released when the food is broken down in digestion and respiration. Similarly, fuels such as coal and oil store chemical potential energy. The energy is released when the fuel is burned. The nucleus of an atom consists of a number of particles held together by a strong force. The potential energy stored in the nucleus of an atom can be released if the nucleus is split in a nuclear reactor.

GRAVITATIONAL POTENTIAL ENERGY Imagine that you are standing on the edge of a 1-meter diving board. Do you think you have any energy? You probably think you do not because you are not moving. It is true that you do not have kinetic energy. But you do have potential energy. Your potential energy is due to your position above the water.

If you stand on a 3-meter diving board, you have three times the potential energy you have on the 1-meter board. Potential energy that is dependent on height is called **gravitational potential energy.** A waterfall, suspension bridge, and falling snowflake all have gravitational potential energy.

Figure 5–10 *Tightly wound springs store potential energy that can be used to turn the hands of time. What kind of potential energy does a pole vaulter have at the top of a vault?*

Figura 5–9 *La energía potencial se usa para hacer saltar al muñeco de la caja. ¿Cómo usa el arquero la energía potencial?*

Figura 5–10 *Resortes enrollados almacenan la energía potencial que se usa para mover las manecillas del tiempo. ¿Qué clase de energía potencial tiene el atleta que salta con garrocha, en medio del salto?*

La energía potencial se relaciona con el trabajo de modo diferente que la energía cinética. Recuerda que un objeto en movimiento tiene energía cinética porque puede realizar trabajo al moverse. Pero un objeto con energía potencial no se mueve ni realiza trabajo. Almacena la energía que se le dio cuando se aplicó trabajo sobre él. Tiene el potencial de devolver esa energía realizando trabajo. La cuerda obtuvo energía potencial porque la persona que dio cuerda al reloj realizó trabajo. Quien estiró la flecha hacia atrás realizó trabajo en el arco. El ladrillo obtuvo energía potencial porque se realizó trabajo al levantarlo.

La energía potencial no siempre es mecánica o se asocia con movimiento. La energía química almacenada en la comida es también un ejemplo de energía potencial. La energía se libera cuando la comida se desintegra durante la digestión y respiración. Del mismo modo, combustibles como el carbón y el petróleo almacenan energía química potencial. La energía se libera al quemarse el combustible. El núcleo de un átomo es un grupo de partículas unidas por una gran fuerza. La energía potencial del núcleo de un átomo puede liberarse si el núcleo se divide en un reactor nuclear.

ENERGÍA POTENCIAL GRAVITACIONAL Imagina que estás de pie al borde de un trampolín de 1 metro de altura. ¿Tienes tú algún tipo de energía? Tal vez creas que no porque no te estás moviendo. Es verdad que no tienes energía cinética, pero tienes energía potencial. Tu energía potencial se debe a tu posición respecto a la del agua.

Si estás de pie en un trampolín de 3 metros de altura, tienes tres veces más energía que en el trampolín de 1 metro. La energía potencial que depende de la altura se llama **energía potencial gravitacional**. El agua de una cascada, un puente colgante, un copo de nieve que cae, tienen todos energía potencial gravitacional.

Weight also determines the amount of gravitational potential energy an object has. The old saying "The bigger they are, the harder they fall" is an observation of the effect of weight on gravitational potential energy. From your experiences, you may already know that gravitational potential energy is dependent on weight. You have a lot more gravitational potential energy with a heavy pack on your back than you do with a light pack.

The relationship between gravitational potential energy (G.P.E.), weight, and height can be expressed by the following formula:

G.P.E. = Weight × Height

You can see from this formula that the greater the weight, the greater the gravitational potential energy. The higher the position above a surface, the greater the gravitational potential energy.

Figure 5–11 *This huge boulder in Arches National Park in Utah has a great deal of gravitational potential energy. So does a falling drop of water in a leaky faucet. The drop of water could not fall without the help of energy. Rock climbers, on the other hand, must do a tremendous amount of work to increase their gravitational potential energy.*

5–2 Section Review

1. What is kinetic energy? Potential energy?
2. Use the formula for kinetic energy to describe the relationship between the kinetic energy of an object, its mass, and its velocity.
3. What is gravitational potential energy? How is it calculated?

Critical Thinking—*Relating Concepts*
4. If you use the sun as your frame of reference, you always have kinetic energy. Why?

El peso también determina la cantidad de energía potencial gravitacional que tiene un objeto. El viejo dicho "Cuanto más grandes son, con más ruido caen" es una referencia al efecto del peso en la energía potencial gravitacional. Tal vez ya sepas por experiencia que la energía potencial gravitacional depende del peso. Tienes mucha más energía potencial gravitacional si cargas una mochila pesada que si cargas una liviana.

La relación entre energía potencial gravitacional (P.E.G.), peso y altura, puede expresarse con la siguiente fórmula:

Figura 5–11 *Esta enorme roca en Arches National Park, Utah, tiene mucha energía potencial gravitacional. Pasa lo mismo con una gota que cae de una llave del agua que pierde. La gota de agua no podría caer sin energía. Los montañistas, por otro lado, deben trabajar mucho para aumentar su energía potencial gravitacional.*

$$\textbf{P.E.G.} = \textbf{Peso} \times \textbf{Altura}$$

Según esta fórmula, cuanto mayor es el peso, mayor es la energía potencial gravitacional. Cuanto mayor es la altura sobre una superficie, mayor es la energía potencial gravitacional.

5–2 Repaso de la sección

1. ¿Qué es la energía cinética? ¿La energía potencial?
2. Usa la fórmula de la energía cinética para describir la relación entre la energía cinética de un objeto, su masa y su velocidad.
3. ¿Qué es la energía potencial gravitacional? ¿Cómo se calcula?

Pensamiento crítico—*Relacionando conceptos*
4. Si usas el sol como marco de referencia, tú siempre tienes energía cinética. ¿Por qué?

5–3 Energy Conversions

When you think of useful energy, you may think of the energy involved in moving a car or the energy you get from the food you eat. But in both these examples, the useful energy was obtained by first converting energy from one form to another. The mechanical energy of the car came from burning the chemical energy of fuel. Your energy also comes from chemical energy—the chemical energy stored in the food you eat. Energy can be transferred from one object to another and energy can be changed from one form to another. Changes in the forms of energy are called **energy conversions.**

Kinetic–Potential Energy Conversions

One of the most common energy conversions involves the changing of potential energy to kinetic energy or kinetic energy to potential energy. A stone held high in the air has potential energy. As it falls, it loses potential energy because its height decreases. At the same time its kinetic energy increases because its velocity increases. Thus potential energy is converted into kinetic energy. Similarly, the potential energy stored in a bent bow can be converted into the kinetic energy of the arrow.

Conversions between kinetic energy and potential energy are taking place around you every day. Think of tossing a ball up into the air. When you throw the ball up, you give it kinetic energy. As the ball rises, it slows down. As its velocity decreases, its kinetic energy is reduced. But at the same time its height above the Earth is increasing. Thus its potential energy is increasing. At the top of its path, the ball has slowed down to zero velocity so it has zero kinetic energy. All of its kinetic energy from the beginning of its flight has been converted to potential energy.

Then the ball begins to fall. As it gets closer to the Earth's surface, its potential energy decreases. But it is speeding up at the same time. Thus its kinetic energy is increasing. When you catch it, it has its maximum velocity and kinetic energy. The potential energy of the ball has changed into kinetic energy.

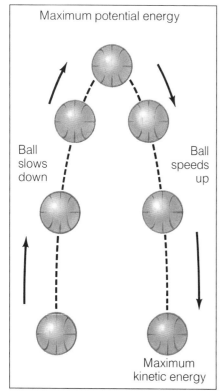

Figure 5–12 *As a basketball player throws the ball in the air, various energy conversions take place. What are these conversions?*

Guía para la lectura

Piensa en estas preguntas mientras lees.

▶ *¿Qué es una conversión de energía?*

▶ *Cuáles son algunos ejemplos comunes de conversión de energía?*

Figura 5–12 *Cuando el jugador de básketbol lanza la pelota al aire, se producen varias conversiones de energía. ¿Cuáles son?*

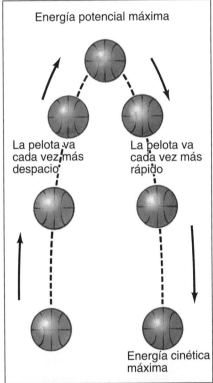

Energía potencial máxima

La pelota va cada vez más despacio

La pelota va cada vez más rápido

Energía cinética máxima

5–3 Conversiones de energía

Cuando piensas en energia útil, tal vez pienses en la energía necesaria para mover un automóvil o en la que recibes de la comida. Pero en estos dos casos la energía útil se obtuvo convirtiendo energía de una forma a otra. La energía mecánica del automóvil se obtuvo quemando la energía química del combustible. Tu energía viene también de la energía química—la energía química almacenada en los alimentos que comes. La energía puede transferirse de un objeto a otro y cambiarse de una forma a otra. Los cambios de una forma a otra de energía se llaman **conversiones de energía**.

Conversiones de energía potencial a cinética

Una de las conversiones de energía más comunes es la conversión de energía potencial a energía cinética y de energía cinética a energía potencial. Una piedra que se sostiene en el aire tiene energía potencial. Si cae, pierde energía potencial al disminuir la altura, y gana en energía cinética al aumentar la velocidad. Así la energía potencial se convierte en energía cinética. Del mismo modo, la energía potencial de un arco estirado puede convertirse en la energía cinética de la flecha.

Las conversiones entre energía cinética y energía potencial ocurren a tu alrededor todos los días. Si lanzas al aire una pelota le das energía cinética. A medida que la pelota se eleva, pierde velocidad. Al disminuir su velocidad, disminuye su energía cinética. Pero al mismo tiempo su altura por encima de la Tierra aumenta. Esto hace que aumente su energía potencial. En lo más alto de su recorrido, la velocidad es cero por lo cual no tiene energía cinética. Toda la energía cinética del principio de su recorrido se ha convertido en energía potencial.

En ese momento la pelota comienza a caer. Al acercarse a la superficie de la Tierra, su energía potencial disminuye. Pero al mismo tiempo aumenta su rapidez, aumentando así su energía cinética. Cuando tú la coges, ha llegado al máximo de su velocidad y de su energía cinética. La energía potencial de la pelota se convirtió en energía cinética.

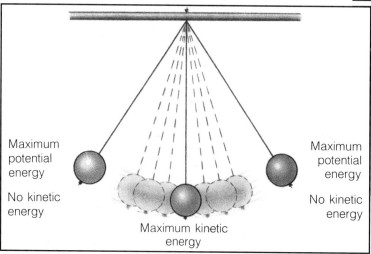

Figure 5–13 *A continuous conversion between kinetic energy and potential energy takes place in a pendulum. Potential energy is greatest at the two highest points in the swing and zero at the bottom. Where is kinetic energy greatest?*

Other Conversions

Although conversions between kinetic energy and potential energy are common, they are not the only changes in energy that take place. **All forms of energy can be converted to other forms.** For example, the sun's energy is not used merely as heat energy or light energy. It is converted to other forms of energy as well. Solar products convert the energy of sunlight directly into electricity. Green plants use the energy of the sun to trigger a process in which sugars and starches are made. These substances store the energy as chemical energy. In this process, electromagnetic energy is converted to chemical energy.

In an electric motor, electromagnetic energy is converted to mechanical energy. In a battery, chemical energy is converted to electromagnetic energy. The mechanical energy of a waterfall is converted to electromagnetic energy in a generator. Solar cells convert the sun's energy directly into electrical energy. In a heat engine (such as an automobile engine), fuel is burned to convert chemical energy into heat energy. The heat energy is then changed to mechanical energy. In a microphone-loudspeaker system, the microphone converts mechanical energy in the form of sound into electromagnetic energy in the form of electricity. The electromagnetic energy goes to the loudspeaker that then converts the electric signal back into sound.

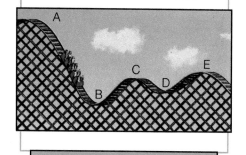

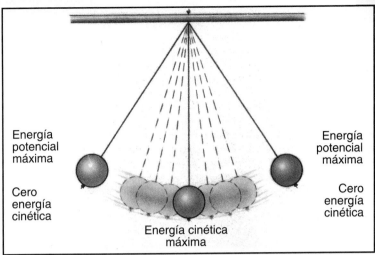

Figura 5–13 *En el péndulo se produce una conversión continua entre energía cinética y potencial. La energía potencial es mayor en los dos puntos más altos del arco, y cero en el punto más bajo. ¿Dónde es mayor la energía cinética?*

Otras conversiones

A pesar de que las conversiones entre energía cinética y potencial son comunes, no son los únicos cambios de la energía. **Todas las formas de energía pueden convertirse en otras formas.** Por ejemplo, la energía del sol no se usa sólo como energía calórica o lumínica. Se convierte también en otras formas de energía. Los productos solares convierten la luz del sol en electricidad. Las plantas verdes usan la energía solar para desencadenar un proceso en el cual producen azúcares y almidones. Estas sustancias almacenan la energía como energía química. En este proceso, la energía electromagnética se convierte en energía química.

En un motor eléctrico, la energía electromagnética se convierte en energía mecánica. En una batería, la energía química se convierte en energía electromagnética. La energía mecánica de una cascada se convierte en energía electromagnética en un generador. Células solares convierten la energía solar directamente en energía eléctrica. Un motor térmico (como el de un automóvil) quema combustible, convirtiendo energía química en energía calórica. La energía calórica se convierte a su vez en energía mecánica. En un sistema de micrófono y altoparlante, el micrófono convierte energía mecánica en forma de sonido en energía electromagnética en forma de electricidad. La energía electromagnética pasa al altoparlante, que convierte a su vez la señal eléctrica en sonido.

ACTIVIDAD

PARA PENSAR

Un día en el parque de diversiones.

Usa la ilustración de la montaña rusa para responder a estas preguntas:

1. ¿En qué posición tiene el vagón mayor energía potencial?

2. ¿En qué posición tiene el vagón mayor energía cinética?

3. ¿En qué posición tiene el vagón menor energía potencial?

4. ¿En qué punto, C o E, tiene el vagón más energía potencial?

5. Describe las conversiones cinéticas-potenciales que ocurren en la montaña rusa.

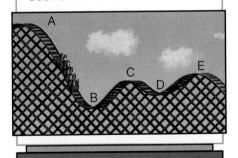

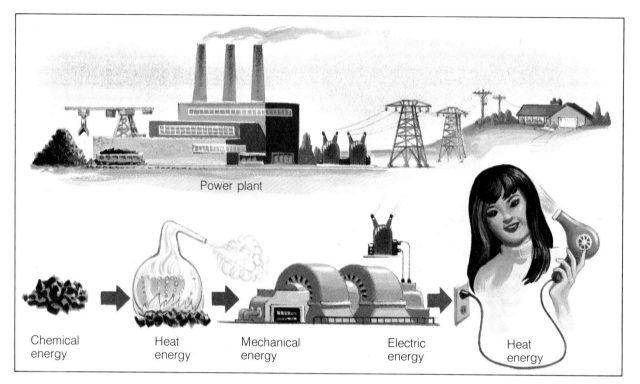

Power plant

Chemical energy → Heat energy → Mechanical energy → Electric energy → Heat energy

Figure 5–14 *A series of energy conversions is needed to produce the heat energy of the hair dryer. Trace the conversions.*

Mixing It Up

1. Fill two mixing bowls with cold water. Record the temperature of the water in each bowl.

2. Run an electric or hand mixer in one bowl for a few minutes.

3. Take the temperature of the water in each bowl again. You must read the thermometer with great precision.

How did you expect the temperatures to compare after you used the mixer?

How do the final temperatures actually compare? Why?

Often a whole series of energy conversions is needed to do a particular job. The operation of a hair dryer is a good example of this. See Figure 5–14. The electromagnetic energy used by the dryer is generated from some fuel source, such as gas. The chemical energy of the fuel is released by burning it. The fuel provides heat energy, which in turn is changed to mechanical energy. This mechanical energy is used to make a generator do the work of providing the dryer with electromagnetic energy in the form of electricity. When you turn the dryer on, the electricity is changed back to heat energy.

Figure 5–15 *This cute little animal is enjoying an afternoon snack totally unaware that the complex process of energy conversion is taking place. Describe the energy conversions.*

Energía química → Energía calórica → Energía mecánica → Energía eléctrica → Energía calórica

Usina

Figura 5–14 *Se necesita una serie de conversiones de energía para producir la energía calórica del secador de cabello. Sigue las flechas.*

ACTIVIDAD

PARA HACER

Mezclando todo

1. Llena dos cuencos con agua fría. Anota la temperatura del agua en cada cuenco.

2. Haz funcionar un mezclador eléctrico o de mano en un cuenco por unos minutos.

3. Toma otra vez la temperatura del agua en cada cuenco. Lee los termómetros con toda precisión.

¿Cómo esperabas que cambiaran las temperaturas después de usar el mezclador?

¿Cómo cambiaron realmente? ¿Por qué?

A menudo se necesita una serie de conversiones de energía para realizar un trabajo. Un buen ejemplo es el secador de cabello. Mira la figura 5–14. La energía electromagnética usada por el secador se genera de algún combustible, como el gas. Primero se quema el combustible, liberando su energía química, que se convierte en energía calórica. Ésta a su vez se convierte en energía mecánica. Esta energía mecánica se usa para que un generador provea al secador de energía electromagnética en forma de electricidad. Cuando usas el secador, la energía se convierte de nuevo en energía calórica.

Figura 5–15 *Este pequeño animal disfruta de su merienda sin tener conciencia del complejo proceso de conversión de energía que tiene lugar. Describe estas conversiones de energía.*

5–3 Section Review

1. Describe the conversions between potential energy and kinetic energy as a tennis ball drops, hits the ground, and bounces back up.
2. What energy conversions take place in a pendulum? Why does the pendulum eventually stop?
3. Describe the energy conversions that you think take place when a flashlight is turned on.

Critical Thinking—*Analyzing Information*

4. Identify the various energy conversions involved in the following events: An object is raised and then allowed to fall. As it hits the ground it stops, produces a sound, and becomes warmer.

Activity Bank

Crazy Eights, p.151

5–4 Conservation of Energy

When you turn on a lamp, not all of the electricity flowing through the filament of the light bulb is converted into light. This may lead you to think that energy is lost. But it is not. It is converted into heat. Although heat is not useful in a lamp, it is still a form of energy. Energy is never lost. Scientists have found that even when energy is converted from one form to another, no energy is gained or lost in the process. **The law of conservation of energy states that energy can be neither created nor destroyed by ordinary means.** Energy can only be converted from one form to another. So energy conversions occur without a loss or gain in energy.

The **law of conservation of energy** is one of the foundations of scientific thought. If energy seems to disappear, then scientists look for it. Important discoveries have been made because scientists believed so strongly in the conservation of energy.

One such discovery was made by Albert Einstein in 1905. Part of his famous theory of relativity deals with the concept that mass and energy are directly related. According to Einstein, even the tiniest mass can form a tremendous amount of energy. With this mass-energy relationship, Einstein was saying that mass and energy can be converted into each other.

Guide for Reading

Focus on this question as you read.

▶ *What is the law of conservation of energy?*

Figure 5–16 *You have probably felt the heat given off by a light bulb. The heat released is energy that did not become light.*

5–3 Repaso de la sección

1. Describe las conversiones entre energía potencial y energía cinética al caer una pelota de tenis, chocar con el piso y rebotar hacia arriba.
2. ¿Qué conversiones de energia tienen lugar en un péndulo? ¿Por qué éste eventualmente se detiene?
3. Describe las conversiones de energía que ocurren cuando se enciende una linterna.

Pensamiento crítico—*Analizar la información*
4. Identifica varias conversiones de energía presentes en los pasos siguientes. Se levanta un objeto y se lo deja caer. Al llegar al piso se detiene, produce un sonido y se calienta.

Pozo de actividades

Ochos locos, p. 151

5–4 Conservación de energía

Cuando enciendes una lámpara, no toda la electricidad que circula por el filamento se convierte en luz. Tal vez esto te haga pensar que se pierde energía. Pero no es así. Se convierte en calor. Aunque el calor no es útil para la lámpara, es una forma de energía. La energía nunca se pierde. Los científicos han descubierto que aún cuando se convierte de una forma a otra, no se gana o pierde energía en el proceso. **La ley de la conservación de la energía afirma que la energía no puede crearse ni destruirse por medios usuales.** La energía puede sólo convertirse de una forma a otra. Y las conversiones se producen sin ganancia ni pérdida de energía.

La **ley de la conservación de la energía** es una de las bases del pensamiento científico. Si la energía parece haber desaparecido, los científicos la buscan. Se han hecho grandes descubrimientos debido a la fe de los científicos en la conservación de la energía.

Albert Einstein hizo uno de estos descubrimientos, en 1905. Parte de su famosa teoría de la relatividad trata del concepto de que masa y energía se relacionan directamente. De acuerdo a Einstein, incluso la masa más pequeña puede formar gran cantidad de energía. En esta relación masa-energía, Einstein decía que masa y energía pueden convertirse una en la otra. Con esta

Guía para la lectura

Piensa en esta pregunta mientras lees.

▶ *¿Qué es la ley de la conservación de la energía?*

Figura 5–16 *Tal vez hayas sentido el calor que sale de una lamparilla eléctrica. Ese calor es energía que no se convirtió en luz.*

With this relationship, Einstein modified the law of conservation of energy. He showed that if matter is destroyed, energy is created and if energy is destroyed, matter is created. The total amount of mass and energy is conserved.

PROBLEM Solving

How Energy Conscious Are You?

Years ago, most people believed that the Earth's energy resources were endless. People used energy at an astonishing rate with no concern that the resources might someday run out. Today, ideas are changing. People have begun to face the reality that we can no longer afford to waste these precious resources. Until practical alternatives are found, we must make every effort to conserve those resources we have. Answer the following questions to find out how energy conscious you are.

1. If you leave a room for at least an hour, do you leave the electrical appliances in the room on—lights, television, radio?

2. When you want something from the refrigerator, do you stare into the open refrigerator while you slowly decide what you want?

3. Suppose you are running in and out of a room every few minutes. Do you turn the light on and off every time you walk into or out of the room?

4. Do you open and close the oven to peek at the brownies cooking?

5. Do you wait for a ride in a car or bus rather than riding your bike or walking to nearby locations?

6. Do you take the elevator instead of the stairs?

7. Do you throw away bottles and cans rather than saving them for recycling?

If you answered "no" to all or most of these questions, you are in good shape. If not, you may be hazardous to the environment! And what's more, your monthly electric bill reflects the energy you use. If you save energy, you save money.

Relating Cause and Effect

Think about the questions to which you answered "no." How do your actions conserve energy? Think about the questions to which you answered "yes." Why are your actions not energy efficient? Make a list of ways in which you could start saving energy every day. Think of as many additional examples as you can.

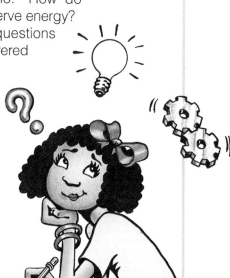

relación Einstein modificó la ley de conservación de la energía. Demostró que si se destruye materia, se crea energía, y si destruye energía, se crea materia. La cantidad total de masa y de energía se conserva.

PROBLEMA ??? a resolver

¿Eres consciente de la energía?

Hace años, las personas creían que los recursos energéticos de la Tierra eran inagotables. Se usaba la energía en grado asombroso, sin pensar en que las fuentes podían agotarse. Hoy estas ideas están cambiando. Las personas han comenzado a enfrentarse con el hecho de que no se pueden desperdiciar preciosos recursos. Hasta que se en encuentren otras opciones prácticas, debemos hacer todo lo posible para conservar los recursos que tenemos. Responde a estas preguntas para saber hasta qué punto eres consciente de la energía.

1. Si sales de un cuarto por una hora o más, ¿dejas los aparatos—radio, luces, televisión—funcionando?

2. Cuando quieres algo del refrigerador, ¿lo dejas abierto mientras te tomas tu tiempo para decidir lo que quieres?

3. Supón que sales y entras de un cuarto a cortos intervalos. ¿Enciendes y apagas la luz cada ves que entras y sales?

4. ¿Abres y cierras el horno para espiar los "brownies" mientras se cocinan?

5. ¿Esperas que te lleven en carro o vas en autobús a un lugar cercano, en vez de ir en bicicleta o a pie?

6. ¿Tomas el elevador en vez de subir por la escalera?

7. ¿Pones en la basura las botellas y latas en vez de guardarlas y reciclarlas?

Si respondiste "no" a todas o la mayoría de las preguntas, eres consciente. Si no, ¡puedes ser un peligro para el medio ambiente! Y, además, tu cuenta eléctrica aumentará. Si ahorras energía, ahorras dinero.

Relacionando causa y efecto

Piensa en las preguntas a las cuales respondiste "no." ¿Cómo conservan tus acciones energía? Piensa en las preguntas a las cuales respondiste "sí." ¿Por qué tus acciones no conservan energía? Haz una lista de las maneras en que podrías ahorrar energía. Piensa en tantos ejemplos adicionales como puedas.

During nuclear reactions—such as those that take place in the sun—energy and mass do not seem to be conserved. But Einstein showed that a loss in mass results in a gain in energy. Mass is continuously changed to energy in our sun through a process called nuclear fusion. During this process, a small loss in mass produces a huge amount of energy.

5–4 Section Review

1. What is the law of conservation of energy? How does it relate to energy conversions?

Critical Thinking—*Making Inferences*
2. Using the law of conservation of energy, explain why you become tired from pushing your bicycle along the road.

Figure 5–17 *In 1905, Albert Einstein (1879–1955) made a major contribution to science with his theory of relativity. Part of the theory describes a direct relationship between mass and energy.*

5–5 Physics and Energy

The topic of energy is essential to learning about any subject in physical science. You may wonder, then, why you have not studied energy earlier. Would it surprise you to know that you have actually been learning about energy for the past several chapters? For example, you learned that you travel at a faster *speed* when you run than when you walk. Now it should be clear that you can travel at a faster speed if you use more energy. You must exert more energy to pedal your bicycle quickly than to ride along slowly.

You learned that a moving object, such as a billiard ball, has *momentum* (mass x velocity.) The quantities mass and velocity are also used to measure the kinetic energy of an object. Thus an object that has momentum also has kinetic energy. Momentum must be conserved because energy is conserved. A moving billiard ball that collides with a stationary one gives some or all of its energy to the other ball, causing it to move.

You learned that a *force* is required to change the motion of an object. A force acting on an object to change its motion is doing work. If a force does

Guide for Reading

Focus on this question as you read.

▶ *How is the law of conservation of energy related to other physical principles?*

Cuando ocurren reacciones nucleares como las del sol—masa y energía no parecen conservarse. Pero Einstein demostró que una pérdida de masa resulta en una ganancia de energía. La masa se convierte constantemente en energía en el sol, por medio de un proceso llamado fusión nuclear. En este proceso, una cantidad pequeña de masa produce enorme energía.

Figura 5–17 *En 1905 Albert Einstein (1879–1955) hizo una importante contribución a la ciencia con su teoría de la relatividad. Parte de la teoría describe una relación directa entre la masa y la energía.*

5–4 Repaso de la sección

1. ¿Cuál es la ley de la conservación de energía? ¿Cómo se relaciona con las conversiones de energía?

Pensamiento crítico—*Hacer inferencias*

2. Usando la ley de la conservación de la energía, explica por qué te cansaste de empujar tu bicicleta por el camino.

5–5 La física y la energía

El tópico de la energía es esencial para aprender sobre cualquier materia dentro de la ciencia física. Por eso tal vez te preguntes por qué no estudiaste la energía antes. ¿Te sorprendería saber que en realidad has estado aprendiendo sobre la energía en los capítulos anteriores? Por ejemplo, tú aprendiste que te trasladas con mayor *rapidez* cuando corres que cuando caminas. Ahora debería quedar claro que puedes moverte más rápido si usas más energía. Debes ejercer más energía para pedalear rápido que si vas despacio.

Tú aprendiste que un objeto en movimiento, como una bola de billar, tiene *momento* (masa × velocidad.) Las cantidades masa y velocidad se usan también para medir la energía cinética de un objeto. Así, un objeto que tiene momento tiene también energía cinética. El momento debe conservarse porque la energía se conserva. Una bola de billar en movimiento que choca con una bola quieta, le da parte o toda su energía a la bola inmóvil, haciendo que se mueva.

Tú aprendiste que se requiere una *fuerza* para cambiar el movimiento de un objeto. Una fuerza que actúa en un objeto cambiando su movimiento, realiza

Guía para la lectura

Piensa en pregunta mientras lees.

▶ *¿Cómo se relaciona la ley de la conservación de la energía con otros principios de la física?*

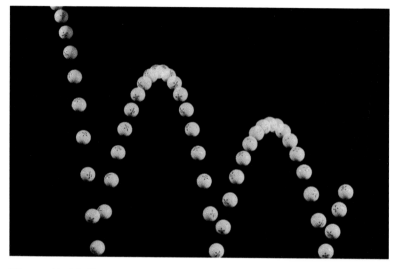

Figure 5–18 *If you follow the bouncing ball, you will see that it gets lower and lower. The forces of friction and gravity are responsible for this behavior. Is the energy of the ball lost?*

work on an object, it changes the energy of the object. When a ball is bounced off the head of a soccer player, the player exerts a force on the ball. In so doing, the player gives energy to the ball, causing a change in its motion.

You learned that *power* is the rate at which work is done. Thus power must be the rate at which energy is consumed. When you run instead of walk up the stairs, you use the same amount of energy (do the same amount of work), but you use the energy at a faster rate. Your monthly electric bill measures the electromagnetic energy you use. The electric company multiplies the power you used by the length of time it was used.

Another quantity you learned about is *work*. Now you know that work is directly related to energy. When you read about machines, you also learned that the work that comes out of a machine can never be greater than the work that goes into a machine. Work done on a machine means that energy goes into the machine. Because energy is conserved, the same amount of energy must come out of the machine. Thus, since energy is conserved, work must also be conserved. The only energy that does not come directly out of a machine is that taken by friction. But this energy is not lost, it is simply converted to another form—heat.

Have you begun to see that almost nothing happens without the involvement of energy? It is interesting to note that the concept of energy was not yet

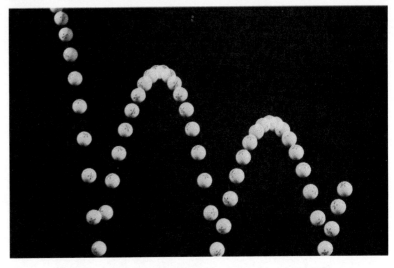

Figura 5–18 *Si sigues la pelota al rebotar, verás que cada vez rebota más bajo. Las fuerzas de la fricción y gravedad son responsables de esta conducta. ¿Se pierde la energía de la pelota?*

trabajo. Si una fuerza trabaja en un objeto, le cambia la energía. Cuando un jugador de fútbol hace que la pelota rebote en su cabeza, ejerce una fuerza sobre la pelota. Así, el jugador le da energía a la pelota, causando un cambio en su movimiento.

Tú aprendiste que *potencia* es la tasa de realización de trabajo. Entonces, potencia debe ser la tasa de consumo de energía. Cuando corres escaleras arriba en vez de caminar, usas la misma cantidad de energía (haces la misma cantidad de trabajo) pero la tasa de uso de la energía es mayor. Tu cuenta de electricidad mide la energía electromagnética que usas por mes. La compañía de electricidad multiplica la potencia que usaste por la cantidad de tiempo en que la usaste.

Otra cantidad sobre la cual aprendiste es *trabajo*. Ahora sabes que el trabajo está directamente relacionado con la energía. Cuando leíste sobre las máquinas, aprendiste que el trabajo que sale de una máquina no puede ser mayor que el trabajo que entra en la máquina. Si se realizó trabajo en una máquina, esto significa que le entró también energía. Como la energía se conserva, la misma cantidad de energía debe salir de la máquina. Así, dado que la energía se conserva, también el trabajo debe conservarse. La única energía que no sale directamente de la máquina es la que consumió la fricción. Pero esa energía no se pierde, se convierte en energía calórica.

¿Has comenzado a ver que casi nada pasa sin que la energía esté presente? Es interesante observar que el concepto de energía no se había desarrollado aún en

developed in Newton's time. However, once energy was described, Newton's detailed descriptions of motion could be easily explained in terms of energy. In addition, the laws of motion did not violate the law of conservation of energy. In fact, no physical phenomena have yet violated the law of conservation of energy.

Figure 5–19 *This art by M. C. Escher shows an unusual waterfall that violates the law of conservation of energy. When the water falls, part of its potential energy is converted into the kinetic energy of the water wheel. But how does the water get back up to the top?*

5–5 Section Review

1. How is energy related to motion?
2. How is energy related to force?
3. How is energy related to power?

Critical Thinking—*Making Calculations*
4. Two cars have the same momentum. One car weighs 5000 N and the other weighs 10,000 N. Which car has a greater kinetic energy? Explain your answer.

los tiempos de Newton. Sin embargo, después de haberse descrito la energía, las detalladas descripciones del movimiento hechas por Newton pudieron explicarse fácilmente en términos de energía. Además, las leyes del movimiento no violaban la ley de la conservación de energía. En realidad, ningún fenómeno físico ha violado todavía la ley de la conservación de energía.

Sigue la pelota que rebota

1. Sostén una regla métrica verticalmente, con un extremo en el piso.

2. Deja caer una pelota de tenis desde 50 cm de altura y anota la altura hasta la cual rebota.

3. Deja caer la pelota desde 100 cm de altura y anota hasta qué altura rebota.

■ ¿Qué conclusión puedes sacar con respecto a la energía potencial gravitacional y la altura?

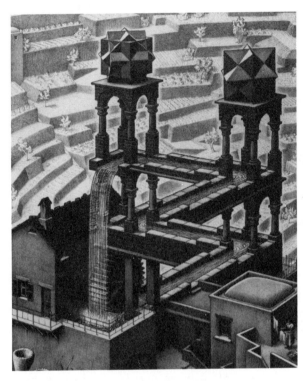

Figura 5–19 *Esta obra de M. C. Escher muestra una cascada poco común que desafía la ley de la conservación de energía. Cuando el agua cae, parte de su energía potencial se convierte en la energía cinética de la rueda del molino. Pero ¿cómo vuelve el agua a la parte de arriba?*

5–5 Repaso de la sección

1. ¿Cómo se relaciona la energía con el movimiento?
2. ¿Cómo se relaciona la energía con la fuerza?
3. ¿Cómo se relaciona la energía con la potencia?

Pensamiento crítico—*Haciendo cálculos*

4. Dos automóviles tienen el mismo momento. Uno pesa 5,000 N y el otro 10,000 N. ¿Cuál de ellos tiene más energía cinética? Explica tu respuesta.

CONNECTIONS

Start looking around. Imagine that you are standing on the edge of the Grand Canyon in Arizona. In the distance you see a wonderful snowcapped mountain.

Mountains result from great forces that push up through the Earth's surface. Think about the tremendous amount of work, and therefore energy, that was required to create the mountain. The huge amount of energy located within the Earth's interior not only creates mountains, it also causes volcanic eruptions, earthquakes, and movement of the continents. There, you have seen the effect of energy already without too much trouble.

Look some more—this time downward. Think about the amount of work required to chisel out such a masterpiece as the Grand Canyon. Clearly, a great deal of energy was involved. The Grand Canyon was dug out by the Colorado River over millions of years. Water and other natural forces continually reshape the face of the *Earth*. Glaciers, ocean waves, winds, and rough storms are examples of the natural forces that not only create some of the most beautiful sights in the world,

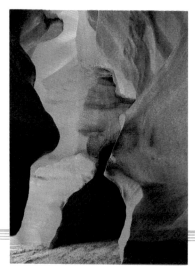

but also can be some of the most destructive forces on Earth.

Perhaps all this thinking is making you hungry. Why not sit down and eat lunch. Guess what! Energy is there again. It's in the food you eat. Food, like any fuel, has chemical potential energy stored in it. When you eat it, your digestive and respiratory systems break down the food and release energy into your system. You use this energy to keep all your body systems working and to power your daily activities. You would not be able to walk around, run, play, or even think without the energy you obtain from the food you eat.

Now you might wonder where the food you eat gets its energy. The sun is the ultimate source of energy for all *living things*. Green plants and certain bacteria trap the energy of sunlight. They use about half of this energy for their own activities and store the rest in compounds that they manufacture called carbohydrates. Animals that either eat the plants or eat other animals that eat plants obtain this stored energy.

Wow! You can't seem to get away from energy. Take a deep breath and relax. Oh, there it is again. The oxygen in the air you breathe is released in the

CONEXIONES

Un mundo de energía

Comienza a mirar a tu alrededor. Imagínate que estás de pie al borde del Gran Cañón en Arizona. A la distancia ves una montaña maravillosa cubierta de

nieve. Las montañas se forman debido al empuje de grandes fuerzas sobre la superficie de la Tierra. Piensa en la tremenda cantidad de trabajo, y por lo tanto energía, requerida para formar la montaña. La enorme cantidad de energía situada en el interior de la Tierra no sólo crea montañas sino que también causa erupciones volcánicas, terremotos y movimientos de los continentes. Allí, sin mucha dificultad, has visto ya el efecto de la energía.

Pero mira un poco más—esta vez hacia abajo. Piensa en la cantidad de energía necesaria para cincelar una obra maestra como el Gran Cañón. Claramente, se necesitó una gran cantidad de energía. El Gran Cañón fue cavado en la roca por el río Colorado durante millones de años. El agua y otras fuerzas naturales continuamente dan nueva forma a la faz de la *Tierra.* Los glaciares, las olas de los océanos, los vientos y las tormentas son ejemplos de las fuerzas naturales que

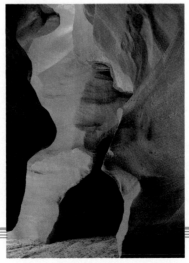

no sólo crean bellos panoramas, sino que están también entre las fuerzas más destructivas de la Tierra.

Pero tal vez tengas hambre. ¿Por qué no sentarse y comer algo? ¡La energía está allí nuevamente! La comida, como cualquier combustible, almacena energía química potencial. Cuando comes, tus sistemas digestivo y respiratorio desintegran la comida, liberando energía en tu sistema. Tú usas esta energía para mantener tu cuerpo en funcionamiento y para hacer tus actividades diarias. No podrías caminar, correr, jugar, ni tampoco pensar sin la energía que obtienes de la comida que consumes.

Tal vez te preguntes de dónde saca su energía la comida que comes. El sol es la fuente de energía por excelencia para todos los *organismos vivos.* Las plantas verdes y algunas bacterias atrapan la energía de la luz solar. Usan más o menos la mitad de la energía para sus actividades y almacenan el resto en compuestos que fabrican, llamados carbohidratos. Animales que comen plantas, o a otros animales que las comen, obtienen esta energía. ¡Parece que no puedes librarte de la energía! Respira hondo y relájate. ¡Oh, allí está otra vez! El oxígeno del aire que respiras se libera en el proceso por el cual las plantas

process by which plants convert the energy of the sun into the chemical energy of food. So without the energy that is required to drive these conversion processes, there would not be any oxygen for you to breathe.

Maybe you should walk around a bit and organize your thoughts. Surprise! Energy is involved once again. When you walk, you convert chemical energy in your body to mechanical energy and heat. In fact, you use mechanical energy for your movements, chemical energy in your body processes, and electrical energy to control many of your body systems. And when you move something by throwing it, pushing it, or picking it up, you give some of your energy to the object, causing it to move.

Boy it's sure getting hot out there thinking about energy. Speaking of heat leads us to the sun. The sun is the main source of energy for living things. Without the sun, there would be no life on Earth. The sun releases energy in a process called nuclear fusion. Within the core of the sun, ex-

tremely strong gravitational forces pull the atoms of hydrogen gas together so tightly that they fuse into helium atoms. During this process, some mass is changed to energy, mostly in the form of heat and light. A portion of this energy reaches the Earth.

The sun is only one of the trillions and trillions of stars in the universe. Nonetheless, the sun is the center of our solar system. It showers the Earth and the eight other planets with a constant supply of energy. And as you have been learning, thanks to the sun, the Earth is alive with energy.

Have you begun to see things a little differently? Energy in one form or another is everywhere and is necessary for every activity and process you can imagine. From the cry of a baby to the falling of rain to the rumble of an earthquake, energy is involved. You use energy constantly—even when you are asleep. In fact, because the Earth moves around the sun, you and everything on the Earth always have kinetic energy. So the next time you need a little energy, just look around!

convierten la energía del sol en la energía química de la comida. Así, sin la energía que se necesita para llevar a cabo esos procesos de conversión, no habría oxígeno para que tú respiraras.

Tal vez tú deberías dar un paseo y ordenar tus pensamientos ¡Pero la energía está de nuevo presente! Cuando caminas conviertes energía química en energía mecánica y calórica. En realidad, usas energía mecánica para moverte, energía química para los procesos del cuerpo, y energía eléctrica para controlar muchos de los sistemas de tu cuerpo. Y cuando mueves algún objeto, al empujarlo, arrojarlo o levantarlo, le das al objeto una parte de tu energía, haciendo que se mueva.

Bueno, seguro que se está poniendo caluroso aquí, hablando de la energía. Hablar de calor nos lleva al tema del sol. El sol es la mayor fuente de energía para los organismos vivos. Sin el sol no habría vida en la Tierra. El sol libera energía en un proceso llamado fusión nuclear. En el centro del sol, grandes fuerzas gravitacionales

unen los átomos de hidrógeno gaseoso bajo tanta presión, que se fusionan en átomos de helio. En el proceso una porción de masa se convierte en energía, principalmente en forma de calor y luz. Parte de esta energía llega a la Tierra.

El sol es sólo una estrella de los trillones y trillones que hay en el universo. Sin embargo, es el centro de nuestro sistema solar. Hace llegar a la Tierra y los otros ocho planetas una cantidad constante de energía. Y como ya has aprendido, gracias al sol, la Tierra está llena de vida.

¿Has comenzado a ver las cosas de manera un poco diferente? La energía de una forma u otra está en todas partes, y es necesaria para toda actividad o proceso que puedas imaginarte. Desde el llanto de un bebé a la lluvia o el rumor de un terremoto, implican energía. La usas constantemente, incluso cuando duermes. En realidad debido a que la Tierra se mueve alrededor del sol, tú y todo lo que está en la Tierra tiene siempre energía cinética. Por eso, si necesitas energía, ¡mira a tu alrededor!

Laboratory Investigation

Relating Mass, Velocity, and Kinetic Energy

Problem

How does a change in mass affect the velocity of an object if its kinetic energy is constant?

Materials *(per group)*

rubber band
3 thumbtacks
12 washers glued together in groups of 2, 4, and 6
wooden board, 15 cm x 100 cm
meterstick

Procedure 👁 📼

1. Place three thumbtacks at one end of the wooden board, as shown in the figure.
2. Stretch the rubber band over the three thumbtacks to form a triangle.
3. In front of the rubber band, place two washers that have been stuck together.
4. Pull the washers and the rubber band back about 2 cm, as in the figure. Release the rubber band. The washers should slide about 70 to 80 cm along the board.
5. Practice step 4 until you can make the double washer travel 70 to 80 cm each time.
6. Mark the point to which you pulled the rubber band back to obtain a distance of 70 to 80 cm. This will be your launching point for the entire experiment.
7. Launch the double washer three times. In a data table, record the distance in centimeters for each trial. Remember to use the same launching point each time.
8. Repeat step 7 for a stack of 4 washers.
9. Repeat step 7 for a stack of 6 washers.

Observations

Calculate the average distance traveled by 2 washers, 4 washers, and 6 washers.

Analysis and Conclusions

1. What is the relationship between the mass, or number of washers, and the average distance traveled?
2. What kind of energy was in the washers when you held them at the launching point? How do you know?
3. After the washers were launched, what kind of energy did they have?
4. You launched all the washers from the same position. Was the energy the same for each launch?
5. Assume that the farther the washers slid, the greater their initial velocity. Did the heavier group of washers move faster or slower than the lighter group?
6. If the kinetic energy is the same for each set of washers, what happens to the velocity as the mass increases?

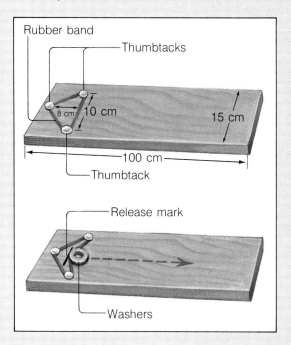

Investigación de laboratorio

Relacionando masa, velocidad y energía cinética

Problema

¿Cómo afecta un cambio en la masa la velocidad de un objeto, si su energía cinética es constante?

Materiales *(por grupo)*

banda elástica de goma
3 tachuelas
12 arandelas unidas con cola en un grupo de 2, uno de 4 y uno de 6
tabla de madera, 15 cm x 100 cm
regla métrica

Procedimiento

1. Clava las tres tachuelas en uno de los extremos de la tabla, como en el dibujo.

2. Estira la banda de goma entre las tachuelas formando un triángulo.

3. Pon frente a la banda de goma el grupo de 2 arandelas.

4. Tira hacia atrás las arandelas y la banda de goma unos 2 cm, como en el dibujo. Suéltalas. Las arandelas deberían deslizarse entre 70 y 80 cm sobre la tabla.

5. Practica el paso 4 hasta lograr que las arandelas se deslicen 70 u 80 cm en cada intento.

6. Marca el punto hasta el cual estiraste la banda para obtener la distancia de 70 u 80cm. Este será el punto desde el cual dispares durante el resto del experimento.

7. Lanza tres veces la doble arandela. En una tabla de datos anota la distancia en cm. de cada intento. Acuérdate de usar el mismo punto de lanzamiento todas las veces.

8. Repite el paso 7 con las cuatro arandelas.

9. Repite el paso 7 con las seis arandelas.

Observaciones

Calcula la distancia media recorrida por 2 arandelas, 4 arandelas y 6 arandelas.

Análisis y conclusiones

1. Cuál es la relación entre la masa, o número de arandelas y la distancia media recorrida?

2. Qué clase de energía tenían las arandelas cuando las mantenías en el punto de partida? ¿Cómo lo sabes?

3. Después que lanzaste las arandelas, ¿qué clase de energía tenían?

4. Tú lanzaste todas las arandelas desde la misma posición. ¿Tenían todos los lanzamientos la misma energía?

5. Supón que cuánto más lejos llegaron las arandelas, mayor era su velocidad inicial. ¿Se movió el grupo más pesado más rápido o más despacio que el más liviano?

6. Si la energía cinética es la misma para cada grupo de arandelas, ¿qué pasa con la velocidad a medida que aumenta la masa?

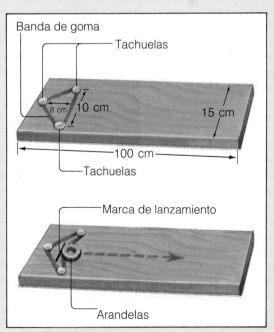

Banda de goma

Tachuelas

8 cm 10 cm

15 cm

100 cm

Tachuelas

Marca de lanzamiento

Arandelas

Study Guide

Summarizing Key Concepts

5–1 Nature of Energy

▲ Energy is the ability to do work.

▲ Energy appears in many forms: mechanical, heat, chemical, electromagnetic, and nuclear.

5–2 Kinetic and Potential Energy

▲ Energy that an object has due to its motion is called kinetic energy.

▲ Kinetic energy equals one half the product of the mass times the square of the velocity.

▲ Energy that an object has due to its shape or position is called potential energy.

▲ Potential energy that an object has due to its height above the Earth's surface and its weight is called gravitational potential energy.

5–3 Energy Conversions

▲ Energy can change from one form to another. Changes in the form of energy are called energy conversions.

▲ The most common energy conversions occur between kinetic energy and potential energy. But all forms of energy can be converted to another form.

5–4 Conservation of Energy

▲ The law of conservation of energy states that energy can neither be created nor destroyed by ordinary means.

5–5 Physics and Energy

▲ Energy is involved in every physical activity or process.

▲ An increase in speed or velocity is accompanied by an increase in kinetic energy.

▲ An object that has kinetic energy also has momentum.

▲ A force doing work on an object to change its motion is giving energy to the object.

▲ Power is the rate at which energy is used.

▲ The conservation of work can be understood because energy is conserved.

Reviewing Key Terms

Define each term in a complete sentence.

5–1 Nature of Energy
  energy
  mechanical energy
  heat energy
  chemical energy
  electromagnetic energy
  nuclear energy

5–2 Kinetic and Potential Energy
  kinetic energy
  potential energy
  gravitational potential energy

5–3 Energy Conversions
  energy conversion

5–4 Conservation of Energy
  Law of Conservation of Energy

Resumen de conceptos claves

5–1 Naturaleza de la energía

▲ Energía es la capacidad de realizar trabajo.

▲ La energía se manifiesta de muchas formas: mecánica, calórica, química, electromagnética y nuclear.

5–2 Energía cinética y potencial

▲ La energía que un objeto tiene debido a su movimiento se llama energía cinética.

▲ Energía cinética es igual a la mitad del producto de la masa por velocidad al cuadrado.

▲ La energía de un objeto debido a su forma o posición, se llama energía potencial.

▲ La energía potencial que un objeto tiene debido a su altura sobre la tierra y a su peso, se llama energía potencial gravitacional.

5–3 Conversiones de la energía

▲ La energía puede cambiar de una forma a otra. Los cambios en la forma de la energía se llaman conversiones de energía.

▲ Las conversiones de energía más comunes ocurren entre la energía cinética y la energía potencial. Pero todas las formas de energía pueden convertirse en otra.

5–4 Conservación de la energía

▲ La ley de la conservación de la energía afirma que la energía no puede ser ni creada ni destruida por medios comunes.

5–5 La física y la energía

▲ La energía está presente en toda actividad o proceso físico.

▲ Un aumento de rapidez o velocidad va acompañado por un aumento de energía cinética.

▲ Un objeto que tiene energía cinética también tiene momento.

▲ Una fuerza que pone trabajo en un objeto cambiando su movimiento, le da energía cinética al objeto.

▲ Potencia es la tasa del uso de la energía.

▲ La conservación del trabajo puede comprenderse porque la energía se conserva.

Repaso de palabras claves

Define cada palabra o palabras con una oración completa.

5–1 Naturaleza de la energía
energía
energía mecánica
energía calórica
energía química
energía electromagnética
energía nuclear

5–2 Energía potencial y cinética
energía cinética
energía potencial
energía gravitacional potencial

5–3 Conversiones de la energía
conversión de energía

5–4 Conservación de la energía
Ley de la conservación de energía

Chapter Review

Content Review

Multiple Choice

Choose the letter of the answer that best completes each statement.

1. Energy is the ability to do
   - a. motion.
   - c. acceleration.
   - b. work.
   - d. power.
2. The unit in which energy is measured is the
   - a. newton.
   - c. electron.
   - b. watt.
   - d. joule.
3. X-rays, lasers, and radio waves are forms of
   - a. mechanical energy.
   - b. heat energy.
   - c. electromagnetic energy.
   - d. nuclear energy.
4. Gravitational potential energy is dependent on
   - a. speed and height.
   - b. weight and height.
   - c. time and weight.
   - d. acceleration and kinetic energy.
5. Gasoline and rocket fuel store
   - a. electromagnetic energy.
   - b. chemical energy.
   - c. mechanical energy.
   - d. gravitational potential energy.
6. A stretched rubber band has
   - a. potential energy.
   - b. kinetic energy.
   - c. nuclear energy.
   - d. electromagnetic energy.
7. Energy of motion is
   - a. potential energy.
   - b. nuclear energy.
   - c. kinetic energy.
   - d. electromagnetic energy.
8. According to Einstein, matter is another form of
   - a. mass.
   - c. time.
   - b. light.
   - d. energy.

True or False

If the statement is true, write "true." If it is false, change the underlined word or words to make the statement true.

1. Energy is the ability to do <u>work</u>.
2. The food you eat stores <u>chemical</u> energy.
3. Light is <u>nuclear</u> energy.
4. Sound is a form of <u>mechanical</u> energy.
5. Energy stored in an object due to its position is called <u>kinetic</u> energy.
6. <u>Potential</u> energy is energy of motion.
7. Kinetic energy equals the mass of an object times the square of its velocity divided by <u>two</u>.
8. Gravitational potential energy is dependent on both the weight and <u>height</u> of an object.

Concept Mapping

Complete the following concept map for Section 5–1. Refer to pages S6–S7 to construct a concept map for the entire chapter.

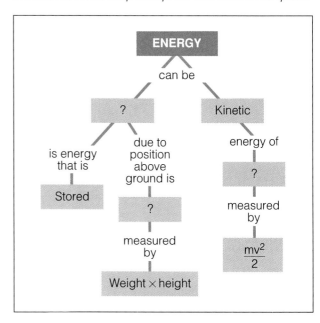

Repaso del capítulo

Repaso del contenido

Selección múltiple

Selecciona la letra de la respuesta que mejor complete cada frase.

1. Energía es la habilidad para realizar
   a. movimiento.
   b. trabajo.
   c. aceleración.
   d. potencia.
2. La unidad para medir la energía es el
   a. newton.
   b. vatio.
   c. electrón.
   d. julio.
3. Los rayos X, los láser, y las ondas de radio son formas de
   a. energía mecánica.
   b. energía calórica.
   c. energía electromagnética.
   d. energía nuclear.
4. La energía potencial gravitacional depende de
   a. la velocidad y la altura.
   b. el peso y la altura.
   c. el tiempo y el peso.
   d. la aceleración y la energía cinética.
5. La gasolina y el combustible de cohetes espaciales almacenan
   a. energía electromagnética.
   b. energía química.
   c. energía mecánica.
   d. energía potencial gravitacional.
6. Una banda elástica tiene
   a. energía potencial.
   b. energía cinética.
   c. energía nuclear.
   d. energía electromagnética.
7. La energía del movimiento es
   a. energía potencial.
   b. energía nuclear.
   c. energía cinética.
   d. energía electromagnética.
8. Según Einstein, la materia es otra forma de
   a. masa.
   b. luz.
   c. tiempo.
   d. energía.

Verdadero o falso

Si la afirmación es verdadera, escribe "verdad." Si es falsa, cambia las palabras subrayadas para que sea verdadera.

1. Energía es la capacidad de realizar <u>trabajo</u>.
2. La comida almacena energía <u>química</u>.
3. La luz es energía <u>nuclear</u>.
4. El sonido es una forma de energía <u>mecánica</u>.
5. La energía almacenada en un objeto debido a su posición se llama energía <u>cinética</u>.
6. La energía <u>potencial</u> es la energía del movimiento.
7. La energía cinética es igual a la masa de un objeto por el cuadrado de su velocidad dividido por <u>dos</u>.
8. La energía potencial gravitacional depende del peso y de la <u>altura</u> de un objeto.

Mapa de conceptos

Completa el siguiente mapa de conceptos para la sección 5–1. Para hacer un mapa de conceptos de todo el capítulo, consulta las páginas S6–S7.

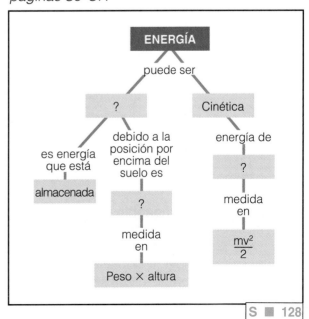

Concept Mastery

Discuss each of the following in a brief paragraph.

1. Describe five different examples of mechanical energy.
2. From the standpoint of kinetic energy, why is a loaded truck more dangerous than a small car in a collision even though they are traveling at the same speed?
3. How does bouncing on a trampoline illustrate both kinetic and potential energies?
4. Water is boiled. The resulting steam is blown against huge turbine blades. The turning blades spin in a magnetic field, producing electricity. Describe in order the energy conversions.
5. How does the law of conservation of energy relate to the following situations: a bat hitting a baseball, a person throwing a frisbee, a person breaking a twig over his or her knee.
6. The concept of energy links the various scientific disciplines—physical science, life science, and earth science. Explain why.

Critical Thinking and Problem Solving

Use the skills you have developed in this chapter to answer each of the following.

1. **Applying concepts** Sound is produced by vibrations in a medium such as air. The particles of air are first pushed together and then pulled apart. Why is sound considered a form of mechanical energy?
2. **Relating concepts** A bear in a zoo lies sleeping on a ledge. A visitor comments: "Look at that lazy bear. It has no energy at all." Do you agree? Explain your answer.
3. **Making calculations and graphs** The gravitational potential energy of a boulder at 100 m is 1000 J. What is the G.P.E. at 50 m? At 20 m? At 1 m? At 0 m? Make a graph of height versus energy. What is the shape of your graph?
4. **Applying concepts** Two cyclists are riding their bikes up a steep hill. Jill rides her bike straight up the hill. Jack rides the bike up the hill in a zigzag formation. Jack and Jill have identical masses. At the top of the hill, does Jack have less gravitational potential energy than Jill? Explain your answer.
5. **Identifying relationships** The diagram shows a golfer in various stages of her swing. Compare the kinetic and potential energies of the golf club at each labeled point in the complete golf swing.
6. **Using the writing process** Imagine that the Earth's resources of coal and oil were suddenly used up. Describe how your typical day would change from morning until night. Give details about what you and your family would do about such things as cooking, transportation, entertainment, heat, and light. Discuss the importance of finding alternative energy resources.

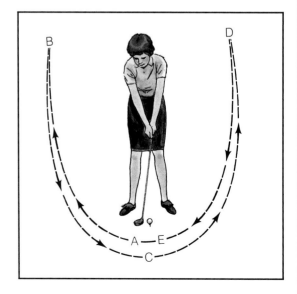

Dominio de conceptos

Comenta cada uno de los puntos siguientes en un párrafo breve.

1. Describe cinco ejemplos diferentes de energía mecánica.
2. Desde el punto de vista de la energía cinética, ¿por qué en un choque un camión cargado es más peligroso que un automóvil pequeño, aunque vayan a la misma velocidad?
3. ¿Cómo ilustra el rebotar en un trampolín tanto la energía cinética como potencial?
4. Se hierve agua. El vapor que resulta se impulsa hacia el enorme rotor de una turbina. El rotor gira en un campo magnético, produciendo electricidad. Describe, en orden, las conversiones de energía.
5. ¿Cómo se relaciona la ley de la conservación de energía con cada una de las situaciones siguientes: un bate golpea la pelota, una persona lanza un disco volador, una persona rompe una rama sobre sus rodillas
6. El concepto de energía relaciona las varias disciplinas científicas: ciencias físicas, ciencias de la vida, y ciencias de la Tierra. Explica por qué.

Pensamiento crítico y solución de problemas

Usa las destrezas que has desarrollado en este capítulo para resolver lo siguiente.

1. **Aplicar conceptos** El sonido es producido por las vibraciones en un medio como el aire. Las partículas de aire se juntan primero y después se separan. ¿Por qué se considera el sonido una forma de energía mecánica?
2. **Relacionar conceptos** Un oso duerme en un zoológico. Un visitante comenta "Miren a ese oso haragán, no tiene ninguna energía." ¿Estás de acuerdo? Explica tu respuesta.
3. **Hacer cálculos y gráficas** La energía potencial gravitacional de una roca a 100 m de altura es 1000 J. ¿Cuál es la G.P.E. a 50 m? ¿A 20 m? ¿A 1 m? ¿A 0 m? Haz una gráfica de altura versus energía. ¿Cuál es la forma de tu gráfica?
4. **Aplicar conceptos** Dos ciclistas en bicicleta suben una loma. Jill sube derecho hasta arriba. Jack sube en forma de zigzag. Jack y Jill tienen la misma masa. En la cima de la loma, ¿tiene Jack menos energía potencial gravitacional que Jill? Explica tu respuesta.
5. **Identificar relaciones** El diagrama muestra a una golfista en varios momentos de su golpe. Compara las energías cinética y potencial del palo de golf en cada punto del golpe indicado con una letra.
6. **Usar el proceso de escribir** Imagínate que el carbón y el petróleo de la Tierra se agotaran de pronto. Describe cómo cambiaría uno de tus días típicos. Da detalles de lo que tú y tu familia harían con respecto a cocinar, transporte, entretenimiento, calefacción y luz. Escribe sobre la importancia de descubrir otras opciones para los recursos energéticos.

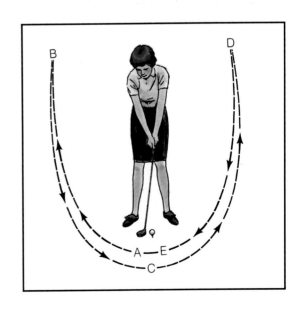

Guion Bluford:
CHALLENGER
in Space

Have you ever been told by someone that you could not do something–only to prove that you could? That is what happened to Guion (GIGH-on) Bluford. Guy had always dreamed of becoming an aerospace engineer. As a boy, he built model airplanes and read his father's engineering books. He analyzed the game of table tennis to find out how many different ways he could hit a Ping-Pong ball in order to alter its flight. Yet when Guy reached his last year in high school, his guidance counselors told him that he was "not college material" and that he should go to a technical school instead. Little did they know that this young man would someday earn a Ph.D. in aerospace engineering and join the NASA space program–and become the first African American to fly in space.

Guy admits, "I really wasn't too concerned about what the counselors said. I just ignored it. I had such a strong interest in aerospace engineering by then that nothing a counselor said was going to stop me."

With his parents' encouragement, Guy applied to Pennsylvania State University and was accepted into the aerospace engineering program. The courses were tough, but he did well. After receiving a bachelor's degree from Penn State, Guy joined the Air Force and went to Vietnam as a pilot. When he returned to the United States after the war, he was accepted into the Air Force Institute of Technology. There he earned a master's degree and a Ph.D. in aerospace engineering.

Guy decided that NASA would be the best place for him to learn about the latest aerospace technology. In 1978, he applied for a position in the astronaut program. Out of 8878 applicants, only 35 were chosen–and Guy was one of them. He was sent to work at the Johnson Space Flight Center in Houston, Texas.

At the Johnson Space Flight Center, Guy took different courses for the first year. Then he spent the next few years flying in "shuttle simulators"–machines that imitate the look and feel of a space shuttle. The work was so interesting and enjoyable that Guy could not have been happier. In his own words, "The job is so fantastic, I don't need a hobby. My hobby is going to work!"

One day while he was at the Johnson Space Flight Center, Guy received a message that

NASA's "top brass" wanted to see him. Guy's first reaction was to think that he had done something wrong! Much to his amazement, he learned that he had been chosen to fly in the third mission of the *Space Shuttle Challenger*. Guy was so thrilled that he was walking on air—and soon he really would be!

The *Challenger* took off from Cape Canaveral, Florida at 2:00 AM on August 30, 1983. Two of the five astronauts on board were designated as pilots and three were designated as mission specialists. Pilots fly the shuttle, while mission specialists are in charge of scientific experiments. Guy's job was that of mission specialist. In particular, his special task was to send out a satellite for the nation of India.

Guy's training in shuttle simulators had prepared him for the experience of space travel—almost. Once in orbit, Guy found that life in zero gravity took some getting used to.

"There is no feeling of right side up or upside down," he recalls, "When you're floating around in space, you feel the same when you're upside down as you do when you're right side up. You don't feel any different when you're standing on the ceiling than you do when you're standing on the floor. [You can] walk across the ceiling or

along the walls as easily as you can walk on the floor!"

Ordinary tasks such as eating and sleeping become real challenges in a weightless environment. Food has to be something that sticks to a plate, like macaroni and cheese. You cannot eat anything like peas because they will just float away. Knives and forks have to be held to eating trays with little magnets—otherwise they, too, will float away.

Sleeping also presents problems. A weightless astronaut who falls asleep will soon find himself floating all over the spaceship and bumping into things. Some astronauts aboard the *Challenger* slept strapped in their seats, but Guy preferred to tie one end of a string to his waist and the other end to something stable on the walls of the cockpit. Then he would float into the middle of the room and fall asleep. Guy recalls, "Occasionally I'd float up against the lockers and be jarred awake. It felt funny waking up and not knowing if I was upside down or not."

Challenger stayed in orbit for six days, from August 30 to September 5. During that time, the crew received a special telephone message from then President Reagan. Mr. Reagan praised all of the astronauts, but had a special message for Guy Bluford: "You, I think, are paving the way for others, and you are making it plain that we are in an era of brotherhood here in our land."

How does Guion Bluford feel about being the first African American in space? Guy has always stressed that he wants to be known for doing a good job—not for the color of his skin. Yet he is glad to be a role model for others who are African American. He hopes that young people will look at him and say, "If this guy can do it, maybe I can do it too." And he is quick to add that his story has a message for all young people. "They can do it. They can do whatever they want. If you really want to do something and are willing to put in the hard work it takes, then someday—bingo, you've done it!"

ROBOTS:

Do They Signal Automation or Unemployment?

Sparks fly as a worker welds parts to an automobile body. Farther down the assembly line, another worker trims and grinds the weld joints. Beyond that, still another worker sprays paint on the car.

Up and down the assembly line, not a word is spoken as the workers perform their tasks.

The workers do not pause, yawn, blink, or look at each other. "That's just not human," you might say. And you would be right. For these workers are robots!

Robots are becoming more and more common in assembly-line jobs. Dr. Harley Shaiken of the Massachusetts Institute of Technology has predicted that 32,000 robots

may one day replace 100,000 automobile-industry workers. Is this prediction likely to come true?

ROBOT REVOLUTION

Already, thousands of robots are used in factories all over the United States. Every day more are being put to work. Several fully automated factories are now being tested. In such factories, all of the production and assembly is done by machines. One result of this "robot revolution" is increased unemployment in industrial regions. Workers in these areas are demanding that industry leaders slow down the switch to robots.

But, as many company executives point out, robots often perform jobs that are boring and repetitive, as well as jobs that may be hazardous to humans. For example, a robot may paint many thousands of cars and not be affected by inhaling paint fumes that may be dangerous for a human worker to inhale.

Other company executives point out that they must either use robots or lose business to companies that do. As Thomas B. Gunn of the Arthur D. Little Company puts it, "are you going to reduce your work force by 25 percent by putting in robots, or by 100 percent by going out of business?" And James Baker of the General Electric Corporation puts it this way: "U.S. business has three choices in the 90s...automate, emigrate (leave), or evaporate (go out of business)."

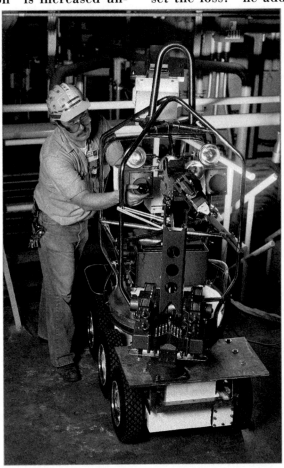

NEW JOBS OR FEW JOBS?

Some industry experts believe that robots and computer systems will create many new jobs. "In the past," George Brosseau of the National Science Foundation explains, "whenever a new technology has been introduced, it has always generated more jobs than it has displaced. But we don't know whether that's true of robot technology. There's no question but that new jobs will be created, but will there be enough to offset the loss?" he adds.

James S. Albut of the U.S. National Institute of Standards and Technology says yes. "Robots can improve productivity and create many new jobs," he has written.

Others reply that although using robots may create more jobs in the long run, they cause job losses first. These people stress that it is up to government, business, and labor to teach people new skills and to find new jobs for workers who have been replaced by robots. Such efforts will ease some of the strain that accompanies the implementation of new and valuable technology.

Do you think United States companies should rapidly move ahead with the development and use of robots even at the risk of some unemployment and worker hardship? Or should the switch from human power to robot power be done slowly in order to lessen the impact on workers? Before you answer, carefully consider the effects of your decision.

HYPERSONIC PLANES:

Flying Faster Than the Speed of Sound

"Hurry, Sandy, it's time to leave," Mrs. Wilson said into the computer-roomspeaker. Sandy heard her mother's voice jump out of the speaker in her bedroom. Sandy was late again. She and her mother were on their way to the airport to pick up Sandy's sister, Maria. She had been visiting friends in New York City. But Sandy couldn't find her blue jacket.

Sandy pressed the button on her wristband. A computer voice said, "The time is now 12:15 PM." Maria's plane is leaving New York right now, Sandy thought. She'll be here in San Francisco in less than 45 minutes.

Grabbing a red sweater and racing out the door, Sandy joined her mother, who was waiting patiently in the family turbocar. As Sandy jumped in, her mom pressed the control stick. The car glided off the ground and toward the airport.

"You should have been born 100 years ago, in the 1980s," Mrs. Wilson said, glancing at her daughter with a smile. "Everything was much slower then."

Sandy gave her mother a puzzled look.

"What do you mean?" she asked.

"Today, a trip from New York to San Francisco on a hypersonic plane, better known as an HST, takes about one-half hour. That doesn't give you much time to get your wardrobe together," Mrs. Wilson teased. "But just 100 years ago, you couldn't fly from New York to San Francisco in less than five hours. In fact, just 160 years ago, you wouldn't have been able to fly from New York to San Francisco at all! You would have

had to travel by old-style trains that rolled on metal tracks or by cars that moved on rubber wheels along the ground."

"How long did that take?" Sandy asked.

"Oh, days," Mrs. Wilson answered. "Now HSTs can travel at a top speed of Mach 25. That's 25 times the speed of sound, or about 27,200 kilometers per hour. One hundred years ago, top speeds were less than 1000 kilometers per hour."

"No wonder trips took so long," Sandy said.

Sandy thought for a moment and then did some quick arithmetic in her head. "That means that Maria's flight took...five hours back then. Five hours!"

"There were also supersonic planes, or SSTs," said Mrs. Wilson, as she shifted the turbocar to a slower speed. Traffic was heavy. "SSTs were the step before the HSTs we have today. SSTs flew about twice the speed of sound, or about 2480 kilometers per hours. An SST, like the one they used to call the *Concorde*, could cross the Atlantic Ocean in four hours. That's much faster than a regular jet back then. But it's still slower than the one hour it takes to cross the Atlantic today in an HST."

"How about travelling across the United States?" Sandy asked.

"SSTs didn't, Mrs. Wilson explained. "When a plane nears the speed of sound, air bunches up in front of it. Pressure waves are created. When the plane passes the speed of sound, it breaks through these waves. Peo-

▲ **This illustration shows an artist's conception of a hypersonic plane of the future.**

ple on the ground hear a loud noise called a sonic boom. In the 1970s, when SSTs started to fly, people objected to the noise. SST flights were also bothered by environmental and economic concerns. So SST flights were prohibited over the United States. They were permitted only over oceans. We don't have those problems today. The streamlined design of the HST lessens the pressure waves. The HST also flies higher. So noise isn't as great."

"When did we start using HSTs?" Sandy asked.

"I can't remember the exact date," her mother said, shifting the turbocar to stop in the traffic. "They started developing the HST in the 1980s. They had small models of the plane, and they had tested new engines that would be needed for hypersonic speeds. Hypersonic speed is any speed greater than five times the speed of sound. But it took many years before the first plane was ready. That was around the year 2000."

"Everyone must have been extremely thrilled when the HST first took to the air," Sandy said.

"Well, yes and no. Some people were very pleased," her mom answered. "Lots of business was opening with countries in Asia. And the HST was seen as a way to lessen travel time. A flight from Washington, D.C., to Tokyo originally might have taken 15 hours. Today on an HST, it takes only one. But some people were skeptical."

"Well, I can imagine that," Sandy laughed. "Flying 27,200 kilometers per hour is a lot different from flying 2480 kilometers per hour."

"True, but there were other differences," Sandy's mom said, leaning back to wait for the traffic to ease. "Our HST is no bigger than some of the jets that flew back then. It carries 500 passengers, the same as the old 747s, or jumbo jets. But when it takes off, it picks up speed faster and climbs higher. On most flights, it's actually in low orbit around the earth—at the edge of space. No passenger plane of the 1980s did that."

"You sure know a lot about the history of airplanes," Sandy said, smiling at her mom. "I guess it helps that you're an HST pilot."

"It helps with the history of flight," Sandy's mother answered. "But it doesn't help get us out of this traffic. Imagine, we can fly across the country in a half hour, but we can't make it across town to meet the plane on time."

"That's one thing from the old days that hasn't changed very much," Sandy said with a laugh.

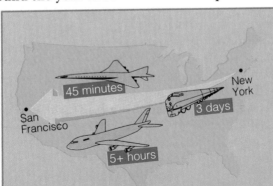

▲ **This illustration compares the length of time required to travel from New York to San Francisco on a train, a conventional airplane, and the HST.**

45 minutes

3 days

San Francisco

New York

5+ hours

CIENCIAS

Guion Bluford:

DESAFÍO
al espacio

¿Te han dicho alguna vez que algo era imposible y tú comprobaste después que era posible? Esto le pasó a Guion Bluford. Guy siempre había soñado con llegar a ser un ingeniero aeroespacial. Cuando era niño construía modelos de aeroplanos y leía los libros de ingeniería de su padre. Analizó el tenis de mesa para ver de cuántas maneras podía golpear la pelota de ping pong, alterando su trayectoria. Pero cuando Guy llegó al último año de la escuela secundaria, su consejero le dijo que no era "material universitario" y que debería ir en cambio a una escuela técnica. Sin embargo este joven obtendría un día el título de Doctor en Ingeniería Aeroespacial, pasaría a trabajar para el programa espacial de la NASA, y sería el primer afroamericano en viajar al espacio.

Guy ha admitido: —Realmente no me preocupó mucho lo que decían los consejeros. Simplemente los ignoré. En ese momento ya estaba tan interesado en la ingeniería aeroespacial, que nada que pudiera decir un consejero iba a detenerme.

Con el apoyo de sus padres, Guy se matriculó en Pennsylvania State University y fue aceptado en el programa de ingeniería aeroespacial. Los cursos eran difíciles pero a él le iba bien. Después de recibir su título en Ciencias de Penn State, Guy ingresó a la fuerza aérea y fue a Vietnam como piloto. Cuando volvió a los Estados Unidos después de la guerra, fue aceptado en el Air Force Institute of Technology. Allí obtuvo un título superior y un doctorado en ingeniería aeroespacial.

Guy decidió que la NASA sería el mejor lugar para conocer los últimos avances de la tecnología aeroespacial. En 1978 se presentó para ocupar una vacante en el programa de los astronautas. Sólo fueron elegidos 35 candidatos, de un total de 8878, y Guy fue uno de ellos. Se le envió al Johnson Space Flight Center, Texas.

En ese centro, Guy tomó diferentes cursos el primer año. Después pasó varios años volando en los simuladores de transbordadores, máquinas que imitan a los transbordadores espaciales. El trabajo era tan interesante que Guy lo disfrutaba totalmente. ¡No podría haberse sentido mejor en ningún otro lugar! En sus propias palabras, —Mi trabajo es tan fantástico que no necesito un 'pasatiempo'. Mi pasatiempo es ir al trabajo.

Un día, en el centro espacial, Guy recibió un mensaje que decía que las personas más importantes de la NASA querían verlo.

Su primera reacción fue pensar que algo malo había hecho. Para su sorpresa, se enteró poco después de que había sido elegido para volar en la tercera misión del transbordador espacial *Challenger*. Guy estaba emocionado, hasta el punto de sentir que caminaba sobre las nubes...¡y esto es lo que muy pronto haría!

El *Challenger* despegó de Cape Canaveral, Florida, a las 2 de la mañana del 30 de agosto de 1983. Dos de los cinco astronautas a bordo eran pilotos y tres eran especialistas de misión. Los pilotos manejan el transbordador y los especialistas están a cargo de experimentos científicos. Guy era un especialista, con la tarea especial de lanzar un satélite por el bien de la India.

El entrenamiento de Guy en los simuladores casi lo había preparado para su experiencia en el espacio. Una vez en órbita, Guy descubrió que debía hacer un esfuerzo para adaptarse a vivir en gravedad cero.

—No se siente ninguna diferencia entre estar de pie o boca abajo—, recuerda Guy. —Cuando uno flota en el espacio da lo mismo estar cabeza abajo que cabeza arriba. No hay ninguna diferencia entre estar de pie en el piso o en el cielo raso. ¡Se puede caminar por el techo o por las paredes con la misma facilidad que sobre el piso!

Tareas comunes como comer o dormir se vuelven verdaderos desafíos en un ambiente sin peso. La comida tiene que ser algo que esté pegado al plato, como macaroni con queso. No puedes comer cosas como arvejas porque saldrían flotando por el aire. Los cuchillos y tenedores deben estar unidos a las bandejas con imanes, o también se alejarían.

Dormir es otra cosa que presenta problemas. Un astronauta sin peso que se duerme pronto se encontraría flotando por toda la nave y chocando con todo. Algunos astronautas dormían atados a sus asientos, pero Guy prefería atar el extremo de una cuerda a su cintura y el otro a algo fijo en la pared, y luego flotar en medio de la cabina, quedándose así dormido. —Ocasionalmente flotaba hacia arriba y chocaba contra los armarios, y de pronto me despertaba. La sensación de despertar y no saber si se está con la cabeza para abajo es extraño.

El *Challenger* estuvo seis días en órbita, desde el 30 de agosto hasta el 5 de setiembre. La tripulación recibió una llamada telefónica del entonces presidente Reagan. El presidente elogió a todos los astronautas pero tuvo un mensaje especial para Bluford. —Creo que usted está abriendo el camino para otros, dejando claro que ésta es una era de hermandad para nuestro país.

¿Cómo se siente Guion Bluford por haber sido el primer afroamericano en el espacio? Guy ha destacado el hecho de que quiere ser conocido por hacer un buen trabajo, no por el color de su piel. Pero le parece bien ser un ejemplo, un modelo para otros afroamericanos. Bluford tiene la esperanza de que los jóvenes lo miren y piensen "Si él puede hacerlo, tal vez yo también pueda". Y agrega rápidamente que su historia encierra un mensaje para todos los jóvenes: —Es posible hacer lo que quieres. Si quieres hacer algo y trabajas duramente para conseguirlo, entonces un día ¡das en el blanco y, lo has logrado!—

Los Robots:

¿Significan automatización o falta de empleos?

Las chispas vuelan mientras los trabajadores sueldan las partes de un carro. Más abajo en la línea de montaje, otro trabajador recorta y lija las soldaduras. Más lejos, un tercero pinta el carro con soplete.

En la línea de montaje no se habla mientras los trabajadores realizan sus tareas. Los trabajadores no bostezan, pestañean o se miran. —Esto no es humano— podrías decir, y estarías en lo cierto. ¡Estos trabajadores son robots!

Los robots son cada vez más comunes en los trabajos de las líneas de montaje. El Dr. Harley Shaiken del Massachussetts Institute of Tecnology ha predicho que unos 32,000 robots podrían un día reemplazar

a 100,000 trabajadores de la industria automotriz. ¿Es probable que esta profecía se cumpla?

LA REVOLUCION DE LOS ROBOTS

Ya se usan miles de robots en fábricas a través de los Estados Unidos. Todos los días su número aumenta. Varias fábricas totalmente automatizadas están ya poniéndose a prueba. En estas fábricas, máquinas realizan toda la producción y montaje. Un resultado de esta "revolución de los robots" es el creciente desempleo en las regiones industriales. Los trabajadores de estas áreas exigen que los líderes industriales retrasen el cambio a los robots.

Pero, como señalan muchos ejecutivos, los robots a menudo hacen trabajos aburridos y repetitivos, así como trabajos peligrosos para los seres humanos. Por ejemplo, un robot puede pintar miles de autos sin que lo afecte la inhalación de vapores que serían peligrosos para la salud de un trabajador humano.

Otros ejecutivos señalan que se hallan obligados a usar robots o perder clientes en beneficio de otras compañías que los usan. Según Thomas B. Gunn de la Compañía Arthur D. Little, —Es cuestión de reducir la fuerza de trabajo en un 25% utilizando robots o en un 100% cerrando el negocio. Y James Baker de la General Electric Corporation lo dice así: —Los negocios en los Estados Unidos tienen tres opciones en la década de los 90 . . . automatizar, emigrar o evaporarse (cerrar).

¿NUEVOS TRABAJOS O MENOS TRABAJOS?

Algunos expertos industriales creen que los robots y sistemas de computadoras van a crear nuevos empleos. —En el pasado —explica George Brosseau de la National Science Foundation— siempre que se ha introducido una nueva tecnología se han creado más empleos que los que se desplazaron. Pero no sabemos si esto será verdad con respecto a la tecnología de los robots. No hay duda de que se crearán nuevos empleos pero, ¿serán suficientes para compensar las pérdidas?

James S. Albut del U.S. National Instite of Standards and Technology dice que sí. Él ha escrito que robots pueden aumentar la productividad y crear muchos empleos nuevos. Otros responden que si bien el uso de robots podría crear trabajo a largo plazo, al principio se perderían empleos. Ellos afirman que el gobierno, los negocios y los trabajadores deberían educar y crear empleos para los que sean reemplazados por robots. Estos esfuerzos disminuirían parte de la tensión que acompaña la implementación de nueva y valiosa tecnología.

¿Crees tú que las compañías deberían implementar el uso y desarrollo de los robots rápidamente incluso a riesgo de cierto desempleo y dificultades para los trabajadores? ¿O debería el cambio de trabajo humano a trabajo de robot realizarse paulatinamente para disminuir el impacto que pueda tener en los trabajadores? Antes de responder, considera cuidadosamente los efectos de tu posición.

AVIONES HIPERSÓNICOS:

Volando a más velocidad que el sonido

Apúrate Sandy, es hora de irnos— dijo la señora de Wilson en el computador parlante del cuarto. Sandy oyó la voz de su madre por el del altoparlante de su habitación. Se había hecho tarde de nuevo. Con su madre debía ir al aeropuerto a buscar a su hermana María, que había ido a visitar a unos amigos en Nueva York. Pero no podía encontrar su chaqueta azul.

Sandy apretó un botón de su brazalete. La voz de un computador dijo: "Son ahora las 12:15 pm." "El avión de María está saliendo ahora de New York. Estará aquí en San Francisco en menos de 45 minutos," pensó Sandy.

Tomando un suéter rojo y corriendo hacia la puerta, Sandy se acercó a su madre, que esperaba pacientemente en el turbocarro de la familia. Cuando Sandy entró, su madre apretó la palanca de control. El carro despegó y se deslizó hacia el aeropuerto.

—Debías haber nacido hace 100 años, en la década del 80—, dijo la señora de Wilson, sonriendo a su hija. —Todo era entonces más lento.

Sandy miró a su madre sorprendida.
—¿Qué quieres decir?— preguntó.

—Hoy un viaje de New York a San Francisco en un avión hipersónico, más conocido como HST lleva una media hora. No tienes mucho tiempo para elegir lo que te vas a poner— bromeó la señora de Wilson. —Pero hace sólo 100 años no podías volar de New York a San Francisco en menos de cinco horas. ¡En realidad, hace sólo 160 años no hubieras podido volar de New York a San Francisco! Hubieras tenido que viajar en trenes anticuados que rodaban sobre rieles de acero, o en automóviles que se movían sobre ruedas de goma tocando el suelo.

—¿Cuánto tiempo se tardaba? preguntó Sandy.

—Oh, días, —respondió la señora de Wilson. —Ahora los HST pueden viajar a una velocidad de Mach 25. Eso es 25 veces la velocidad del sonido, o unos 27,200 km/h. Hace 100 años las velocidades máximas eran de menos de 1000 kilómetros por hora.

—Con razón se tardaba tanto en viajar —dijo Sandy.

Sandy pensó un momento, haciendo algunos cálculos matemáticos en su cabeza. —Eso quiere decir que el viaje de María llevaba cinco horas en aquella época... ¡cinco horas!

—Había también aviones supersónicos o SST— dijo la señora de Wilson, cambiando el auto a una velocidad menor. El tráfico era intenso. —Los SST fueron el paso anterior a los HST de hoy. Los SST volaban al doble de la velocidad del sonido, o a unos 2480 kilómetros por hora. Un SST, como el que llamaban *Concorde* podía cruzar el Atlántico en cuatro horas. Mucho menos tiempo que un avión a chorro de entonces. Pero mucho más tiempo que la hora que lleva hoy cruzar el Atlántico en un HST.

—¿Y cómo eran los viajes por los Estados Unidos?— preguntó Sandy.

—Los SST no lo hacían— explicó la señora de Wilson. —Cuando un avión se acerca a la velocidad del sonido, el aire se le amontona en frente. Se crean olas de presión. Cuando el avión pasa la velocidad del sonido rompe

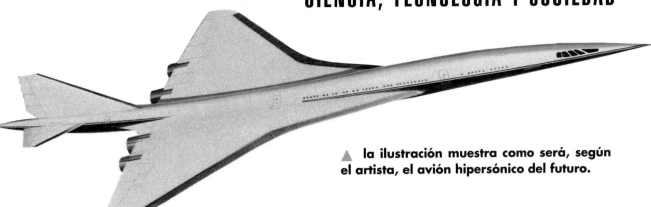

▲ la ilustración muestra como será, según el artista, el avión hipersónico del futuro.

esas olas. Las personas en tierra oyen un gran ruido llamado 'boom sónico.' En la decada de 1970, cuando los SST comenzaron a volar, las personas objetaron el ruido. Los vuelos de los SST presentaban también problemas económicos y para el medio ambiente. Los vuelos de SST se prohibieron sobre los Estados Unidos, permitiéndose sólo sobre los océanos. Hoy no tenemos esos problemas. El diseño aerodinámico del HST reduce las olas de presión. Y, al volar más alto, el ruido no es tan grande.

—¿Cuándo comenzamos a usar HST?— preguntó Sandy.

—No recuerdo la fecha exacta— dijo su madre, moviendo el turbocarro como para detenerse. —Comenzaron a desarrollar el HST en la decada de 1980. Tenían modelos de los aviones, y habían puesto a prueba los motores necesarios para las velocidades hipersónicas. La velocidad hipersónica es toda velocidad cinco veces mayor que la del sonido. Pero se tardaron muchos años en perfeccionar el primer avión, hasta alrededor del año 2000.

—Todos deben haber estado muy excitados cuando el HST voló por primera vez— dijo Sandy.

—Bueno, sí y no. Algunos estaban muy contentos— respondió su madre. —Había muchos negocios con países del Asia y se pensó que el HST acortaría la distancia.

Un viaje de Washington, D.C. a Tokio originalmente tomaba unas 15 horas. Hoy en un HST toma sólo una hora. Pero algunas personas tenían sus dudas.

—Me imagino,— se rió Sandy. —Volar a 27,200 kilómetros por hora es bastante diferente que volar a 2480 kilómetros por hora.

—Es verdad, pero había otras diferencias— le dijo su madre, recostándose mientras esperaba que mejorara el tráfico. —Nuestro HST no es más grande que algunos de los aviones a chorro que volaban entonces. Lleva 500 pasajeros, igual que los antiguos 747. Pero cuando despega adquiere velocidad más rápidamente y vuela más alto. La mayoría de los vuelos los hace en órbita baja alrededor de la Tierra, al borde del espacio. Ningún avión de pasajeros de la decada de los 1980 hacía esto.

—¡Cuánto sabes sobre la historia de los aviones!— dijo Sandy, sonriendo. —Me imagino que te ayuda el hecho de ser un piloto de HST.

—Me ayuda con la historia de los vuelos— respondió la madre de Sandy —pero no nos ayuda a salir de este tráfico. Imagínate, podemos cruzar el país, volando en media hora, pero no podemos llegar a tiempo al aeropuerto.

—Eso es algo de los viejos tiempos que sigue igual—, dijo Sandy riéndose.

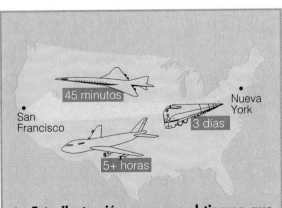

45 minutos

San Francisco

3 días

Nueva York

5+ horas

▲ Esta ilustración compara el tiempo que requiere viajar de Nueva York a San Francisco en tren, en un avión convencional y en un HST.

For Further Reading

If you have been intrigued by the concepts examined in this textbook, you may also be interested in the ways fellow thinkers—novelists, poets, essayists, as well as scientists—have imaginatively explored the same ideas.

Chapter 1: What Is Motion?

Cormier, Robert. *I Am the Cheese*. New York Pantheon.

Lee, Harper. *To Kill a Mockingbird*. New York: Harper.

Sillitoe, Alan. *The Loneliness of the Long-Distance Runner*. New York: Knopf.

Chapter 2: The Nature of Forces

Stewart, Michael. *Monkey Shines*. New York: Freundlich.

Store, Josephine. *Green Is for Galaxy*. New York: Argo Books.

Wells, H.G. *The Invisible Man*. New York: Watermill Press.

Chapter 3: Forces in Fluids

Ferber, Edna. *Giant*. Garden City, NY: Doubleday.

Gallico, Paul. *The Poseidon Adventure*. New York: Coward.

Hemingway, Ernest. *The Old Man and the Sea*. New York: Scribner.

Chapter 4: Work, Power, and Simple Machines

Crichton, Michael. *The Great Train Robbery*. New York: Knopf.

Foster, Genevieve. *The Year of the Flying Machine: 1903*. New York: Scribner.

Gardner, Robert. *This Is the Way It Works: A Collection of Machines*. New York: Doubleday.

Chapter 5: Energy: Forms and Changes

Bograd, Larry. *Los Alamos Light*. New York: Farrar.

Bond, Nancy. *The Voyage Begun*. New York: Argo Books.

McDonald, Lucile. Windmills: *An Old-New Energy Source*. New York: Elsevier/Nelson Books.

Otras lecturas

Si los conceptos que has visto en este libro te han intrigado, puede interesarte ver cómo otros pensadores—novelistas, poetas, ensayistas y también científicos— han explorado con su imaginación las mismas ideas.

Capítulo 1: ¿Qué es el movimiento?

Cormier, Robert. *I Am the Cheese*. New York: Pantheon.

Lee, Harper. *To Kill a Mockingbird*. New York: Harper.

Sillitoe, Alan. *The Loneliness of the Long Distance Runner*. New York, Knopf.

Capítulo 2: Naturaleza de las fuerzas

Stewart, Michael. *Monkey Shines*. New York: Freundlich.

Store, Josephine. *Green Is for Galaxy*. New York: Argo Books.

Wells, H. G. *The Invisible Man*. New York: Watermill Press.

Capítulo 3: Fuerzas en los fluidos

Ferber, Edna. *Giant*, Garden City, NY: Doubleday.

Gallico, Paul. *The Poseidon Adventure*. New York: Coward.

Hemingway, Ernest. *The Old Man and the Sea*. New York: Scribner.

Capítulo 4: Trabajo, potencia y las máquinas simples

Crichton, Michael. *The Great Train Robbery*. New York: Knopf.

Foster, Genevieve. *The Year of the Flying Machine: 1903*. New York: Scribner.

Gardner, Robert. *This Is the Way It Works: A Collection of Machines*. New York, Doubleday.

Capítulo 5: Energía: formas y cambios

Bograd, Larry. *Los Alamos Light*. New York: Farrar.

Bond, Nancy. *The Voyage Begun*. New York: Argo Books.

Mc Donald, Lucile. *Windmills: An Old-New Energy Source*. New York: Elsevier/ Nelson Books.

$\stackrel{\text{A}}{}$ctivity Bank

Welcome to the Activity Bank! This is an exciting and enjoyable part of your science textbook. By using the Activity Bank you will have the chance to make a variety of interesting and different observations about science. The best thing about the Activity Bank is that you and your classmates will become the detectives, and as with any investigation you will have to sort through information to find the truth. There will be many twists and turns along the way, some surprises and disappointments too. So always remember to keep an open mind, ask lots of questions, and have fun learning about science.

Pozo de actividades

¡Bienvenido al pozo de actividades! Ésta es la parte más excitante y agradable de tu libro de ciencias. Usando el pozo de actividades tendrás la oportunidad de hacer observaciones interesantes sobre ciencias. Lo mejor del pozo de actividades es que tú y tus compañeros actuarán como detectives, y, como en toda investigación, deberás buscar a través de la información para encontrar la verdad. Habrá muchos tropiezos, sorpresas y decepciones a lo largo del proceso. Por eso, recuerda mantener la mente abierta, haz muchas preguntas y diviértete aprendiendo sobre ciencias.

Did you get into trouble the last time you launched a paper airplane across a room? Under the right circumstances (such as during a classroom activity), however, paper airplanes can be used to learn a lesson or two about motion. In this activity you will build and fly paper airplanes so that you can practice calculating speed and distance as well as learn a bit about designing an airplane.

What You Need

sheets of paper of various weights and sizes

stopwatch with a second hand

meterstick

string

adhesive tape

paper clips

stapler with staples

What You Do

1. As a group, construct a paper airplane using the materials provided. Design it any way that you would like.

2. Once all of the groups in your class have finished building their airplanes, get together to set up a flight-test area for the airplanes. This is the location in which you will hold an airplane-flying contest. It should be a large open space with few obstacles. You should also devise a set of rules by which the flights will be judged. For example, all flights should begin from the same spot. You may wish to place a piece of tape on the floor to mark the starting point for the flights. You should also decide when the time measurement begins (such as at the release of the airplane), and to where distance is measured (some airplanes will slide after they reach the floor). **CAUTION:** *The test area should be carefully controlled so that no one walks into the flight pattern. A pointed airplane nose can be quite dangerous.*

3. Now assign each group member one of the following roles: Thrower, Timer, Distance measurer, Recorder. Throw several test flights with your airplane. Each time measure the duration of the flight and the distance the airplane flew. Record this information in a data table similar to the one shown. Then use the information to calculate the airplane's speed. Take turns assuming the role of the thrower so that each group member gets a chance.

¿Has tenido dificultad al tratar de lanzar un avión de papel? En las circunstancias debidas (por ejemplo, durante una actividad de clase) los aviones de papel pueden usarse para aprender una o dos lecciones sobre el movimiento. En el curso de esta actividad construirás y harás volar aviones de papel para practicar el cálculo de la velocidad y distancia, y aprender también un poco sobre el diseño de aviones.

Lo que necesitas:

hojas de papel de varios pesos y tamaños
cronómetro con segundero
cinta métrica

hilo
cinta adhesiva
presillas
engrapadora y grapas

Lo que debes hacer:

1. Construye en grupo un avión de papel usando los materiales dados. Diséñenlo de la manera que les parezca apropiada.

2. Una vez que todos los grupos de la clase terminen de construir los aviones, preparen para éstos una zona de pruebas. En esa zona tendrá lugar un concurso de vuelo de aviones de papel.

El espacio debe ser amplio y abierto, con pocos obstáculos. Deben pensar también en un reglamento para juzgar los vuelos. Por ejemplo: todos los vuelos deben comenzar en el mismo lugar. Tal vez quieran poner una marca en el piso para indicar ese lugar. Deberán decidir también cuando comenzarán a medir el tiempo (por ejemplo, cuando se suelta el avión), y hasta donde se medirá el vuelo (algunos aviones se deslizarán por el suelo después de aterrizar). **CUIDADO:** *El área de pruebas debe controlarse muy bien, para que nadie pase por ella. La punta aguda de un avión de papel puede ser muy peligrosa.*

3. Asignen ahora a cada miembro del grupo uno de los siguientes roles: lanzador de los aviones, cronometrista, medidor de las distancias, registrador. Hagan varias pruebas con el avión, midiendo la distancia y el tiempo del vuelo. Anoten la información en una tabla de datos similar a la que se muestra. Usen luego la información para calcular la velocidad del avión. Den a todos los miembros del grupo la posibilidad de ser el lanzador.

4. Now you are going to have a friendly competition with your classmates. When everyone is ready, take turns throwing your airplanes. Have independent recorders take the measurements and record them in another data table.

What You Saw

DATA TABLE

	Time (sec)	Distance (m)	Speed (m/sec)
Trial 1			
Trial 2			
Trial 3			

What You Learned

1. How did you calculate speed? What was the slowest speed for your group's airplane? The fastest? What about in the entire class?

2. How would you want your data to change if you are trying to decrease speed? (*Hint:* How would you change distance and time?)

3. Were the speeds you calculated actual or average speeds?

4. Did you notice anything about the slowest airplanes and the shape of their flight paths? You may need to see them flown again.

5. Compare the designs of the fastest airplanes with those of the slowest. How are they alike? Different? How would you redesign your airplane to make it move more quickly? More slowly?

The Next Step

Redesign your airplane to make it move faster. Repeat the activity, but this time see if the change in design achieves a faster speed.

4. Ahorá tendrán una competencia amistosa con sus compañeros. Cuando estén todos listos, túrnense para lanzar los aviones. Aséguerense que los registradores sean imparciales, y que anoten los resultados en otra tabla de datos.

Lo que viste

TABLA DE DATOS

	Tiempo (s)	Distancia (m)	Rapidez (m/s)
1a. vaz			
2a. vaz			
3a. vaz			

Lo que aprendiste

1. ¿Cómo calcularon la velocidad? ¿Cuál fue la menor velocidad del avión de tu grupo? ¿Y la máxima? ¿Qué pasó con todos los otros grupos?

2. ¿Cómo cambiarían los datos si trataran de reducir la rapidez?: (*Pista:* ¿Cómo cambiarías la distancia y el tiempo?)

3. ¿Fue la rapidez calculada un promedio, o anotaron la rapidez real?

4. ¿Observaron algo con respecto a la trayectoria del vuelo de los aviones más lentos? Tal vez deban hacerlos volar nuevamente.

5. Comparen los diseños de los aviones más rápidos con los diseños de los más lentos. ¿En qué se parecen? ¿En qué se diferencian? ¿Cómo rediseñarían sus aviones para que volaran más rápido? ¿Y más despacio?

El próximo paso

Rediseñen su avión para que vuele más rápido. Repitan las pruebas, tratando de ver si esta vez con el cambio de diseño se logra una mayor rapidez.

If you have ever watched a rocket being launched, you know what a spectacular sight it can be. But what you may not have realized is that a rocket's blastoff can be described by Newton's third law of motion. Newton explained that for every action there is an equal and opposite reaction. In the case of a rocket, the burning fuel pushes out in one direction, forcing the rocket to move in the other direction. In this activity you will experiment with Newton's third law of motion by designing a "rocket-powered" boat.

Materials

1.89 L (half-gallon) milk or juice carton
scissors
balloon (hot-dog shaped)
bathtub or sink filled with water

Procedure

1. Wash the carton thoroughly. Using scissors, carefully cut one long side from the carton. You may find it helpful to begin your cut by poking a small hole in the carton with the sharp end of the scissors.

2. Again using the scissors, carefully cut a small hole near the center of the bottom of the carton. Do not make the hole too big.

3. Place the hot-dog shaped balloon in the carton and run its neck through the hole in the bottom of the carton.

4. Blow up the balloon but do not tie it. Instead, use your fingers to keep the neck of the balloon closed and the air in the balloon.

5. Place your balloon boat in a bathtub or sink filled with water. Let go of the balloon's neck and observe what happens.

Analysis and Conclusions

1. What happened when you released the balloon?

2. What did the boat use as fuel?

3. What would happen if you blew less air into the balloon? More air? Try it.

4. How is the balloon boat an example of Newton's third law of motion?

The Next Step

Predict what will happen to the boat's speed if you place some cargo in the boat. To find out, use small masses such as marbles, stones, or coins. Repeat the boat run several times, each time gradually increasing the mass of the cargo. Make sure that you blow the same amount of air into the balloon each time.

- What happens to the boat's speed and the distance it travels as you continue to add cargo to it?

- Which of Newton's laws of motion explains these observations?

Si alguna vez viste el lanzamiento de un cohete espacial, sabes que es un gran espectáculo. Pero tal vez no pensaste que el despegue del cohete puede describirse según la tercera ley del movimiento de Newton. Newton descubrió que por cada acción hay una reacción igual y opuesta. En el caso del cohete, el combustible al quemarse va hacia afuera, forzando al cohete a moverse en dirección opuesta. En esta actividad pondrás a prueba la tercera ley del movimiento de Newton, diseñando un bote "a chorro."

Materiales

Envase de jugo o leche de 1.89 L (medio galón)
tijeras
globo (en forma de salchicha)
bañera o pila llena de agua

Procedimiento

1. Lava bien el envase. Con las tijeras, corta con cuidado uno de los lados largos del envase y descártalo. Puedes comenzar el corte perforando un pequeño agujero en el lado del envase que vas a descartar con la punta de las tijeras.

2. Usa de nuevo las tijeras para hacer un pequeño agujero cerca del centro del fondo del envase, con mucho cuidado. No hagas un agujero muy grande.

3. Pon el globo en forma de salchicha acostado en el envase y pasa su cuello por el agujero del fondo del envase.

4. Infla el globo pero no lo ates. Usa los dedos para mantener cerrado el cuello del globo, y el aire adentro.

5. Coloca el bote a chorro en una bañera o pila llena de agua. Suelta el cuello del globo y observa lo que ocurre.

Análisis y conclusiones

1. ¿Qué pasó cuando soltaste el cuello del globo?

2. ¿Qué usó el bote como combustible?

3. ¿Qué habría pasado si hubieras soplado menos aire dentro del globo? ¿Y más aire? Haz la prueba.

4. ¿Por qué es el bote a chorro un ejemplo de la tercera ley de Newton?

El próximo paso

Predice lo que pasará con la velocidad del bote si lo cargas. Para comprobar si estás en lo cierto, usa objetos de poca masa como canicas, piedras o monedas. Repite varias veces la prueba con el bote, aumentando gradualmente la carga. Asegúrate de soplar siempre la misma cantidad de aire en el globo.

- ¿Qué pasa con la velocidad del bote y la distancia que recorre a medida que le agregas carga?

- ¿Cuál de las leyes del movimiento de Newton explica estas observaciones?

AT THE CENTER OF THE GRAVITY MATTER

Have you ever balanced a ruler on your finger? If so, you know that it balances only when its center is placed on your finger. Placing any part of the ruler other than its center on your finger will not provide the desired result. This is because the center of the ruler is where the ruler's center of gravity is located. All objects have a center of gravity. The center of gravity of an object is the point on which gravity seems to pull. In reality, gravity pulls downward on every point on an object. Yet when the forces on all of the points are added together, it is as if the total force of gravity pulls on only one point—the center of gravity.

Not all objects are quite as predictable as a ruler. In fact, the center of gravity for some objects is not even on the object! Do you know where your center of gravity is? Find out by gathering a bandana or hand-kerchief and a wooden block or chalkboard eraser and performing the following steps.

What to Do

1. Stand with the entire left side of your body against a wall. Make sure your left foot is up against the wall. Now try to lift your right foot. What happens?

2. Now stand with your back against a wall. Be sure your heels are touching the wall. Drop a bandana or handker-chief just in front of your toes. Try to pick it up without bending your knees or moving your feet. Describe what happens.

3. Place a mat or blanket on the floor. Get down on your elbows and knees on top of the mat or blanket. Place your el-bows on the floor right in front of your knees. At the tip of your middle fingers, place a wooden block or blackboard eraser on its edge. With your hands

behind your back, lean forward and try to knock the block over with your nose. Can you do it?

What to Think About

Make a chart showing the results for your class—who was able to hit the eraser and who wasn't. Overall, are girls or boys more successful? Why do you think this is so?

Try Again

Repeat step 3 but this time place weights in your back pockets or on your ankles. If weights are not available, have a friend hold your ankles down. Does this change your results?

What to Understand and Apply

1. Why do you think it is important for the center of gravity of a car or truck to be located in a proper position? What can happen if it is too high?

2. Why do you think tightrope walkers use long poles to help balance themselves?

EN EL CENTRO DE LA GRAVEDAD

¿Balanceaste alguna vez una regla sobre un dedo? Si lo has hecho, sabes que está en equilibrio sólo cuando el centro de la regla queda sobre tu dedo. Si colocas sobre el dedo cualquier otra parte de la regla, no obtendrás el resultado deseado. Esto es porque el centro de gravedad de la regla está situado en el medio. Todos los objetos tienen un centro de gravedad. El centro de gravedad de un objeto es el punto del cual la gravedad parece tirar. En realidad la gravedad tira hacia abajo de todos los puntos de un objeto. Pero cuando se suman las fuerzas de todos los puntos, es como si la fuerza de gravedad tirara sólo de un punto—el centro de gravedad.

No en todos los objetos se ve esto tan claramente como en una regla. De hecho, ¡el centro de gravedad de algunos objetos no está ni siquiera en el objeto! ¿Sabes dónde esta tu centro de gravedad? Averígualo obteniendo un pañuelo y un bloque de madera o un borrador y siguiendo estos pasos:

Lo que debes hacer

1. Párate con el lado izquierdo de tu cuerpo contra una pared. Asegúrate de que tu pie izquierdo esté bien junto a la pared. Ahora levanta el pie izquierdo. ¿Qué pasa?

2. Ahora párate con la espalda contra la pared. Asegúrate de que tus talones toquen la pared. Pon una bandana o pañuelo en frente de los dedos de tus pies. Trata de levantarlo sin doblar las rodillas ni mover los pies. Describe lo que pasa.

3. Pon una estera o frazada en el piso. Arrodíllate encima de la estera frazada y pon los codos en el piso enfrente de las rodillas. A la altura de las puntas de los dedos con los antebrazos hacia el frente, pon sobre el piso el bloque de madera o borrador, apoyado sobre un borde. Con las manos juntas atrás de la cintura, inclínate hacia adelante y trata de voltear el bloque, usando la nariz. ¿Qué pasa?

En qué pensar

Haz una gráfica mostrando los resultados para toda la clase—quién logró voltear el bloque y quién no. En general, ¿tienen más éxito las chicas o los chicos? ¿Por qué piensas que pasa eso?

Intenta de nuevo

Repite el paso 3, esta vez pon pesas en los bolsillos de atrás o sobre los talones, Si no consigues pesas, haz que alguien te sostenga los talones contra el piso. ¿Cambia esto los resultados?

Lo que hay que comprender y aplicar

1. ¿Por qué crees que es importante que el centro de gravedad de un carro o camión esté en la posición apropiada?

2. ¿Por qué usan los que caminan sobre la cuerda floja unos palos largos para equilibrarse?

LIGHT ROCK

In the Activity Bank activity on page 141, you learned about the center of gravity—what it is and how it affects you in many different ways. You can alter the center of gravity of an object only by altering the object. In this activity you will investigate the rather interesting results of altering an object's center of gravity.

Materials You Will Need

standard cork from a bottle (2.5 cm to 3 cm in diameter)
sewing needle
knitting needle or bamboo skewer
2 candles about 8 cm long and 1.5 cm in diameter
2 drinking glasses of equal height
several sheets of newspaper
box of matches

Procedure

1. Push the sewing needle sideways through the cork. **Note:** *Be careful not to break the needle and do not place your hand in such a way that the needle can poke you as it goes through the cork.*

2. Carefully slide the bottom of one candle onto one end of the sewing needle so that the needle extends to the center of the candle and the candle extends out

from the cork. See the accompanying diagram. Repeat this procedure for the other candle.

3. Push the knitting needle lengthwise (bottom to top) through the cork. Be careful not to hit the sewing needle. (You may need to direct the knitting needle slightly above or beneath the sewing needle.) Place the setup over two drinking glasses that have been turned upside down. Make sure the glasses are placed on top of several sheets of newspaper.

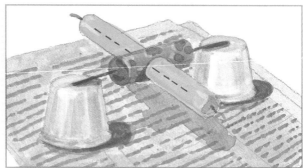

4. Light both candles. **CAUTION:** *Be careful when using matches.* Observe the setup for several minutes.

Observations and Conclusions

1. What happens when the candles are lighted? Why?

2. How could you alter the center of gravity of other objects, such as cars?

ROCA LIVIANA

En la actividad de la página 141, aprendiste algo sobre el centro de gravedad—qué es y de qué maneras te afecta. Tú puedes cambiar el centro de gravedad de un objeto sólo alterando el objeto. En esta actividad investigarás los resultados bastante interesantes de alterar el centro de gravedad de un objeto.

Materiales necesarios

corcho común de botella (2.5 to 3 cm de diámetro)

aguja de coser

aguja de tejer o pincho de bambú

2 velas de unos 8 cm de largo y 1.5 cm de diámetro

2 vasos del mismo tamaño

varias hojas de periódico

caja de fósforos

Procedimiento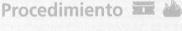

1. Empuja la aguja de coser a través del costado del corcho. **Nota:** *Ten cuidado de no romper la aguja, y no pongas tu mano de tal forma que la aguja pueda pincharte al atravesar el corcho.*

2. Con cuidado clava un extremo de la aguja de coser en la base de la vela de modo que la aguja se dirija hacia el centro de la vela, y la vela se dirija para afuera del corcho. Mira el dia grama. Repite el procedimiento con la otra vela.

3. Atraviesa el corcho a lo largo con la aguja de tejer. Ten cuidado de no chocar con la aguja de coser oculta. (Es mejor clavar la aguja de tejer ligeramente por encima o por debajo de la aguja de coser.) Coloca este montaje sobre los dos vasos puestos boca abajo. Asegúrate de que los vasos estén sobre varias hojas de periódico.

4. Enciende las dos velas. **CUIDADO** *al usar los fósforos. Observa el montaje durante varios minutos.*

Observaciones y conclusiones

1. ¿Qué pasa cuando se encienden las velas? ¿Por qué?

2. ¿Cómo podrías alterar el centro de gravedad de otros objetos, como carros?

PUTTING GRAVITY TO WORK

If someone asked you what gravity does, you might say that it is responsible for pulling you to the ground when you stumble over a stone or fall off your bicycle. While these answers are painfully correct, it is important to realize that gravity is more often an extremely helpful force. In addition to keeping you from flying off the Earth's surface, gravity has important applications in the operation of many modern devices. In this activity you will find out how gravity can be used to test the strengths of various materials.

Materials

ring stand and ring
masking tape
plastic or paper cup
strips of several different kinds of paper (14 cm x 3 cm); examples include paper towels, tissue paper, toilet paper, wrapping paper, writing paper, and typing paper
250-mL beaker
sand, 250 mL
balance
several sheets of newspaper

Procedure ⚗

1. Tape one end of the first paper strip to the ring. Tape the other end to the rim

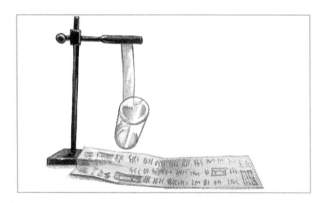

of the plastic or paper cup. Spread some newspapers below the cup.

2. Fill the beaker with sand. Slowly pour the sand from the beaker into the cup. Stop pouring when the paper begins to tear. Be careful not to let the cup fall because the sand will spill out of it.

3. Remove the cup with the sand in it and discard the paper strip. Use the balance to measure the mass of the cup with the sand in it. On a separate sheet of paper, make a data table similar to the one shown on the next page. Make sure your data table includes all of the different types of paper you have. Record the mass in the appropriate column in your data table and return the sand to its container.

4. Repeat steps 1, 2, and 3 using each of the different strips of paper. Make sure the cup is clean each time.

5. Calculate the weight held by each paper strip by multiplying the mass you recorded by 9.80 N/kg. (**Note:** *Make sure you convert the masses from grams to kilograms first by dividing them by 1000.*) *(continued)*

DÁNDOLE TRABAJO A LA GRAVEDAD

Si alguien te preguntara qué hace la gravedad, podrías responder que es responsable de hacerte caer cuando tropiezas con una piedra o te caes de la bicicleta. Si bien estas respuestas son dolorosamente correctas, es importante comprender que la gravedad es a menudo una fuerza extremadamente útil. Además de impedir que te vayas volando de la Tierra, la gravedad tiene importantes aplicaciones en el funcionamiento de muchos mecanismos modernos. En esta actividad descubrirás cómo puede usarse la gravedad para comprobar la resistencia de varios materiales.

Materiales

soporte de cubeta con aro

cinta adhesiva

vaso de plástico o de cartón

tiras de varias clases de papel
(14 cm x 3 cm); muestras de toallas de papel, papel higiénico, papel de seda, papel de envolver, papel de escribir, papel de máquina

jarra de 250 mL

balanza

varias hojas de periódico

Procedimiento

1. Asegura un extremo de la primera tira de papel al aro. Asegura el otro extremo al

borde del vaso. Pon papel periódico debajo del vaso.

2. Llena la jarra con arena. Poco a poco vierte la arena en el vaso. Deja de verterla cuando el papel comience a rasgarse. Ten cuidado de que no se caiga el vaso para que la arena no se salga.

3. Saca el vaso con la arena y dascarta la tira de papel. Usa la balanza para medir la masa del vaso con arena. En una hoja de papel aparte, haz una tabla de datos similar a la que se muestra en la página siguiente. Asegúrate de que tu tabla de datos incluya todos los tipos de papel que tengas. Registra la masa en la columna apropiada de la tabla de datos y vuelve a poner la arena en su recipiente.

4. Repite los pasos 1, 2 y 3 con cada una de las tiras de papel. Asegúrate de que el vaso se vacíe todas las veces.

5. Calcula el peso que resistió cada tira de papel multiplicando la masa que registraste por 9.80 N/kg. (**Nota**: *Asegúrate de convertir las masas de gramos a kilogramos primero dividiéndolas por 1000.*)

(continúa)

Observations and Calculations

DATA TABLE

Sample	Mass (g)	Weight (N)
A		
B		
C		
D		

Analysis

1. Which type of paper supports the greatest weight? The least?

2. How did the investigation differentiate the types of paper by their strengths?

3. Why is gravity a good choice of force to use to measure the strength of the different materials?

The Next Step

Repeat the experiment but this time cut the papers at a 90° angle to the direction in which you cut them the first time. For example, if you cut a letter size sheet of paper lengthwise, cut it widthwise this time. How does this affect your results? Can you propose a hypothesis as to why?

Observaciones y cálculos

TABLA DE DATOS

Muestra	Masa (g)	Peso (N)
A		
B		
C		
D		

Análisis

1. ¿Qué tipo de papel resiste el peso mayor? ¿Y el menor?
2. ¿Cómo se diferenciaron en la investigación los tipos de papel según su resistencia?
3. ¿Por qué es la gravedad una fuerza adecuada para medir la resistencia de los diferentes materiales?

El próximo paso

Repite el experimento, pero esta vez corta las tiras de papel en un ángulo de 90° de la dirección en la cual las cortaste la primera vez. Por ejemplo, si cortaste una hoja de papel tamaño carta a lo largo, córtala ahora a lo ancho. ¿Cómo afecta esto tus resultados? ¿Puedes proponer una hipótesis que explique por qué?

WATERING YOUR GARDEN GREEN

Have you ever grown a plant or kept a garden? Whether you have or have not, the first item you probably think is required for such an endeavor is soil. After all, how can you grow a plant without soil? But you can! In this activity you will grow a small garden without soil—thanks to the principles of fluid pressure.

Materials

large plastic container	small plastic container with a lid
nail	hammer
nylon stocking	twist tie
white glue	Perlite or sand
water	houseplant fertilizer
spoon	seedlings
plastic aquarium tubing (60 cm)	

Procedure

1. Using the hammer and nail, punch a hole in one side of each container near the bottom. The hole must be large enough to accommodate the plastic tubing. Take care, however, not to crack the containers. If you find it easier, you may want to use clean milk or juice cartons instead of plastic containers. Make another hole in the center of the lid of the smaller container.

2. Place a piece of nylon stocking over one end of the aquarium tubing. Secure it there with the twist tie. Push this end into the hole in the large container. Push the other end of the aquarium tubing into the bottom hole in the small container.

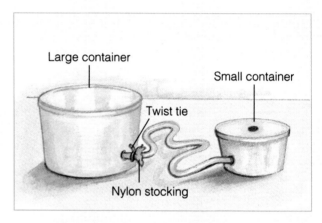

3. Surround the holes with glue so that they become watertight. Let the glue dry thoroughly.

4. Fill the large container with wet Perlite and the small container with water. Add a pinch of fertilizer to the water in the small container, stir, and put on the lid. Place the seedlings in the large container. You have completed the construction of your garden.

5. To make your garden grow, put it on a sunny windowsill. Feed it once a day by lifting the water container higher than the plant container. When the water container empties, place it lower than the plant container and it will fill up again. There, you have fed your garden for the day.

6. Once a month add fresh water to the water container and stir in a pinch of fertilizer. Enjoy the results of your "green thumb"!

(continued)

¿Tuviste alguna vez un jardín o cuidaste una planta? Lo hayas hecho o no, lo primero que tal vez pienses que necesites para tal empresa es tierra. Después de todo, ¿cómo puede una planta crecer sin tierra? ¡Pero puede! Durante la siguiente actividad harás crecer un pequeño jardín sin tierra—gracias a los principios de la presión en los fluidos.

Materiales

envase grande de plástico	pequeño envase plástico con tapa
clavo	martillo
media de nilón	bandita para atar
cola blanca	perlita o arena
agua	fertilizante
cuchara	semillas
tubo plástico de acuario (60 cm)	

Procedimiento

1. Usando el martillo y el clavo, haz un agujero en el lado de cada envase cerca del fondo. El agujero debe ser lo bastante grande como para que entre el tubo de plástico. Ten cuidado sin embargo de no rajar los envases. Si te resulta más fácil, puedes usar envases limpios de leche o jugo en vez de envases de plástico. Haz otro agujero en el centro de la tapa del envase más pequeño.

2. Pon un pedazo de media de nilón en un extremo del tubo de acuario. Asegúrala con la bandita para atar. Pon este extremo en el agujero del envase grande. Pon el otro extremo del tubo en el agujero inferior del envase pequeño.

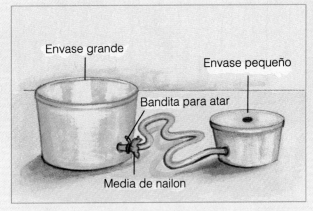

Envase grande

Envase pequeño

Bandita para atar

Media de nailon

3. Pon cola alrededor de las uniones del tubo y los envases, para que no salga agua. Deja que la cola se seque bien.

4. Llena el envase grande con perlita húmeda y el envase pequeño con agua. Agrega una pequeña cantidad de fertilizante al agua del envase pequeño, revuelve el agua y ponle la tapa. Coloca las semillas en el envase grande. Has acabado de construir tu jardín.

5. Para que tu jardín crezca, ponlo en una ventana soleada. Riégalo y aliméntalo una vez por día, levantando el envase pequeño por encima del envase grande. Cuando se vacíe el envase pequeño, ponlo más abajo que el envase con las plantas, y se llenará nuevamente. De este modo regarás y alimentarás tu jardín.

6. Una vez por mes agrega agua fresca al recipiente del agua y disuelve en ésta un poco de fertilizante. ¡Y a disfrutar de los resultados de tu habilidad con las plantas!

(continúa)

Analysis

1. Why does lifting the small container affect the plants in the large container?

2. Why do you need to put fertilizer in the water?

3. What would happen if a small leak or hole developed in the tubing?

4. What is the purpose of using the nylon stocking?

5. Can you think of a common device that operates in a manner that is somewhat similar to this water garden?

Análisis

1. ¿Por qué al levantar el recipiente pequeño se afecta a las plantas del grande?

2. ¿Por qué necesitas ponerle fertilizante al agua?

3. ¿Qué pasaría si se abriera un pequeño agujero en el tubo?

4. ¿Cuál es el propósito de usar la media de nilón?

5. ¿Puedes pensar en un mecanismo común que funcione de manera similar a la de este jardín?

DENSITY DAZZLERS

One scorching summer afternoon, while out in a row boat with your friend Alex and your dog Sam, you learn a quick lesson about density. It all begins when Sam jumps up to bark at a duck, then Alex stands up to grab Sam, and before you know it, you are all in the water. After putting on your life vests, you begin to look around for the rest of your belongings. The boat is floating nearby—upside down, unfortunately. The soccer ball you brought is floating beside the plastic utensils that were with your lunch. But where is your lunch? And where is your radio? Why did they sink if everything, and everyone, else is floating?

The answer to why some objects float and others do not has to do with density. An object can float only if it is less dense than the substance it is in. In this activity you will complete your own investigations into density. But don't worry—you won't get wet!

Materials

2 250-mL beakers
cooking oil (about 125 mL)
ice cube
salt
spoon or small sheet of tissue paper (optional)
hard-boiled egg or raw potato
medicine dropper
dishwashing liquid
food coloring

Procedure 🔺

1. Fill a beaker half-full with cooking oil. Very gently place an ice cube on the surface of the oil. What happens to the ice cube? Watch the ice cube for the next 15 to 20 minutes. What happens as the ice cube melts?

2. Use the dishwashing liquid to thoroughly clean the beaker. Fill the beaker half-full with water. Make sure you know the volume of water you put in.

3. Dissolve plenty of salt in the water. The amount of salt will vary depending on exactly how much water you use. Stop adding salt when the water becomes cloudy.

4. Add the same amount of water you used in step 2 to another beaker. Do not add salt this time. Slowly pour the water into the beaker containing the salt water in such a way that it does not mix with the salt water. You may need to pour it over a spoon or sheet of tissue paper so that it hits the salt water more gently.

5. Gently place an egg or small potato in the beaker. Describe and draw what you see.

6. Clean out the two beakers. Add a small amount of hot tap water, about 10 mL, to one of the beakers. Add food coloring to the hot water. You can choose any color that you wish, but make sure you add enough food coloring to the water so that you can see the color well.

(continued)

Pozo de actividades

En una tarde caliente de verano, mientras remas en bote con tu amigo Alex y tu perro Sam, aprendes de repente una lección con respecto a la densidad. Todo comienza cuando Sam salta ladrándole a un pato y Alex se pone de pie para sostenerlo. Sin darse cuenta de lo que pasó, de pronto están todos en el agua. Después de ponerte el salvavidas, comienzas a buscar tus cosas. El bote flota cerca, por desgracia ha dado vuelta. La pelota que trajiste flota más lejos que los utensilios de plástico que tenías con el almuerzo. ¿Y tu almuerzo? ¿Y tu radio? ¿Por qué se hundieron si las demás cosas y personas están flotando?

La razón por la cual unos objetos flotan y otros no, tiene que ver con su densidad. Un objeto puede flotar sólo si es menos denso que la sustancia en la cual se encuentra. En esta actividad harás tu propia investigación sobre la densidad...¡ y sin mojarte!

Materiales

2 jarras de 250 mL
aceite de cocina (unos 125 mL)
cubo de hielo
sal
cuchara o pequeña hoja de papel de seda (opcional)
huevo duro o papa cruda
gotero
jabón líquido para lavaplatos
colorante de comida

Procedimiento 🔬

1. Llena la jarra hasta la mitad con aceite de cocina. Con cuidado pon el cubo de hielo en la superficie del aceite. ¿Qué le pasa al cubo de hielo? Obsérvalo durante los próximos 15 o 20 minutos. ¿Qué pasa a medida que se derrite?

2. Con el líquido de lavar platos limpia bien la jarra. Llénala hasta la mitad con agua. Recuerda la cantidad de agua que pusiste.

3. Disuelve bastante sal en el agua. La cantidad de sal dependerá de cuánta agua hayas usado exactamente. No agregues más sal cuando el agua esté turbia.

4. Agrega la misma cantidad de agua que usaste en el paso 2 a otra jarra. Esta vez no agregues agua. Poco a poco vierte el agua en la jarra con el agua salada, de tal modo que no se mezcle con ésta. Puede ser que necesites echarla sobre una cuchara u hoja de papel absorbente para que el agua que viertes llegue con más suavidad al agua salada.

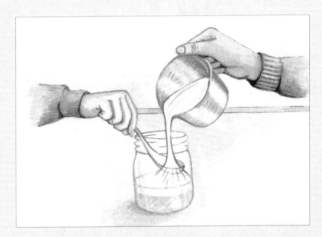

5. Pon el huevo o una papa pequeña en la jarra. Describe y dibuja lo que ves.

6. Limpia bien las dos jarras. Agrega una pequeña cantidad de agua caliente del grifo, unos 10 mL, a una de las jarras. Agrega el colorante de comida al agua caliente. Puedes elegir cualquier color que tú quieras, pero asegúrate de agregar bastante colorante al agua como para poder ver bien el color.

(continúa)

7. Fill the other beaker with cold tap water.

8. Use a medicine dropper to pick up a few drops of the hot colored water.

9. Place the tip of the medicine dropper in the middle of the cold water. Now slowly squeeze a drop of the hot colored water into the cold water. Describe and draw a picture of what you see.

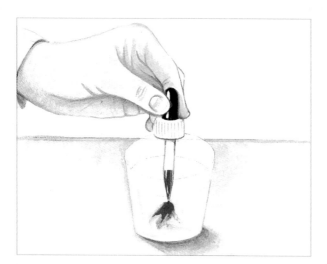

Analysis and Conclusions

1. Explain the observations you made when watching the ice cube you placed in the oil in step 1.

2. Explain your observations regarding the egg in the beaker of water.

3. What does your experiment tell you about the density of hot water as compared to that of cold water?

4. Predict what will happen if you repeat steps 6 to 9 but this time add cold colored water to hot water. Try it. Are you correct?

7. LLena la otra jarra con agua fría del grifo.

8. Con el gotero toma unas gotas del agua caliente coloreada.

9. Pon la punta del gotero en medio del agua fría. Aprieta apenas el gotero y deja caer una gota del agua coloreada en el agua fría. Describe y haz un dibujo de lo que ves.

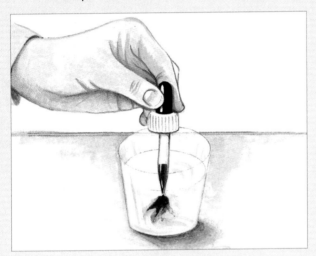

Análisis y conclusiones

1. Explica las observaciones que hiciste cuando mirabas el cubo de hielo que habías puesto en aceite en el paso 1.

2. Explica tus observaciones con respecto al huevo en la jarra de agua.

3. ¿Qué te dice tu experimento con respecto a la densidad del agua caliente comparada con la densidad del agua fría?

4. Predice qué pasará si repites los pasos 6 a 9, pero esta vez agregas agua coloreada fría al agua caliente. Haz la prueba. ¿Habías acertado?

Activity Bank

BAFFLING WITH BERNOULLI

Have you ever tried to perform a magic trick for your friends or family? What makes a magic trick work is knowing the secret. Well, now you can use Bernoulli's principle to amaze and baffle others who don't know about forces and fluids, as you do!

What You Will Need

2 drinking straws	Ping-Pong ball
drinking glass	thumbtack
2 balloons	halved index card
fine thread	wooden spool (the
tape	kind used for
small funnel	cotton thread)

What You Will Do

Part A
1. For the first "trick," hold a drinking straw upright in a glass of water so that the bottom of the straw is slightly above the bottom of the glass.
2. Use a second straw to blow a stream of air across the top of the first straw. (If you have only one straw, you can cut it in half to make two straws.) Vary the force with which you blow the stream of air.

- What happens when you blow into the second straw?
- What happens when you blow harder?
- Can you explain why this "trick" is possible?

Part B
If your audience was impressed with what happened with the straws, they'll really be excited by this next "trick."
1. Blow up two balloons. Tie about 60 cm of thread to each one. Use tape to hang them from the top of a door

frame, light fixture, or low ceiling, about 5 cm apart.
2. Have your audience predict what will happen to the balloons if you blow a stream of air between them. Go ahead and do it. (You may find it easier to blow through a straw that you hold between the balloons.)

- What happens? Was your audience correct in their prediction?

Part C
In this next display, you will set out to defy gravity. Do you think it can be done?
1. Hold the small funnel upright and place a Ping-Pong ball in it. Blow through the narrow end of the funnel.

(continued)

¿Has tratado alguna vez de hacer un truco de magia para tus amigos o tu familia? Lo que hace que la magia funcione es saber que hay detrás. Bueno, ahora puedes usar el principio de Bernoulli para sorprender y deslumbrar a los que no saben lo que tú sabes sobre las fuerzas y los fluidos.

Lo que necesitarás

dos sorbetes	pelota de ping pong
vaso	tachuela
2 globos	media tarjeta
hilo fino	carrete de madera
cinta adhesiva	(de los usados para
embudo pequeño	hilo de algodón)

Lo que debes hacer

Parte A

1. Para hacer el primer truco, sosten un sorbete en un vaso de agua de tal modo que su extremo inferior apenas roce el fondo del vaso.

2. Usa otro sorbete para soplar aire por encima del primero. (Si tienes sólo un sorbete, puedes cortarlo por la mitad para hacer dos.) Cambia la fuerza con que soplas el aire por encima del sorbete.

■ ¿Qué pasa cuando soplas en el segundo sorbete?

■ ¿Qué pasa si soplas con más fuerza?

■ ¿Puedes explicar por qué este "truco" es posible?

Parte B

Si tu audiencia quedó impresionada por lo que ocurrió con los sorbetes, este segundo truco les gustará aún más.

1. Infla los dos globos. Ata a cada globo unos 60 cm de hilo. Con la cinta, asegúralos a la parte superior del marco de una puerta, cielorraso bajo, etc., a unos 5 cm uno del otro.

2. Haz que tu audiencia adivine lo que les pasará a los globos si creas una corriente de aire entre ellos. Hazlo. (Te puede resultar más fácil soplar por un sorbete que sostengas entre los globos.)

■ ¿Qué pasa? ¿Hizo tu audiencia buenas predicciones?

Parte C

En tu próxima actuación desafiarás la gravedad. ¿Crees que es posible?

1. Sostén el embudo para arriba y pon adentro la pelota de ping-pong. Sopla a través del extremo fino del embudo.

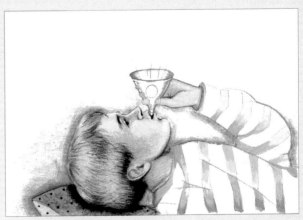

(continúa)

- Can you blow the ball out? Why or why not?

2. Now turn the funnel downward and hold the Ping-Pong ball inside it with your hand. Blow on the funnel again and let go of the ball. What do you think will happen when you let go?

- What does happen? Why?

Part D

This last "trick" will surprise everyone—maybe even you!

1. Push a thumbtack through the middle of a halved index card.

2. Hold the index card and tack under the wooden spool so that the pin projects into the hole of the spool. Blow hard down through the other hole in the spool and let go of the card. What do you expect will happen?

- What happens to the index card?

The Next Step

Design a poster that relates each of these "tricks" to Bernoulli's principle. Together with your classmates, come up with additional examples of Bernoulli's "trickery" and add them to your poster.

- ¿Puedes hacer salir la pelota del embudo? ¿Por qué o por qué no?

2. Ahora da vuelta el embudo y sostén la pelota con tu mano. Sopla dentro del embudo y saca la mano. ¿Qué crees que pasará cuando saques la mano?

- ¿Qué ocurre realmente? ¿Por qué?

Parte D

Este último truco sorprenderá a todos, tal vez incluso a tí mismo.

1. Empuja la tachuela a través del centro de la media tarjeta.

2. Sostén la tarjeta con la tachuela abajo del carrete de modo que el pincho se proyecte en el agujero del carrete Sopla con fuerza hacia abajo por el otro agujero del carrete y suelta la tarjeta. ¿Qué esperas que pase?

- ¿Qué le pasa a la tarjeta?

El próximo paso

Diseña un cartel que relacione cada uno de estos trucos con el principio de Bernoulli. Junto con tus compañeros de clase inventa nuevos trucos basados en Bernoulli, y agrégalos a tu cartel.

Have you ever watched the pendulum swinging in a grandfather clock? There is something about it that truly captures one's attention. The pendulum always swings as far to the right as it does to the left in a regular repeating pattern. But what do you think would happen if a pendulum was made to swing on another pendulum? In this activity you will find out.

Materials

plastic funnel
heavy wire (about 120 cm long)
sheet of paper
several sheets of newspaper or wrapping
   paper
sand (or salt or sugar)
3 lengths of string, about 1 m each
scissors
metric ruler
compass
adhesive tape

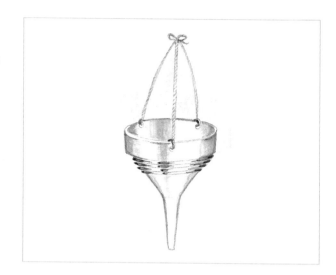

Procedure

1. Use the scissors to poke three small holes in the funnel near the edge of the larger end. The holes should be evenly spaced around the opening.

2. Tie an end of one string to one of the holes. Repeat this for the remaining two strings and two holes.

3. Wrap the heavy wire around the rim of the funnel to make it heavy. You may wish to have a partner hold the strings out of the way so that they do not become tangled in the wire.

4. Use the compass to draw a circle on the sheet of paper. The radius of the circle (the distance from the center to the edge) should be slightly less than the height of your funnel. Cut out the circle. Then make one straight cut from the edge to the center.

5. Fold the circular piece of paper into a cone that will fit into your funnel. When you have found the right size, tape it so that it holds it shape. Then cut a small hole in it at the point and place the cone in the funnel.

6. Arrange two chairs or desks about 60 cm apart with several sheets of newspaper or wrapping paper spread on the floor between them. Tie one string to the back of each chair or desk. With your fingers, pull these two strings together about 30 cm above the funnel. Pull the remaining string up to this point. Secure the three strings together at this point with a narrow piece of adhesive tape. (If the adhesive tape is not strong enough, you may want to use a small piece of wire or twist tie. Do not tie the strings together because you will need to adjust this length later on.)

(continued)

Pozo de actividades

OCHOS LOCOS

¿Observaste alguna vez el movimiento de un péndulo en un reloj a péndulo? Algo en el espectáculo llama realmente la atención. El péndulo se mueve siempre tan lejos hacia la derecha como hacia la izquierda, con un ritmo que se repite regularmente. ¿Pero qué crees que pasaría si se hiciera mover a un péndulo colgando de otro péndulo? En esta actividad lo descubrirás.

Materiales

embudo de plástico
alambre grueso (unos 120 cm de largo)
hoja de papel
varias hojas de papel de periódico o de
   envolver
arena (o sal o azúcar)
3 pedazos de cordel, de 1 m cada uno
tijeras
regla métrica
compás
cinta adhesiva

Procedimiento

1. Con las tijeras haz tres agujeros en el borde más ancho del embudo. Los agujeros deben estar a distancias iguales a lo largo del borde.

2. Ata el extremo de uno de los cordeles a uno de los agujeros. Repite la operación con los dos cordeles que quedan.

3. Pon el alambre alrededor del borde del embudo para hacerlo más pesado. Sería conveniente que alguien mantuviera separados los cordeles, para que no se enreden con el alambre.

4. Usa el compás para trazar un círculo en la hoja de papel. El radio del círculo (la distancia del centro al borde) deberá ser

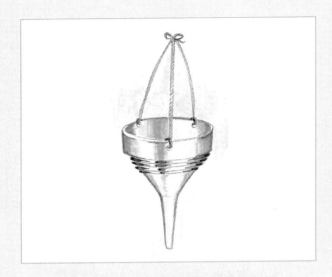

algo menor que la altura del embudo. Recorta el círculo de la hoja. Hazle luego un corte recto desde el centro hasta el borde.

5. Haz un cono con el círculo de papel, hasta que encaje en el embudo. Cuando hayas logrado el tamaño exacto, asegúralo con la cinta adhesiva para que conserve su forma. Recórtale luego un pequeño agujero en la punta y ponlo en el embudo.

6. Coloca dos sillas o escritorios a unos 60 cm de distancia uno de otro y pon entre ellos papel de periódico o de envolver en el piso. Ata un cordel al respaldo de cada silla o a los escritorios. Con los dedos, mantén juntos los cordeles a unos 30 cm por encima del embudo. Lleva el resto del cordel hasta este punto. Une los tres cordeles en este punto con un pedazo estrecho de cinta adhesiva. (Si la cinta adhesiva no es lo bastante fuerte, puedes usar un pedazo de alambre o bandita para cerrar. No ates los cordeles entre sí porque más tarde tendrás que graduar la longitud.)

(continúa)

7. Cover the narrow funnel opening with your finger. Pour fine sand (or salt or sugar) into the funnel. Pull the funnel to the side and let go, removing your finger as you do so.

■ What do you see happening to the sand or salt?

■ What would happen if the funnel was supported by only two strings?

8. Make a chart listing the distance between the funnel and the gather where you placed the adhesive tape. Next to that information, draw the pattern created by the sand (or salt or sugar). Leave room on your chart for several more trials.

9. Carefully pick up the edges of the newspaper or wrapping paper so that the sand moves to the center. Then pour it back into its container. Repeat the activity several times, each time changing the length of the string below the gather where you placed the adhesive tape by moving the tape up or down. Add the data and the drawings to your chart.

■ When you are finished, share your observations with those of your classmates. How are your observations similar to theirs? How are they different? Did anyone find any surprising or unusual observations?

■ Do you think your results would change if you pulled the funnel back further to start the motion? What about if you pulled it less? Why? Try it and see.

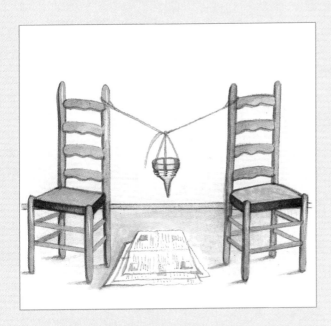

7. Tapa con el dedo la abertura pequeña del embudo. Echa la arena (o sal o azúcar) en el embudo. Tira del embudo hacia un lado y suéltalo, sacando al mismo tiempo el dedo de la abertura del embudo.

■ ¿Qué le pasa a la arena o sal?

■ ¿Qué pasaría si el embudo estuviera colgando solamente de dos cordeles?

8. Haz una tabla indicando la distancia entre el embudo y el punto donde pusiste la cinta adhesiva. Al lado de esta información dibuja la forma que tomó la arena (o la sal o azúcar) sobre el papel. Deja espacio en la tabla para registrar varios intentos más.

9. Con cuidado levanta el papel periódico o de envolver de los bordes, de tal modo que la arena se amontone en el centro. Ponla de nuevo en su recipiente. Repite la actividad varias veces, cambiando el largo del cordel en el punto de encuentro. Para ello, cambia de lugar la cinta adhesiva hacia arriba o hacia abajo. Agrega a tu tabla los datos y dibujos que obtengas de los nuevos intentos.

■ Después de terminar, compara tus observaciones con las del resto de la clase. ¿En qué se parecen o diferencian tus observaciones de las de los demás? ¿Hizo alguien observaciones inusuales o sorprendentes?

■ ¿Crees que tus resultados cambiarían si tiraras del embudo más para atrás para iniciar el movimiento? ¿Y si lo tiraras menos? ¿Por qué? Haz la prueba y observa qué pasa.

Appendix A

THE METRIC SYSTEM

The metric system of measurement is used by scientists throughout the world. It is based on units of ten. Each unit is ten times larger or ten times smaller than the next unit. The most commonly used units of the metric system are given below. After you have finished reading about the metric system, try to put it to use. How tall are you in metrics? What is your mass? What is your normal body temperature in degrees Celsius?

Commonly Used Metric Units

Length   The distance from one point to another

meter (m)   A meter is slightly longer than a yard.
 1 meter = 1000 millimeters (mm)
 1 meter = 100 centimeters (cm)
 1000 meters = 1 kilometer (km)

Volume   The amount of space an object takes up

liter (L)   A liter is slightly more than a quart.
 1 liter = 1000 milliliters (mL)

Mass   The amount of matter in an object

gram (g)   A gram has a mass equal to about one paper clip.

 1000 grams = 1 kilogram (kg)

Temperature   The measure of hotness or coldness

degrees   0°C = freezing point of water
Celsius (°C)   100°C = boiling point of water

Metric–English Equivalents

2.54 centimeters (cm) = 1 inch (in.)
1 meter (m) = 39.37 inches (in.)
1 kilometer (km) = 0.62 miles (mi)
1 liter (L) = 1.06 quarts (qt)
250 milliliters (mL) = 1 cup (c)
1 kilogram (kg) = 2.2 pounds (lb)
28.3 grams (g) = 1 ounce (oz)
$°C = 5/9 \times (°F - 32)$

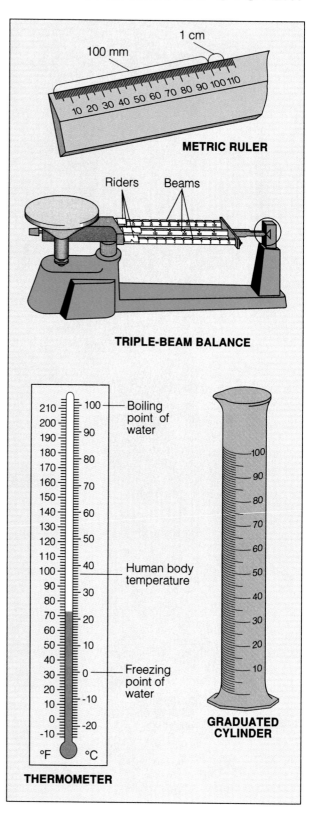

METRIC RULER

TRIPLE-BEAM BALANCE

THERMOMETER

GRADUATED CYLINDER

Apéndice A

Los científicos de todo el mundo usan el sistema métrico. Está basado en unidades de diez. Cada unidad es diez veces más grande o más pequeña que la siguiente. Abajo se pueden ver las unidades del sistema métrico más usadas. Cuando termines de leer sobre el sistema métrico, trata de usarlo. ¿Cuál es tu altura en metros? ¿Cuál es tu masa? ¿Cuál es tu temperatura normal en grados Celsio?

Unidades métricas más comunes

Longitud   Distancia de un punto a otro

metro (m)   Un metro es un poco más largo que una yarda.

1 metro = 1000 milímetros (mm)
1 metro = 100 centímetros (cm)
1000 metros = 1 kilómetro (km)

Volumen   Cantidad de espacio que ocupa un objeto

litro (L) =   Un litro es un poco más que un cuarto de galón.

1 litro = 1000 mililitros (mL)

Masa   Cantidad de materia que tiene un objeto

gramo (g)   El gramo tiene una masa más o menos igual a la de una presilla para papel.

1000 gramos = kilogramo (kg)

Temperatura   Medida de calor o frío

grados   0°C = punto de congelación del agua

Celsio (°C)   100°C = punto de ebullición del agua

Equivalencias métricas inglesas

2.54 centímetros (cm) = 1 pulgada (in.)
1 metro (m) = 39.37 pulgadas (in.)
1 kilómetro (km) = 0.62 millas (mi)
1 litro (L) = 1.06 cuartes (qt)
250 mililitros (mL) = 1 taza (c)
1 kilogramo (kg) = 2.2 libras (lb)
28.3 gramos (g) = 1 onza (oz)
°C = 5/9 × (°F −32)

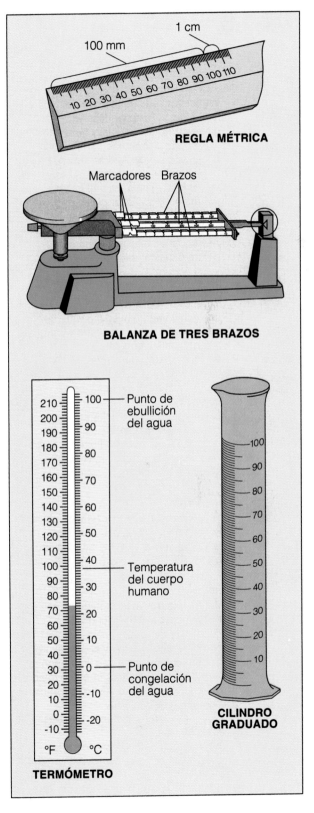

REGLA MÉTRICA

BALANZA DE TRES BRAZOS

TERMÓMETRO

CILINDRO GRADUADO

Glassware Safety

1. Whenever you see this symbol, you will know that you are working with glassware that can easily be broken. Take particular care to handle such glassware safely. And never use broken or chipped glassware.
2. Never heat glassware that is not thoroughly dry. Never pick up any glassware unless you are sure it is not hot. If it is hot, use heat-resistant gloves.
3. Always clean glassware thoroughly before putting it away.

Fire Safety

1. Whenever you see this symbol, you will know that you are working with fire. Never use any source of fire without wearing safety goggles.
2. Never heat anything—particularly chemicals—unless instructed to do so.
3. Never heat anything in a closed container.
4. Never reach across a flame.
5. Always use a clamp, tongs, or heat-resistant gloves to handle hot objects.
6. Always maintain a clean work area, particularly when using a flame.

Heat Safety

Whenever you see this symbol, you will know that you should put on heat-resistant gloves to avoid burning your hands.

Chemical Safety

1. Whenever you see this symbol, you will know that you are working with chemicals that could be hazardous.
2. Never smell any chemical directly from its container. Always use your hand to waft some of the odors from the top of the container toward your nose—and only when instructed to do so.
3. Never mix chemicals unless instructed to do so.
4. Never touch or taste any chemical unless instructed to do so.
5. Keep all lids closed when chemicals are not in use. Dispose of all chemicals as instructed by your teacher.

6. Immediately rinse with water any chemicals, particularly acids, that get on your skin and clothes. Then notify your teacher.

Eye and Face Safety

1. Whenever you see this symbol, you will know that you are performing an experiment in which you must take precautions to protect your eyes and face by wearing safety goggles.
2. When you are heating a test tube or bottle, always point it away from you and others. Chemicals can splash or boil out of a heated test tube.

Sharp Instrument Safety

1. Whenever you see this symbol, you will know that you are working with a sharp instrument.
2. Always use single-edged razors; double-edged razors are too dangerous.
3. Handle any sharp instrument with extreme care. Never cut any material toward you; always cut away from you.
4. Immediately notify your teacher if your skin is cut.

Electrical Safety

1. Whenever you see this symbol, you will know that you are using electricity in the laboratory.
2. Never use long extension cords to plug in any electrical device. Do not plug too many appliances into one socket or you may overload the socket and cause a fire.
3. Never touch an electrical appliance or outlet with wet hands.

Animal Safety

1. Whenever you see this symbol, you will know that you are working with live animals.
2. Do not cause pain, discomfort, or injury to an animal.
3. Follow your teacher's directions when handling animals. Wash your hands thoroughly after handling animals or their cages.

¡Cuidado con los recipientes de vidrio!

1. Este símbolo te indicará que estás trabajando con recipientes de vidrio que pueden romperse. Procede con mucho cuidado al manejar esos recipientes. Y nunca uses vasos rotos ni astillados.
2. Nunca pongas al calor recipientes húmedos. Nunca tomes ningún recipiente si está caliente. Si lo está, usa guantes resistentes al calor.
3. Siempre limpia bien un recipiente de vidrio antes de guardarlo.

¡Cuidado con el fuego!

1. Este símbolo te indicará que estás trabajando con fuego. Nunca uses algo que produzca llama sin ponerte gafas protectoras.
2. Nunca calientes nada a menos que te digan que lo hagas.
3. Nunca calientes nada en un recipiente cerrado.
4. Nunca extiendas el brazo por encima de una llama.
5. Usa siempre una grapa, pinzas o guantes resistentes al calor para manipular algo caliente.
6. Procura tener un área de trabajo vacía y limpia, especialmente si estás usando una llama.

¡Cuidado con el calor!

Este símbolo te indicará que debes ponerte guantes resistentes al calor para no quemarte las manos.

¡Cuidado con los productos químicos!

1. Este símbolo te indicará que vas a trabajar con productos químicos que pueden ser peligrosos.
2. Nunca huelas un producto químico directamente. Usa siempre las manos para llevar las emanaciones a la nariz y hazlo sólo si te lo dicen.
3. Nunca mezcles productos químicos a menos que te lo indiquen.
4. Nunca toques ni pruebes ningún producto químico a menos que te lo indiquen.
5. Mantén todas las tapas de los productos químicos cerradas cuando no los uses. Deséchalos según te lo indiquen.

6. Enjuaga con agua cualquier producto químico, en especial un ácido. Si se pone en contacto con tu piel o tus ropas, comunícaselo a tu profesor(a).

¡Cuidado con los ojos y la cara!

1. Este símbolo te indicará que estás haciendo un experimento en el que debes protegerte los ojos y la cara con gafas protectoras.
2. Cuando estés calentando un tubo de ensayo, pon la boca en dirección contraria a los demás. Los productos químicos pueden salpicar o derramarse de un tubo de ensayo caliente.

¡Cuidado con los instrumentos afilados!

1. Este símbolo te indicará que vas a trabajar con un instrumento afilado.
2. Usa siempre hojas de afeitar de un solo filo. Las hojas de doble filo son muy peligrosas.
3. Maneja un instrumento afilado con sumo cuidado. Nunca cortes nada hacia ti sino en dirección contraria.
4. Notifica inmediatamente a tu profesor(a) si te cortas.

¡Cuidado con la electricidad!

1. Este símbolo te indicará que vas a usar electricidad en el laboratorio.
2. Nunca uses cables de prolongación para enchufar un aparato eléctrico. No enchufes muchos aparatos en un enchufe porque puedes recargarlo y provocar un incendio.
3. Nunca toques un aparato eléctrico o un enchufe con las manos húmedas.

¡Cuidado con los animales!

1. Este símbolo, te indicará que vas a trabajar con animales vivos.
2. No causes dolor, molestias o heridas a ningun animal.
3. Sigue las instrucciones de tu profesor(a) al tratar a los animales. Lávate bien las manos después de tocar los animales o sus jaulas.

One of the first things a scientist learns is that working in the laboratory can be an exciting experience. But the laboratory can also be quite dangerous if proper safety rules are not followed at all times. To prepare yourself for a safe year in the laboratory, read over the following safety rules. Then read them a second time. Make sure you understand each rule. If you do not, ask your teacher to explain any rules you are unsure of.

Dress Code

1. Many materials in the laboratory can cause eye injury. To protect yourself from possible injury, wear safety goggles whenever you are working with chemicals, burners, or any substance that might get into your eyes. Never wear contact lenses in the laboratory.

2. Wear a laboratory apron or coat whenever you are working with chemicals or heated substances.

3. Tie back long hair to keep it away from any chemicals, burners and candles, or other laboratory equipment.

4. Remove or tie back any article of clothing or jewelry that can hang down and touch chemicals and flames.

General Safety Rules

5. Read all directions for an experiment several times. Follow the directions exactly as they are written. If you are in doubt about any part of the experiment, ask your teacher for assistance.

6. Never perform activities that are not authorized by your teacher. Obtain permission before "experimenting" on your own.

7. Never handle any equipment unless you have specific permission.

8. Take extreme care not to spill any material in the laboratory. If a spill occurs, immediately ask your teacher about the proper cleanup procedure. Never simply pour chemicals or other substances into the sink or trash container.

9. Never eat in the laboratory.

10. Wash your hands before and after each experiment.

First Aid

11. Immediately report all accidents, no matter how minor, to your teacher.

12. Learn what to do in case of specific accidents, such as getting acid in your eyes or on your skin. (Rinse acids from your body with lots of water.)

13. Become aware of the location of the first-aid kit. But your teacher should administer any required first aid due to injury. Or your teacher may send you to the school nurse or call a physician.

14. Know where and how to report an accident or fire. Find out the location of the fire extinguisher, phone, and fire alarm. Keep a list of important phone numbers—such as the fire department and the school nurse—near the phone. Immediately report any fires to your teacher.

Heating and Fire Safety

15. Again, never use a heat source, such as a candle or burner, without wearing safety goggles.

16. Never heat a chemical you are not instructed to heat. A chemical that is harmless when cool may be dangerous when heated.

17. Maintain a clean work area and keep all materials away from flames.

18. Never reach across a flame.

19. Make sure you know how to light a Bunsen burner. (Your teacher will demonstrate the proper procedure for lighting a burner.) If the flame leaps out of a burner toward you, immediately turn off the gas. Do not touch the burner. It may be hot. And never leave a lighted burner unattended!

20. When heating a test tube or bottle, always point it away from you and others. Chemicals can splash or boil out of a heated test tube.

21. Never heat a liquid in a closed container. The expanding gases produced may blow the container apart, injuring you or others.

Una de las primeras cosas que aprende un científico es que trabajar en el laboratorio es muy interesante. Pero el laboratorio puede ser un lugar muy peligroso si no se respetan las reglas de seguridad apropiadas. Para prepararte para trabajar sin riesgos en el laboratorio, lee las siguientes reglas una y otra vez. Debes comprender muy bien cada regla. Pídele a tu profesor(a) que te explique si no entiendes algo.

Vestimenta adecuada

1. Muchos materiales del laboratorio pueden ser dañinos para la vista. Como precaución, usa gafas protectoras siempre que trabajes con productos químicos, mecheros o una sustancia que pueda entrarte en los ojos. Nunca uses lentes de contacto en el laboratorio.

2. Usa un delantal o guardapolvo siempre que trabajes con productos químicos o con algo caliente.

3. Si tienes pelo largo, átatelo para que no roce productos químicos, mecheros, velas u otro equipo del laboratorio.

4. No debes llevar ropa o alhajas que cuelguen y puedan entrar en contacto con productos químicos o con el fuego.

Normas generales de precaución

5. Lee todas las instrucciones de un experimento varias veces. Síguelas al pie de la letra. Si tienes alguna duda, pregúntale a tu profesor(a).

6. Nunca hagas nada sin autorización de tu profesor(a). Pide permiso antes de "experimentar" por tu cuenta.

7. Nunca intentes usar un equipo si no te han dado permiso para hacerlo.

8. Ten mucho cuidado de no derramar nada en el laboratorio. Si algo se derrama, pregunta inmediatamente a tu profesor(a) cómo hacer para limpiarlo.

9. Nunca comas en el laboratorio.

10. Lávate las manos antes y después de cada experimento.

Primeros auxilios

11. Por menos importante que parezca un accidente, informa inmediatamente a tu profesor(a) si ocurre algo.

12. Aprende qué debes hacer en caso de ciertos accidentes, como si te cae ácido en la piel o te entra en los ojos. (Enjuágate con muchísima agua.)

13. Debes saber dónde está el botiquín de primeros auxilios. Pero es tu profesor(a) quien debe encargarse de dar primeros auxilios. Puede que él o ella te envíe a la enfermería o llame a un médico.

14. Debes saber dónde llamar si hay un accidente o un incendio. Averigua dónde está el extinguidor, el teléfono y la alarma de incendios. Debe haber una lista de teléfonos importantes—como los bomberos y la enfermería—cerca del teléfono. Avisa inmediatamente a tu profesor(a) si se produce un incendio.

Precauciones con el calor y con el fuego

15. Nunca te acerques a una fuente de calor, como un mechero o una vela sin ponerte las gafas protectoras.

16. Nunca calientes ningún producto químico si no te lo indican. Un producto inofensivo cuando está frío puede ser peligroso si está caliente.

17. Tu área de trabajo debe estar limpia y todos los materiales alejados del fuego.

18. Nunca extiendas el brazo por encima de una llama.

19. Debes saber bien cómo encender un mechero Bunsen. (Tu profesor(a) te indicará el procedimiento apropiado.) Si la llama salta del mechero, apaga el gas inmediatamente. No toques el mechero. ¡Nunca dejes un mechero encendido sin nadie al lado!

20. Cuando calientes un tubo de ensayo, apúntalo en dirección contraria. Los productos químicos pueden salpicar o derramarse al hervir.

21. Nunca calientes un líquido en un recipiente cerrado. Los gases que se producen pueden hacer que el recipiente explote y te lastime a ti y a tus compañeros.

22. Before picking up a container that has been heated, first hold the back of your hand near it. If you can feel the heat on the back of your hand, the container may be too hot to handle. Use a clamp or tongs when handling hot containers.

Using Chemicals Safely

23. Never mix chemicals for the "fun of it." You might produce a dangerous, possibly explosive substance.

24. Never touch, taste, or smell a chemical unless you are instructed by your teacher to do so. Many chemicals are poisonous. If you are instructed to note the fumes in an experiment, gently wave your hand over the opening of a container and direct the fumes toward your nose. Do not inhale the fumes directly from the container.

25. Use only those chemicals needed in the activity. Keep all lids closed when a chemical is not being used. Notify your teacher whenever chemicals are spilled.

26. Dispose of all chemicals as instructed by your teacher. To avoid contamination, never return chemicals to their original containers.

27. Be extra careful when working with acids or bases. Pour such chemicals over the sink, not over your workbench.

28. When diluting an acid, pour the acid into water. Never pour water into an acid.

29. Immediately rinse with water any acids that get on your skin or clothing. Then notify your teacher of any acid spill.

Using Glassware Safely

30. Never force glass tubing into a rubber stopper. A turning motion and lubricant will be helpful when inserting glass tubing into rubber stoppers or rubber tubing. Your teacher will demonstrate the proper way to insert glass tubing.

31. Never heat glassware that is not thoroughly dry. Use a wire screen to protect glassware from any flame.

32. Keep in mind that hot glassware will not ap-

pear hot. Never pick up glassware without first checking to see if it is hot. See #22.

33. If you are instructed to cut glass tubing, fire-polish the ends immediately to remove sharp edges.

34. Never use broken or chipped glassware. If glassware breaks, notify your teacher and dispose of the glassware in the proper trash container.

35. Never eat or drink from laboratory glassware. Thoroughly clean glassware before putting it away.

Using Sharp Instruments

36. Handle scalpels or razor blades with extreme care. Never cut material toward you; cut away from you.

37. Immediately notify your teacher if you cut your skin when working in the laboratory.

Animal Safety

38. No experiments that will cause pain, discomfort, or harm to mammals, birds, reptiles, fishes, and amphibians should be done in the classroom or at home.

39. Animals should be handled only if necessary. If an animal is excited or frightened, pregnant, feeding, or with its young, special handling is required.

40. Your teacher will instruct you as to how to handle each animal species that may be brought into the classroom.

41. Clean your hands thoroughly after handling animals or the cage containing animals.

End-of-Experiment Rules

42. After an experiment has been completed, clean up your work area and return all equipment to its proper place.

43. Wash your hands after every experiment.

44. Turn off all burners before leaving the laboratory. Check that the gas line leading to the burner is off as well.

22. Antes de tomar un recipiente que se ha calentado, acerca primero el dorso de tu mano. Si puedes sentir el calor, el recipiente está todavía caliente. Usa una grapa o pinzas cuando trabajes con recipientes calientes.

Precauciones en el uso de productos químicos

23. Nunca mezcles productos químicos para "divertirte." Puede que produzcas una sustancia peligrosa tal como un explosivo.

24. Nunca toques, pruebes o huelas un producto químico si no te indican que lo hagas. Muchos de estos productos son venenosos. Si te indican que observes las emanaciones, llévalas hacia la nariz con las manos. No las aspires directamente del recipiente.

25. Usa sólo los productos necesarios para esa actividad. Todos los envases deben estar cerrados si no están en uso. Informa a tu profesor(a) si se produce algún derrame.

26. Desecha todos los productos químicos según te lo indique tu profesor(a). Para evitar la contaminación, nunca los vuelvas a poner en su envase original.

27. Ten mucho cuidado cuando trabajes con ácidos o bases. Viértelos en la pila, no sobre tu mesa.

28. Cuando diluyas un ácido, viértelo en el agua. Nunca viertas agua en el ácido.

29. Enjuágate inmediatamente la piel o la ropa con agua si te cae ácido. Notifica a tu profesor(a).

Precauciones con el uso de vidrio

30. Para insertar vidrio en tapones o tubos de goma, deberás usar un movimiento de rotación y un lubricante. No lo fuerces. Tu profesor(a) te indicará cómo hacerlo.

31. No calientes recipientes de vidrio que no estén secos. Usa una pantalla para proteger el vidrio de la llama.

32. Recuerda que el vidrio caliente no parece estarlo. Nunca tomes nada de vidrio sin controlarlo antes. Véase # 22.

33. Cuando cortes un tubo de vidrio, lima las puntas inmediatamente para alisarlas.

34. Nunca uses recipientes rotos ni astillados. Si algo de vidrio se rompe, notifícalo inmediatamente y desecha el recipiente en el lugar adecuado.

35. Nunca comas ni bebas de un recipiente de vidrio del laboratorio. Limpia los recipientes bien antes de guardarlos.

Uso de instrumentos afilados

36. Maneja los bisturíes o las hojas de afeitar con sumo cuidado. Nunca cortes nada hacia ti sino en dirección contraria.

37. Notifica inmediatamente a tu profesor(a) si te cortas.

Precauciones con los animales

38. No debe realizarse ningún experimento que cause ni dolor, ni incomodidad, ni daño a los animales en la escuela o en la casa.

39. Debes tocar a los animales sólo si es necesario. Si un animal está nervioso o asustado, preñado, amamantando o con su cría, se requiere cuidado especial.

40. Tu profesor(a) te indicará cómo proceder con cada especie animal que se traiga a la clase.

41. Lávate bien las manos después de tocar los animales o sus jaulas.

Al concluir un experimento

42. Después de terminar un experimento limpia tu área de trabajo y guarda el equipo en el lugar apropiado.

43. Lávate las manos después de cada experimento.

44. Apaga todos los mecheros antes de irte del laboratorio. Verifica que la línea general esté también apagada.

Glossary

Pronunciation Key

When difficult names or terms first appear in the text, they are respelled to aid pronunciation. A syllable in SMALL CAPITAL LETTERS receives the most stress. The key below lists the letters used for respelling. It includes examples of words using each sound and shows how the words would be respelled.

Symbol	Example	Respelling
a	hat	(hat)
ay	pay, late	(pay), (layt)
ah	star, hot	(stahr), (haht)
ai	air, dare	(air), (dair)
aw	law, all	(law), (awl)
eh	met	(meht)
ee	bee, eat	(bee), (eet)
er	learn, sir, fur	(lern), (ser), (fer)
ih	fit	(fiht)
igh	mile, sigh	(mighl), (sigh)
oh	no	(noh)
oi	soil, boy	(soil), (boi)
oo	root, tule	(root), (rool)
or	born, door	(born), (dor)
ow	plow, out	(plow), (owt)

Symbol	Example	Respelling
u	put, book	(put), (buk)
uh	fun	(fuhn)
yoo	few, use	(fyoo), (yooz)
ch	chill, reach	(chihl), (reech)
g	go, dig	(goh), (dihg)
j	jet, gently, bridge	(jeht), (JEHNT-lee), (brihj)
k	kite, cup	(kight), (kuhp)
ks	mix	(mihks)
kw	quick	(kwihk)
ng	bring	(brihng)
s	say, cent	(say), (sehnt)
sh	she, crash	(shee), (krash)
th	three	(three)
y	yet, onion	(yeht), (UHN-yuhn)
z	zip, always	(zihp), (AWL-wayz)
zh	treasure	(TREH-zher)

acceleration: rate of change in velocity

Archimedes' principle: explanation that says that the buoyant force on an object is equal to the weight of the fluid displaced by the object

Bernoulli's principle: explanation that the pressure in a moving stream of fluid is less than the pressure in the surrounding fluid

buoyant (BOI-uhnt) **force:** upward force in a fluid that exists because the pressure of a fluid varies with depth

chemical energy: energy that bonds atoms or ions together

density: mass of a substance divided by its volume

efficiency: comparison of work input to work output

electromagnetic energy: energy associated with moving charges

energy: ability to do work

energy conversion: change of energy from one form to another

force: push or pull that gives energy to an object, sometimes causing a change in the motion of the object

frame of reference: background or point that is assumed to be stationary and is used for comparison when motion is described

friction: force that acts in the opposite direction of motion; will cause an object to slow down and finally stop

fulcrum: fixed pivot point of a lever

Glosario

Cada vez que nombres o términos difíciles aparecen por primera vez en el texto de inglés, se deletrean para facilitar su pronunciación. La sílaba que está en MAYUSCULA PEQUEÑA es la más acentuada. En la clave de abajo hay una lista de las letras usadas en nuestro deletreo. Incluye ejemplos de las palabras que usan cada sonido y muestra cómo sería su deletre.

Símbolo	Ejemplo	Redeletreo
a	hat	(hat)
ay	pay, late	(pay), (layt)
ah	star, hot	(stahr), (haht)
ai	air, dare	(air), (dair)
aw	law, all	(law), (awl)
eh	met	(meht)
ee	bee, eat	(bee), (eet)
er	learn, sir, fur	(lern), (ser), (fer)
ih	fit	(fiht)
igh	mile, sigh	(mighl), (sigh)
oh	no	(noh)
oi	soil, boy	(soil), (boi)
oo	root, rule	(root), (rool)
or	born, door	(born), (dor)
ow	plow, out	(plow), (owt)

Símbolo	Ejemplo	Redeletreo
u	put, book	(put), (buk)
uh	fun	(fuhn)
yoo	few, use	(fyoo), (yooz)
ch	chill, reach	(chihl), (reech)
g	go, dig	(goh), (dihg)
j	jet, gently, bridge	(jeht), (JEHNT-lee), (brihj)
k	kite, cup	(kight), (kuhp)
ks	mix	(mihks)
kw	quick	(kwihk)
ng	bring	(brihng)
s	say, cent	(say), (sehnt)
sh	she, crash	(shee), (krash)
th	three	(three)
y	yet, onion	(yeht), (UHN-yuhn)
z	zip, always	(zihp), (AWL-wayz)
zh	treasure	(TREH-zher)

aceleración: tasa de cambio de la velocidad

cabria: máquina hecha de dos objetos cilíndricos de tamaños diferentes; una fuerza que se aplica a la rueda y se transmite al eje

conversión de energía: cambio de la energía de una forma a otra

cuña: plano inclinado que se mueve

densidad: masa de una sustancia dividida por su volumen

eficiencia: comparación entre el trabajo final y el trabajo inicial

energía: capacidad de realizar trabajo

energía calórica: energía presente en el movimiento interno de las partículas de la materia

energía cinética: la energía del movimiento

energía electromagnética: la energía asociada con cargas en movimiento

energía mecánica: la energía que se asocia con el movimiento

energía nuclear: energía que se encuentra en el núcleo de un átomo

energía potencial gravitacional: energía potencial que depende de la altura de un objeto por encima de la superficie de la Tierra

energía potencial: la energía de la forma o posición; energía almacenada

energía química: la energía que une a los átomos o a los iones

fricción: fuerza que actúa en la dirección opuesta al movimiento. Hará que un objeto disminuya la velocidad y finalmente se detenga

gravitational potential energy: potential energy that is dependent on height above the Earth's surface

gravity: force of attraction that depends on the mass of two objects and the distance between them; responsible for accelerating an object toward the Earth

heat energy: energy involved in the internal motion of particles of matter

hydraulic device: machine that takes advantage of the fact that pressure is transmitted equally in all directions in a liquid; obtains a large force on a large piston by applying a small force with a small piston

inclined plane: straight slanted surface that multiplies force

inertia (ihn-ER-shuh): property of matter that tends to resist any change in motion

joule: unit of work and energy; 1 newton-meter

kinetic energy: energy of motion

Law of Conservation of Energy: law that states that energy is neither created nor destroyed by ordinary means

Law of Universal Gravitation: law that states that all objects in the universe attract each other by the force of gravity

lever: rigid bar free to move about a single point; may be first-class, second-class, or third-class depending on the positions of the effort force, resistance force, and fulcrum

machine: device that makes work easier by changing force and distance or by changing the direction of a force

mechanical advantage: number of times a machine multiplies the effort force

mechanical energy: energy associated with motion

momentum: mass of an object times its velocity; determines how difficult it is to stop the object's motion

motion: change in position in a certain amount of time

newton: unit of force; 1 kg x 1 m/sec/sec

nuclear energy: energy found in the nucleus of an atom

potential energy: energy of shape or position; stored energy

power: rate at which work is done

pressure: force that particles of a fluid exert over a certain area due to their weight and motion

pulley: rope, belt, or chain wrapped around a wheel; can either change the amount of force or the direction of the force

screw: inclined plane wrapped around a central bar to form a spiral

speed: rate at which an object moves

velocity: description of speed in a given direction

watt: unit of power; 1 joule per second

wedge: inclined plane that moves

wheel and axle: machine made up of two circular objects of different sizes; a force is applied to the wheel and transferred to the axle

work: force acting over a distance to move an object

work input: work that goes into a machine; effort force exerted over a distance

work output: work that comes out of a machine; output force exerted over a distance

fuerza: empujón o tirón que le da fuerza a un objeto, causando a veces un cambio en su movimiento

fuerza de flotación: fuerza hacia arriba que existe en los fluidos porque la presión de los fluidos varía con la profundidad

gravedad: fuerza de atracción que depende de la masa de dos objetos y la distancia entre ellos; es responsable de la aceleración de un objeto hacia la Tierra

inercia: propiedad de la materia que consiste en resistir cambios en su movimiento

julio: unidad de trabajo y energía:
1 newton-metro

ley de la conservación de energía: ley que afirma que la energía no puede ser creada ni destruida por medios comunes

ley de gravitación universal: ley que afirma que todos los objetos del universo se atraen entre sí debido a la fuerza de gravedad

máquina: mecanismo que facilita el trabajo cambiando la fuerza y la distancia o cambiando la dirección de una fuerza

marco de referencia: fondo o punto que se supone fijo y se usa como comparación al describir el movimiento

mecanismo hidráulico: máquina que aprovecha el hecho de que la presión en un líquido se transmite igualmente en todas direcciones; obtiene una gran fuerza leve en un pistón grande, aplicando una fuerza con un pistón pequeño

momento: masa de un objeto por su velocidad; Determina la dificultad de detener el movimiento de un objeto

movimiento: cambio de posición en una cierta cantidad de tiempo

newton: unidad de fuerza: 1 kg x 1 m/s/s

palanca: barra rígida que puede moverse con respecto a un punto; puede ser de primera, segunda o tercera clase según la posición del esfuerzo, la resistencia y el punto de apoyo

plano inclinado: superficie recta en declive que multiplica la fuerza

polea: cuerda, tira o cadena alrededor de una rueda acanalada; puede cambiar la cantidad o la dirección de una fuerza

potencia: tasa de realización del trabajo

presión: fuerza ejercida sobre cierta área por las partículas de un fluido, debido a su peso y movimiento

principio de Arquímedes: explicación según la cual la fuerza de flotación de un objeto es igual al peso del fluido desplazado por el objeto

principio de Bernoulli: explicación según la cual la presión en una corriente de fluido en movimiento es menor que la presión del fluido circundante

punto de apoyo: punto fijo a partir del cual se mueve una palanca

rapidez: tasa de movimiento de un objeto

tornillo: plano inclinado enroscado en forma de espiral en una barra central

trabajo: fuerza que actúa a través de una distancia para mover un objeto

trabajo final: trabajo realizado por una máquina, esfuerzo que se ejerce sobre una distancia

trabajo inicial: trabajo que se aplica a una máquina esfuerzo ejercido a través de una distancia

vatio: unidad de potencia; 1 julio por segundo

velocidad: descripción de la rapidez en una dirección dada

ventaja mecánica: cantidad de veces que una máquina multiplica el esfuerzo

Index

Índice

Créditos